本书为中国人民大学科学研究基金
（中央高校基本科研业务费专项资金资助）项目成果，
项目批准号：17XNL003

新·闻·传·播·学·文·库

数据新闻可视化

Using Visualizations to Tell Stories

许向东 / 著

中国人民大学出版社
·北京·

图 1-1　2013 年国际科学与工程可视化挑战赛中的获奖作品《微生物的胜利》

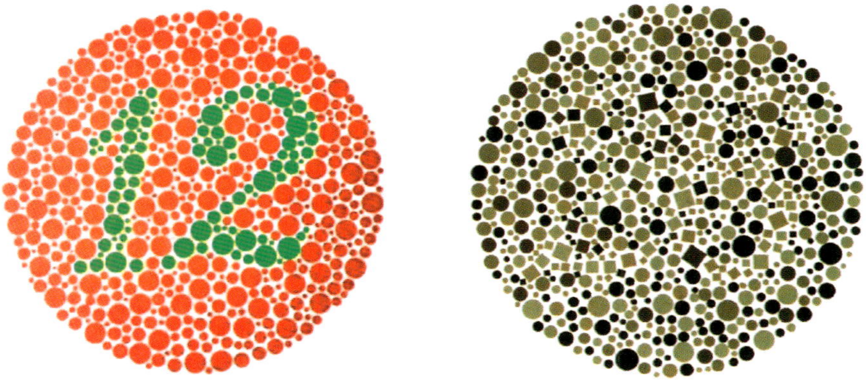

图 1-5　色盲表体现出色彩与形状在视觉突出上的差异（左图中有数字 12）

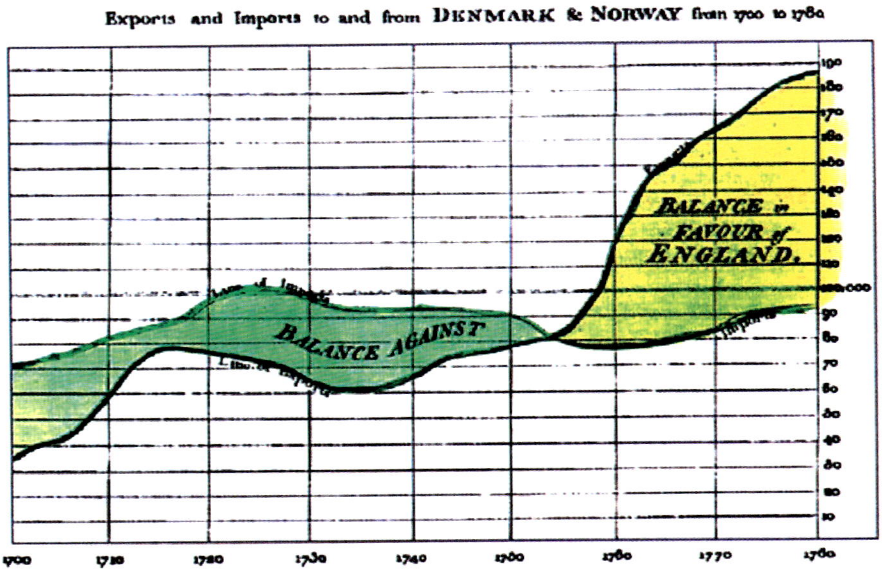

图 1-6　1700—1780 年丹麦、挪威与英格兰的贸易进出口图

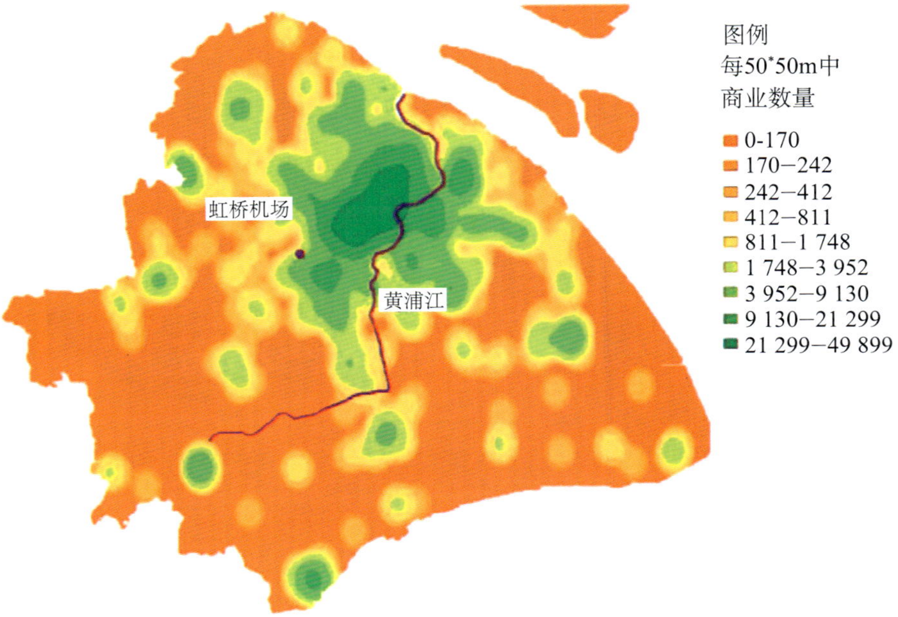

图 1-11　上海商业分布密度图

图 2-13　罗斯林在《谈 HIV 新数据和震撼的图表》的演讲中使用了气泡图

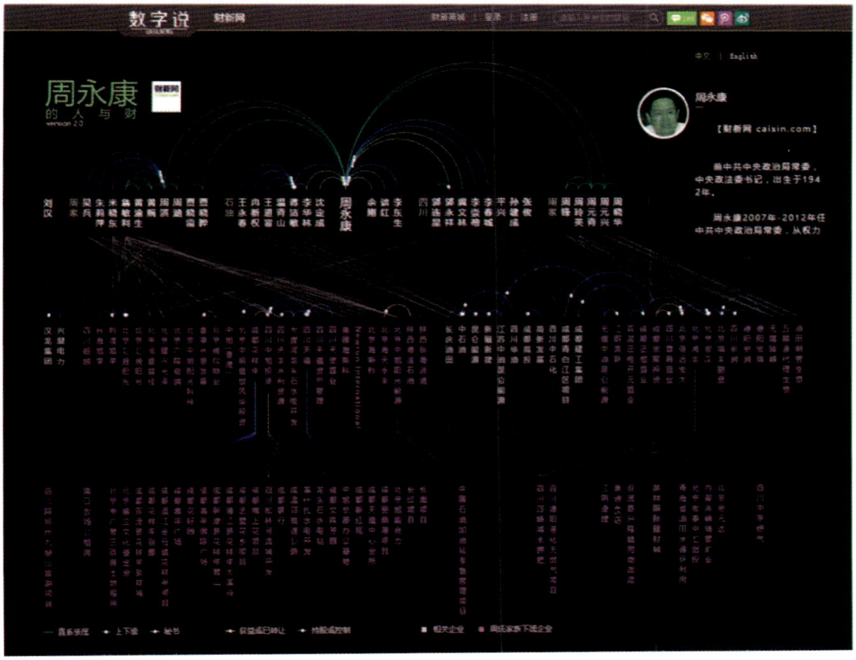

图 2-14　财新网制作的《周永康的人与财》

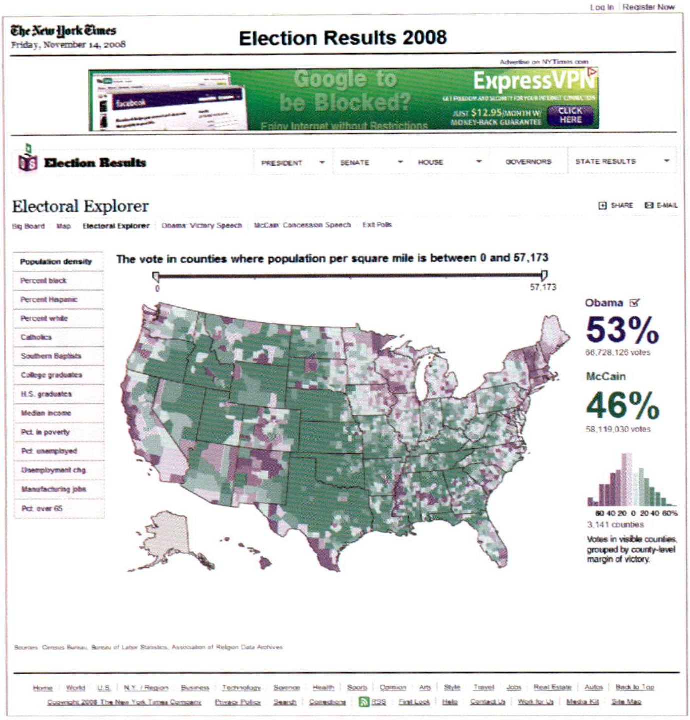

图 3-1 《纽约时报》网站的《2008 年大选结果》数据地图

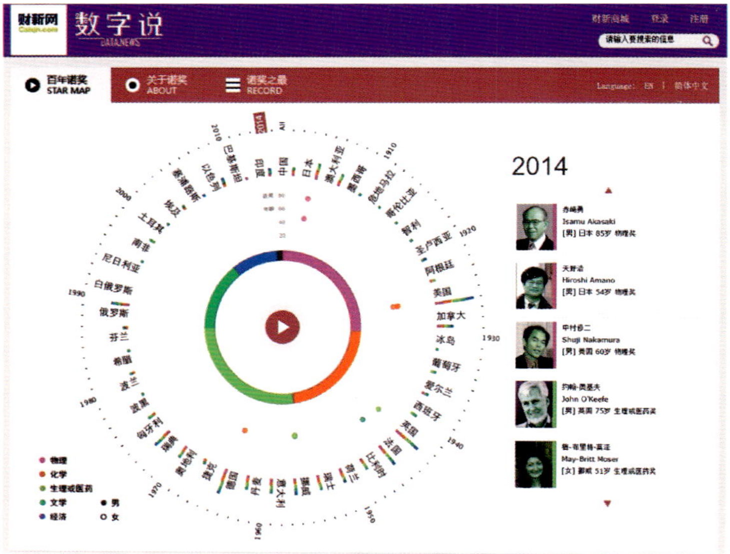

图 3-4 财新网的交互图表《星空彩绘诺贝尔》

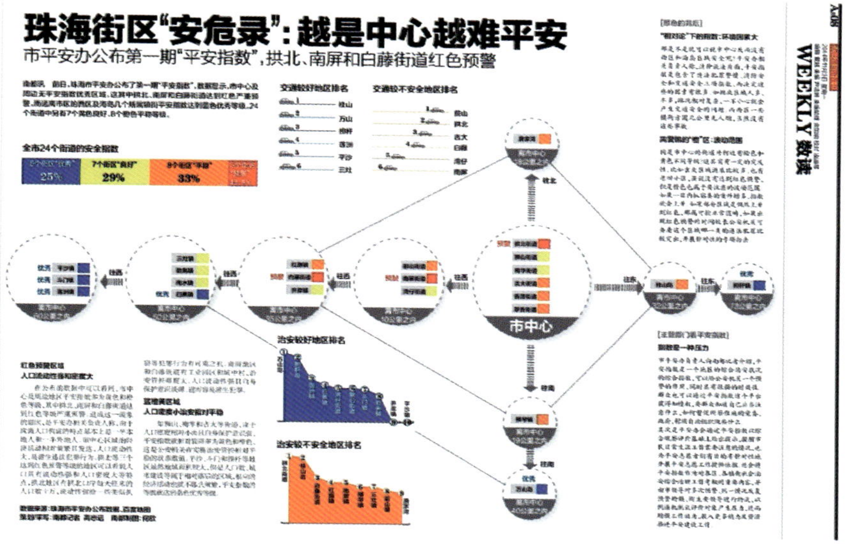

图 4－2 《南方都市报》的数据可视化专版《数读》

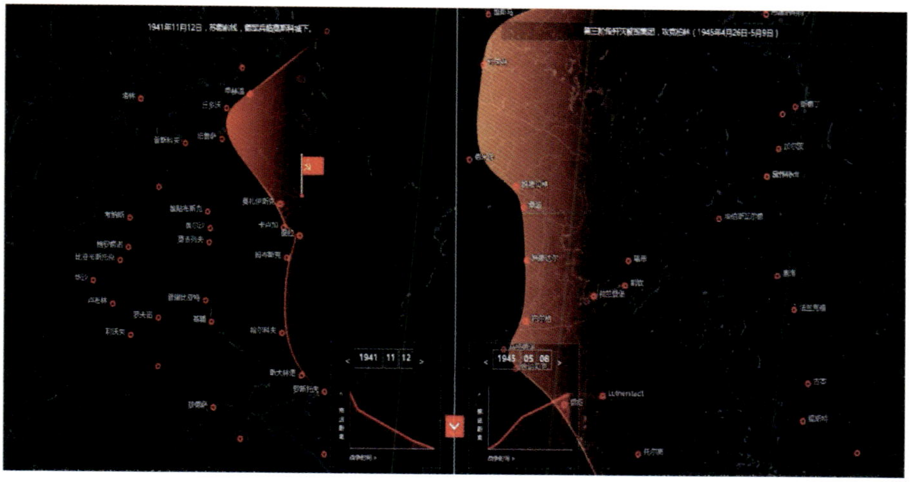

图 4－8 新华网的交互信息图《双城记》

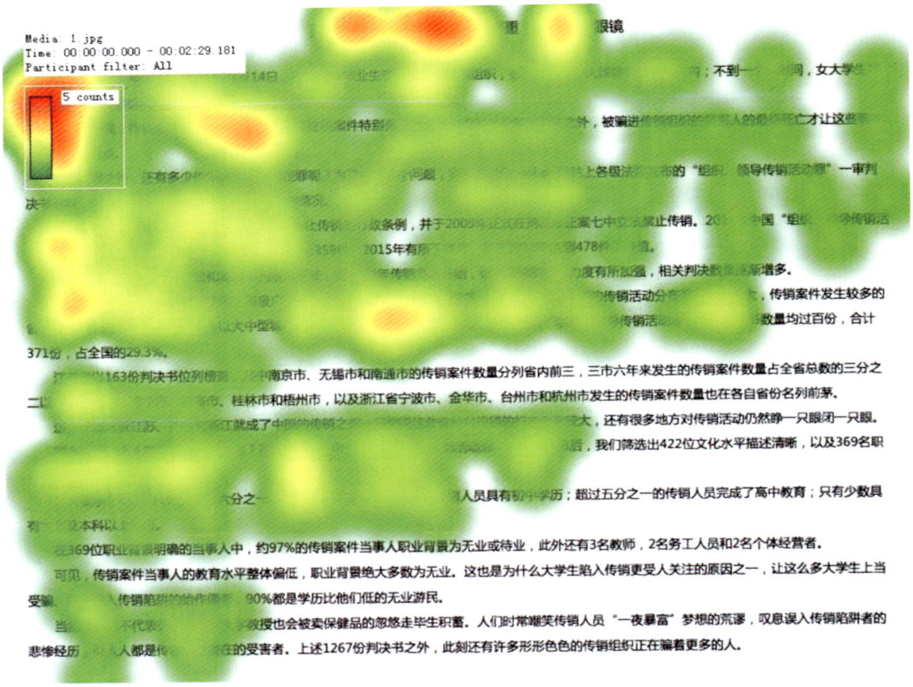

图 5-5　文字材料的热点图

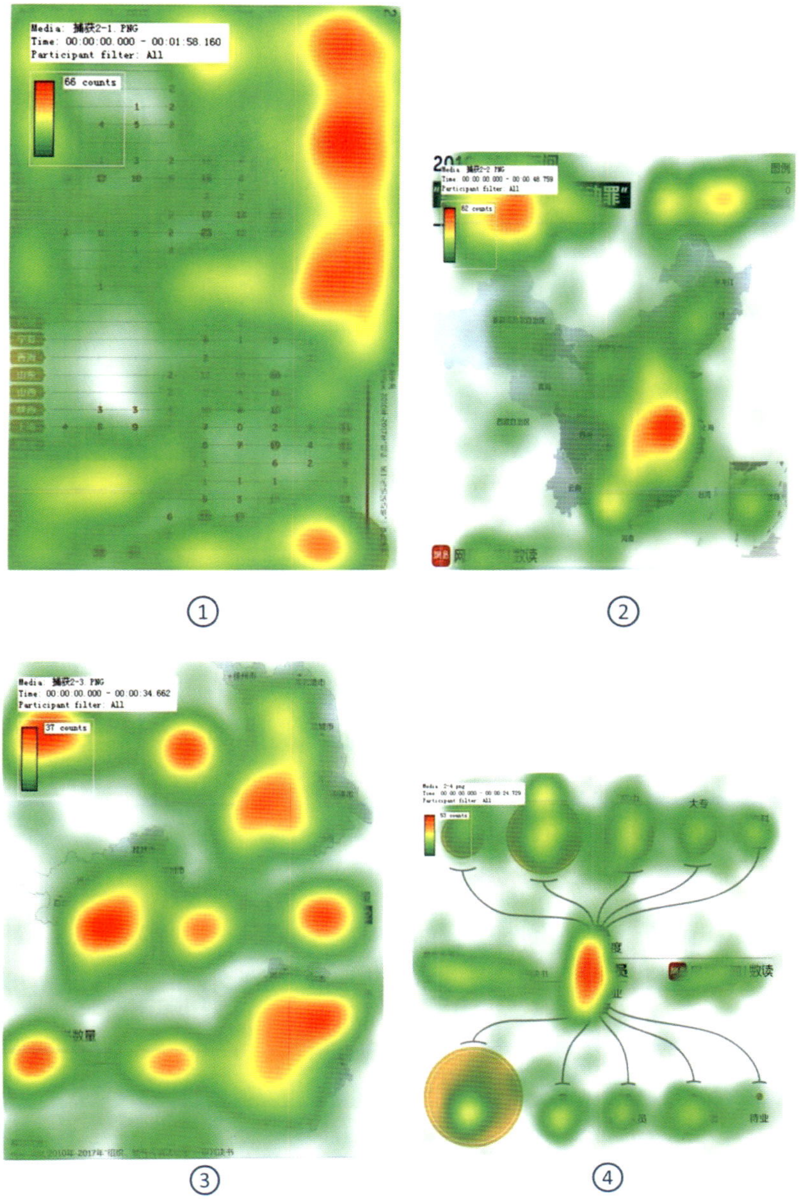

图 5-6　数据可视化材料的热点图

总　序

自1997年国务院学位委员会将新闻传播学擢升为一级学科以来，中国的新闻传播学学科建设突飞猛进，这也对教学、科研以及学术著作出版提出了新的、更高的要求。

继1999年中国人民大学出版社推出“21世纪新闻传播学系列教材”之后，北京广播学院出版社（现已更名为中国传媒大学出版社——编者注）、华夏出版社、南京大学出版社、中国社会科学出版社、新华出版社等十余家出版社纷纷推出具有不同特色的教材和国外新闻传播学大师经典名著汉译本。但标志本学科学术水平、体现国内最新科研成果的专著尚不多见。

同一时期，中国的新闻传播学教育有了长足进展。新闻传播学专业点从1994年的66个猛增到2001年的232个。据不完全统计，全国新闻传播学专业本科、专科在读人数已达5万名之多。新闻传播学学位教育也有新的增长。目前全国设有博士授予点8个，硕士授予点40个。中国人民大学新闻学院、复旦大学新闻学院等一批研究型院系正在崛起。北京大学和清华大学的新闻传播学教育以高起点、多专业为特色，揭开了这两所百年名校蓬勃发展的新的一页。中国传媒大学以令人刮目相看的新水平，跻身中国新闻传播教育名校之列。武汉大学新闻与传播学院等以新获得博士授予点为契机所展开的一系列办学、科研大手笔，正在展示其特有的风采与魅力。学界和社会都企盼这些中国新闻传播教育的“第一梯队”奉献推动学科建设的新著作和新成果。

进入21世纪以来，随着以互联网为突破口的传播新媒体的迅速普及，新媒体与传统媒体的联手共进，以及亿万国人参与大众传播能动性的不断强化，中国的新闻传媒事业有了全方位的跳跃式的大发展。人民群众对大众传媒的使用，从来没有像今天这样广泛、及时、须臾不可或缺，人们难以逃脱无处不在、无时不有的大众传媒的深刻影响。以全体国民为对象的新闻传播学大众化社会教育，已经刻不容缓地提到全社会，尤其是新闻传播教育者面前。为民众提供高质量的新闻传播学著作，已经成为当前新闻传播学界的一项迫切任务。

这一切都表明，出版一套满足学科建设、新闻传播专业教育和社会教育需求的高水平新闻传播学学术著作，是当前一项既有学术价值又有现实意义的重要工作。“新闻传播学文库”的问世，便是学者们朝着这个方向共同努力的成果之一。

“新闻传播学文库”希望对于新闻传播学学科建设有一些新的突破：探讨学科新体系，论证学术新观点，寻找研究新方法，使用论述新话语，摸索论文新写法。一句话，同原有的新闻学或传播学成果相比，应该有一点创新，说一些新话，文库的作品应该焕发出一点创新意识。

创新首先体现在对旧体系、旧观念和旧事物的扬弃上。这种扬弃之所以必要，人文社会科学工作者之所以拥有理论创新的权利，就在于与时俱进是马克思主义的理论品质，弃旧扬新是学科发展的必由之路。恩格斯曾经指出，我们的理论是发展的理论，而不是必须背得烂熟并机械地加以重复的教条。一位俄国作家回忆他同恩格斯的一次谈话时说，恩格斯希望俄国人——不仅仅是俄国人——不要去生搬硬套马克思和他的话，而要根据自己的情况，像马克思那样去思考问题，只有在这个意义上，“马克思主义者”这个词才有存在的理由。中国与外国不同，新中国与旧中国不同，新中国前30年与后20年不同，在现在的历史条件下研究当前中国的新闻传播学，自然应该有不同于外国、不同于旧中国、不同于前30年的方法与结论。因此，“新闻传播学文库”对作者及其作品的要求是：把握时代特征，适应时代要求，紧跟时代步伐，站在时代前列，以马克思主义的理论勇气和理论魄力，深入计划经济到市场经济的社会转型期中去，深入党、政府、传媒与阅听人的复杂的传受关系中去，研究新问题，寻找新方法，获取新知识，发现新观点，论证新结论。这是本文库的宗旨，也是对作者的企盼。我们期待文库的每一部作品，每一位作者，都能有助于把读者引领到新闻传播学学术殿堂，向读者展开一片新的学术天地。

创新必然会有风险。创新意识与风险意识是共生一处的。创新就是做前人未做之事，说前人未说之语，或者是推翻前人已做之事，改正前人已说之语。这种对旧事物旧体系旧观念的否定，对传统习惯势力和陈腐学说的挑战，对曾经被多少人诵读过多少年的旧观点旧话语的批驳，必然会招致旧事物和旧势力的压制和打击。再者，当今的社会进步这么迅猛，新闻传媒事业发展这么飞速，新闻传播学学科建设显得相对迟缓和相对落后。这种情况下，“新闻传播学文库”作者和作品的一些新观点新见解的正确性和科学性有时难以得到鉴证，即便一些正确的新观点新见解，要成为社会和学人的共识，也有待实践和时间。因此，张扬创新意识的同时，作者必须具备同样强烈的风险意识。我们呼吁社会与学界对文库作者及其作品给予最多的宽容与厚爱。但是，这里并不排斥而是真诚欢迎对作品的批评，因为严厉而负责的批评，正是对作者及其作品的厚爱。

当然，“新闻传播学文库”有责任要求作者提供自己潜心钻研、深入探讨、精心撰写、有一定真知灼见的学术成果。这些作品或者是对新闻传播学学术新领域的拓展，或者是对某些旧体系旧观念的廓清，或者是向新闻传媒主管机构建言的论证，或者是运用中国语言和中国传统文化对海外新闻传播学著作的新的解读。总之，文库向人们提供的应该是而且必须是新闻传播学学术研究中的精品。这套文库的编辑出版贯彻少而精的原则，每年从中国人民大学校内外众多学者的研究成果中精选三至五种，三至四年之后，也可洋洋大观，可以昂然耸立于新闻传播学乃至人文社会科学学术研究成果之林。

21世纪刚刚翻开第一页，中国人民大学出版社经过精心策划和周全组织，推出了这套文库。对于出版社的这种战略眼光和作者们齐心协力的精神，我表示敬佩和感谢。我期望同大家一起努力，把这套文库的工作做得越来越好。

以上絮言，是为序。

童　兵

2001年6月

序

2017年12月8日，习近平总书记在中共中央政治局就实施国家大数据战略进行第二次学习时，发表了重要讲话（见新华社北京12月9日电），讲话数次提到“数据”和“大数据”。习近平强调，要坚持数据开放，市场主导，以数据为纽带促进产学研深度融合，形成数据驱动型创新体系和发展模式，培养造就一批大数据领军企业，打造多层次、多类型的大数据人才队伍。在此大形势下，中国人民大学新闻学院教师许向东的新作《数据新闻可视化》应运而生。这是他与时俱进，契合时代，要有所作为的具体实践。

《数据新闻可视化》在扎实的文献梳理、媒体调研、科学实验和量化分析的基础上，从可视化的基本理论、发展历程入手，研究、对比中外媒体数据新闻可视化实践，分析不同介质媒体数据新闻可视化产品特征并考察其传播效果，探索构建数据新闻可视化的产品评价指标体系，发展我国数据新闻可视化的本土策略及人才培养路径。

当今经济发展迅猛，各个领域各个行业快速变化，我们要做的就是审时度势、精心谋划、超前布局、力争主动。就数据新闻可视化而言，要深入研究，不断实践和优化，充分发挥其优势，实现由文字到图形，由复杂到直观，由平面到立体，由无声到有声，由单一到丰富，由呆板到活泼，由枯燥到生动，由表象到事实的嬗变。

作者继2017年出版《数据新闻：新闻报道新模式》之后，围绕着该话题不断深耕，聚焦于数据可视化环节，全方位、多角度探索、剖析数据新闻可视化的理论、实践和策略。尤其是著作的第五章关于数据新闻可视化传播效果的眼动实验内容，“大胆质疑，小心求证”，通过科学实验来赋予研究内容新的意义乃至新的结论，凡事都要追根问底到水落石出的科研精神是值得提倡的。我们应当发扬这种求真务实的学风。

从某种意义上说，著述，首先是思考，是对前人思索成果的扬弃和对后人深省的启迪。作者为人的诚恳、质朴和低调，决定了其著述敦厚、实在的特点。

深信作者会继续努力，不断进步，在教学与科研的道路上有更多的收获。欲穷千里目，更上一层楼。

是为序。

蔡　雯

2018年2月

目　录

绪　论

一、数据可视化的盛行

大数据时代的到来改变着我们的生活，同时也影响到了人们之间的信息交流与沟通，并创造出了独特的信息传播方式。数据可视化就是信息传播领域对大数据时代的一种回应。

在计算机学科的分类中，利用人眼的感知能力对数据进行交互的可视化表达以增强认知的技术，称为可视化。它将不可见或难以直接显示的数据转化为可感知的图形、符号、颜色、纹理等，增强数据识别效率，传递有效信息。[①] 从字面上理解，数据可视化就是把数据给可视化了。那么，数据又是什么呢？数据不仅仅是数字，它是对我们所生活的世界的描绘，是记录客观世界的基本信息单元。数据（data）是事实或观察的结果，是对客观事物的逻辑归纳，是用于表示客观事物的未经加工的原始素材。数据可以是连续的值，比如声音、图像，称为模拟数据。也可以是离散的，如符号、文字，称为数字数据。[②] 伴随着社会进步、经济发展和科技创新的是大体量数据的产生、挖掘和利用。

作为一种传播信息的手段，可视化能够充分利用人们对图像快速识别的能力，有效减少认知负载，已经成为当前中外新闻传播领域和学术界所

---

① 陈为，沈则潜，陶煜波，等．数据可视化［M］．北京：电子工业出版社，2013：2.

② 此处关于“数据”的定义，来自百度百科（https：//baike. baidu. com/item/%E6%95%B0%E6%8D%AE/5947370？fr=aladdin）。

关注的热门话题。

二、数据新闻可视化的研究价值和意义

近几年，数据新闻可视化不仅在西方媒体盛行不衰，在中国传媒界也是方兴未艾，成为当前新闻传播实践与研究中的热点。然而我国在这方面，无论是学界的理论研究还是业界的实践应用都比较薄弱，这使得对数据新闻可视化做系统化研究显得非常必要。本研究将从可视化的基本理论、发展历程入手，通过研究对比中外媒体数据新闻可视化实践，如生产流程等，分析不同介质媒体的数据新闻可视化产品特征，考察数据新闻可视化的传播效果，从而探索构建数据新闻可视化的产品评价指标体系，发展我国数据新闻可视化的本土化策略。

从理论角度看，本研究期望通过全面、深入探索数据可视化，拓宽新闻传播实务与数据新闻的研究领域，提升数据新闻理论框架的完整性和成熟度，以实现其学术价值。

从实践应用看，本研究着重于大数据时代新闻传媒的转型变革，选题紧扣业界前沿，以增强研究成果的实用价值，同时，为我国传媒界的数据可视化实践提供专业规范和本土化发展路径，具有一定的现实指导性。

本研究建立在扎实的文献梳理、媒体调研、科学实验和量化分析基础之上，从而有助于增强结论的说服力和前瞻性，相信能够在新闻传播学界和业界具有较好的学术影响和现实指导意义。

三、文献综述

（一）国外的数据新闻可视化研究

通过梳理外文文献发现，国外学者们的关注点主要集中在四个方面[①]：

① 张帆，吴俊．大数据背景下英美数据新闻研究述评［J］．国际新闻界，2016（1）：66－68.

一是数据可视化的呈现类型。有学者按照从易到难对可视化的呈现类型进行了排序：数据抽取、静态地图、列表和时间轴、表格、曲线图或图表、动态地图、文本分析和信息图。①

二是交互式图形的应用。有学者在研究了知名媒体互动数据新闻产品的基础上，将互动分为低等级别、中等级别和高等级别。低等级别包括对象交互和线性交互，中等级别包括等级交互和超链接交互，高等级别互动是概念化互动，用户能够自设内容框架，自主选择浏览路径。②

三是数据可视化工具的选择应用。有专家推荐使用桌面地理信息系统 Qgis 或 GIS 平台产品 ArcGIS 制作出美观的数据地图，通过 Google Fusion Tables 实现在线发布，或通过 Tableau Public 制作出交互图形，也可以通过关系型数据库管理系统 MySQL 实现大数据的有效管理。③

四是数据可视化与新闻传播的关系。数据新闻的核心目的是实现有效沟通，可视化呈现是让读者能够在短时间内，花费较少的精力了解复杂的问题，而不是让读者困惑于复杂图形之中。④

需要注意的是，早在 7 年前，就有学者从叙事的角度对数据可视化如何讲故事展开了研究。研究者对可视化叙事进行了类型划分和定义，指明了这些可视化设计的不同之处，以及作者的叙事意图和受众收获故事方面的交互性和信息传播功能。⑤

---

① KNIGHT M. Data journalism in the UK：a preliminary analysis of form and content [J] . Journal of Media Practice，2015，16 (1)：55－72.

② WEBER W，RALL H. Between data visualization and visual storytelling：the interactive information graphic as a hybrid form [C] . Conference papers-International Communication Association，2012：1－36.

③ MCGREGOR G. Tips for finding stories in data [J] . Media，2015，16 (4)：24－25.

④ LEHRMAN S. Avoid a (biased) data dump [J] . Quill，2014，102 (4)：29－29.

⑤ SEGEL E，HEER J. Narrative visualization：telling stories with data [J] . IEEE Transactions on Visualization and Computer Graphics，2010，16 (6) .

（二）国内的数据新闻可视化研究

目前，我国学界对数据可视化的研究方向集中在四个方面：

一是数据可视化的呈现类型、优势及应用价值。有学者把可视化的呈现类型划分为统计图表、信息图、时间轴、数据地图、数据动画等。[①] 数据可视化不仅可以弥补传统新闻宏观叙事的不足，而且改变了以文字为中心的传统新闻叙事方式。[②] 数据可视化的应用价值在于把有用的数据集合在一起，通过最有效、最直观、最有趣的表现形式凸显新闻点吸引受众，通过对新闻各个要素及与事件相关因素的整合引发读者的思考，延展新闻的影响面与关联面。[③]

二是分析国内外媒体的数据新闻可视化实践情况及发展趋势。一些学者围绕知名外媒如《卫报》《纽约时报》等的经典案例，国内门户网站的数据新闻栏目如央视的《数说》和《据说》系列报道展开研究，分析这些媒体是如何利用新闻资源来实现可视化表达的。针对数据可视化的发展趋势，有学者认为，用户信息需求的多元化将会使得数据可视化的个性化定制服务更加健全，呈现方式更加多样化，也更加贴近移动互联网的传播特征，符合用户的阅读体验和习惯。[④]

三是数据新闻可视化的不足与改进。有学者在分析了大量案例的基础上认为，目前，数据可视化的问题集中在：数据来源单一，图表缺乏互动性；可视化设计过于追求酷炫效果；缺乏深层挖掘和问题意识；缺乏对受众阅读习惯的认知和区分。也有学者在分析了某些数据新闻栏目之后发现：可视化滥用、混淆数据新闻概念；可视化形式固化，制约新闻报道深度；

---

① 张彬，过宏雷．数据新闻可视化设计的表现形式探析［J］．大众文艺，2015（5）：183.

② 郎劲松，杨海．数据新闻：大数据时代新闻可视化传播的创新路径［J］．现代传播，2014（3）：33－34.

③ 张旭泉．大数据时代数据新闻可视化初探［J］．新闻传播，2015（4）：100.

④ 覃爱媚．国内数据新闻可视化实践和发展趋势：以财新网“数字说”为例［J］．青年记者，2014（12）：91.

过分追求可视化，削弱了新闻叙事效果等。[①] 针对这些问题，有学者提出应对策略：建立多种类型的数据库；引进统计学、编程技术人员等，加强互通合作；提升内容深度，强化专业性；梳理高频事件，加强预判意识等。[②]

四是对数据新闻可视化的反思。有学者在反思数据新闻的时候，认为数据可视化依然是报道主体对事实的讲述，报道主体变成了数据分析师或程序员，这些人同样很难避免主观性偏倚以及对相关性和因果性的混淆。数据可视化的直接目标是能够让受众投入最小的脑力消耗而获得最大的信息摄入，越是直接明了，所确定的具体符号越能得到可视化操作的青睐。可视化在某种程度上助长了人的惰性，其解构作用使得受众很难再次接受传统的信息获取方式。[③]

四、研究思路与研究方法

（一）研究思路

通过梳理近几年国内外相关文献发现，学界更多地关注于数据新闻可视化的呈现类型、典型案例及现存问题的探讨，而对中外数据可视化缺乏相应的对比；对不同介质媒体的可视化特征缺乏纵深探索；对数据新闻可视化传播效果的研究更是微乎其微。更重要的是，数据可视化产品评价指标体系的缺失，不仅影响了理论体系的完整性，也导致数据新闻在实践上经常出现专业失范问题。以上内容均有探索的空间，并将成为本书的研究要点。本书将从数据新闻可视化的基础理论着手，探索数据可视化在新闻传播领域的生产实践，对比分析中外数据新闻可视化产品，继而考察数据新闻可视化产品在不同介质媒体上的生产、传播特征，通过采用眼动实验、

---

① 付砾乐．数据新闻可视化存在的问题分析：以新华网“数据新闻”栏目为例［J］．青年记者，2016（8）：85－86.

② 韦中华．数据新闻可视化的不足与改进［J］．青年记者，2014（7）：23－24.

③ 赵利利．冷思考：数据新闻的局限［J］．青年记者，2015（6）：5.

问卷调查和量化分析，全面考察数据新闻可视化的传播效果。在上述成果的基础上，从数据源及数据转化的程度、数据关联的逻辑结构、用户体验的满意度、应用技术与选题内容的契合性等维度来构建数据新闻可视化的产品评价指标体系，构建可视化生产中的专业规范，并期望能够寻找到适合我国传媒生态的数据新闻可视化发展策略。

（二）研究方法

本书拟采取量化和质化相结合的研究方法，具体阐述如下：

首先，文献研究。围绕课题查阅相关中外文献，梳理国内外数据新闻可视化的发展现状、前期研究成果，把握业界和学界的最新进展。

其次，案例分析。剖析典型个案（包括获得数据新闻奖的国内外作品），形成对某一共性问题的较为深入、透彻的认识。

再次，实验测试。通过眼动仪等设备，了解受众阅读的行为和心理，检验数据新闻可视化的实际传播效果。

最后，问卷调查与深度访谈。设计问卷，考察受众对数据新闻可视化产品的理解度、参与度和记忆度。调研国内知名媒体，访谈相关人员，获得第一手资料。

五、研究的创新点

本书的创新点也是其最突出的价值和意义所在，主要表现在三个方面：

第一，在研究构想上，着眼于当前数据新闻可视化的前沿动态，借鉴最新研究成果，探索数据新闻可视化的重要实践环节及最新发展状况，拓宽新闻实务的研究领域，并提升对业界的指导价值。

第二，在研究内容上，一是考察数据可视化的传播效果，完善数据新闻的理论研究框架；二是构建数据新闻可视化的产品评价指标体系，为业界确立数据新闻的专业规范。这两方面的内容均有一定的学术价值和实践指导意义。

第三，在研究方法上，引入眼动实验，并与问卷调查相结合，在考察数据可视化产品传播效果的基础上，探寻数据新闻可视化的选题策划、内容整合、视觉设计与受众需求之间的互动关系。

六、章节及其内容

本研究（书）由 9 个部分组成，详述如下。

绪论部分阐述本研究的学术价值和现实意义，梳理国内外的数据可视化研究成果及尚待提升的空间，以及本研究的思路、创新点和重点。

第一章，数据新闻可视化概论。本章从数据新闻的兴起引入数据可视化的概念，并对科学可视化、信息可视化、知识可视化等相关概念进行辨析，分析双重编码理论与格式塔理论对数据可视化的指导意义；梳理中外传媒界从信息图表发展到数据可视化的历程、继承与嬗变，数据可视化的现有特征和趋势；考察数据可视化在当下兴起的社会背景、受众变化和技术原因，以及数据可视化的应用领域等。

第二章，新闻传播中的数据可视化。在阐述数据可视化传播功能及优势的基础上，探索数据可视化对传统叙事模式的解构、在叙事类型及其叙事模式上的创新；针对传媒实践中的应用情况，对数据新闻可视化的类型分别进行分析。

第三章，数据新闻可视化的生产实践。本章从数据的类型、逻辑结构和技术工具的角度分析数据新闻可视化的实践要领，探讨数据新闻可视化的生产流程与设计原则。尤其是对各类常用图表的设计规范、色彩的应用、图例图标和版式等进行了梳理。

第四章，我国不同类型媒体的数据可视化。本章从报纸、电视、网络媒体中选择典型案例，考察数据新闻可视化产品在不同介质媒体上的发展现状、生产流程、实践特征及存在的问题，结合媒体调研和深度访谈，探索数据新闻可视化产品在不同介质媒体中的生产与传播的规律。

第五章，数据新闻可视化的传播效果研究。本章将眼动实验与问卷调查相结合，分析被试者的阅读体验、阅读时间及回答问题的正确率，考察受众的理解度、参与度和记忆度，进而完善传播效果研究。通过分析典型案例在社交媒体（微博和推特）上的浏览量、收藏量、转发量、评论量及共享量等数据，考察数据可视化产品在社交媒体上的再传播情况，分析其传播特点等。

第六章，构建数据新闻可视化的产品评价指标体系。本章从多维视角分析了 2012 年至 2017 年获得全球数据新闻奖的作品，考察这些作品的可视化叙事元素和叙事设计特点。借鉴前期研究成果，以国内外数据新闻可视化经典案例为样本，在分析数据可视化现存问题的基础上，强调构建数据新闻可视化的专业生产标准体系的重要性和必要性，并从报道选题、数据来源、数据挖掘、数据美感、传受互动及后期更新维护等维度来构建数据可视化产品的生产规范和产品评价指标体系。

第七章，数据新闻可视化的中外比较。本章选取了国内数据新闻栏目如财新网《数字说》、新华网《数据新闻》和网易《数读》，以及美国《纽约时报》、ProPublica 和英国《卫报》的数据新闻可视化产品作为研究对象，对其数据可视化的运行机制和实践情况进行考察；另外，从数据来源、选题类型、可视化方法应用、交互设计等方面，对比分析中外可视化实践中的差异，借鉴欧美媒体的有关经验。

第八章，数据新闻可视化的本土化建设。本章从政治、技术、行业发展和法律法规的视角，分析数据可视化在我国的发展语境；从媒体社交化时代、用户理念和产品运营等层面出发，探索我国传媒在数据可视化方面的策略；从加强新闻从业者数据素养的角度切入，探索数据新闻可视化人才的培养模式，尤其是在教学中如何与时俱进，改进策略。

移动互联网和大数据技术推动着原有的新闻信息传播方式不断改进，并系统性地重塑着传播格局和传媒生态。本书期望通过对上述几个方面的研究，对数据新闻可视化的现状、问题和发展趋势有一个较为全面、深入的了解，并构建适合我国新闻传播业发展的数据新闻可视化实践路径。

第一章　数据新闻可视化概论

“可视化”是当下传媒界的新宠和潮流，不仅带来了新颖的信息展示方式，而且影响着人们的阅读和思考。其概念经历了信息可视化、科学可视化、知识可视化到数据可视化的演变。数据可视化不仅应用于新闻信息的传播活动，也应用于交通、金融、医疗等行业。数据可视化在传媒业的兴起，不仅有着大数据时代的外部环境因素，也是传媒界内在发展的驱动和要求。

第一节　数据新闻与数据可视化

厘清数据可视化及其相关概念之间的逻辑关系，了解数据可视化的相关理论，有助于我们深刻认识数据可视化对于新闻传播实践发展的价值和意义。

一、数据新闻的兴起

发轫于 2013 年的数据新闻至今方兴未艾，反映出大数据技术在应用于新闻实践之后，有效地推动了传媒业的发展变革。数据新闻是一个跨学科的交叉性前沿领域，是新闻业应对大数据浪潮主动求变的结果，也体现了多种新闻理念的融合。数据可视化作为数据新闻生产的终端，在整个生产流程中和传播效果的实现上有着举足轻重的地位。尤其是它将数据分析的结果以可视化方式呈现出来，清晰直观地阐释错综复杂的关系、预测事物发展的趋势，使受众对新闻事件及其背后所隐含的意义有更宏观和深入的理解与认识。

在数据新闻兴起之前，数据可视化已露端倪。但是，与目前所不同的是，前些年的数据可视化所使用的数据源是小规模、小体量的数据，在呈现方式上以静态为主，交互性不足，也缺少数据可视化产品的后期维护与更新，在生产模式上很少采用众筹等方式。随着近几年大数据技术、计算机技术等迅猛发展，采集、挖掘大体量数据成为可能，真正意义上的数据可视化得以兴起。数据可视化除了与计算机图形学、图形绘制技术相关联外，还与大数据挖掘、可视化技术密切相关，其应用的范围随着技术发展在不断拓宽。

二、数据可视化的概念

什么是数据可视化？数据可视化的终极目的是什么？这个词语是如何形成和发展的？对这些问题的正确回答有助于把握本研究的方向。

（一）何谓“数据可视化”

在研究数据可视化之前，我们先搞清楚什么是“可视化”。“可视化”（visualization）来源于“visual”，原意是“视觉的、形象的”。事实上，将任何抽象的事物、过程变成图形、图像，用可视元素来传达信息的过程都可以称为可视化。目前我们所说的可视化指的是利用计算机图形学和图像处理技术，将数据转换成图形或图像在屏幕上显示出来，再进行交互处理的理论、方法和技术。① 古代的地图、星象图等可以说是最早的可视化作品。可视化的终极目的不是绘制出来的图形、图像等视觉化结果，而是对事物发展规律的把握、了解和洞察。可视化的过程实际上是人们对事物形成图像感知，帮助、强化人们对事物的认知和理解的过程。

---

① 此处关于“可视化”的定义，来自百度百科（https：//baike. baidu. com/item/%E5%8F%AF%E8%A7%86%E5%8C%96/1252349? fr=aladdin）。

在日常生活中，人们所获取的80%的信息来自视觉，而视觉又与脑神经细胞紧密相连，充分利用人的视觉潜能和脑功能，是可视化产生的基础与生理前提。可视化的目标是增强人们的认知能力。Xerox Palo Alto研究中心学者卡德（Card）等人提出了可视化可以增强认知的六种主要方式：通过扩大用户可用的存储量和可处理的资源量；通过减少对信息的搜索；通过使用可视化表示提高对模式的发掘；通过调动感知推理操作；通过把感知注意用于监控；通过把信息编码为可操作的媒介。[①]

现代意义上的数据可视化大致起源于19世纪初期，当时人们开始把统计学应用于各类图表，并运用可视化技术把庞杂难懂的数据展现出来。当今社会进入了大量生产、传播和消费信息的时代，它给人类提供了全新的科学计算和数据获取方法，“信息爆炸、数据海洋”成为社会的重要特征之一。特别是大数据时代的到来，大数据成为重要的社会资源，对大数据进行分析、挖掘，而对其蕴含的价值和意义予以充分展示（即可视化）也日益显得重要起来。

对于如何定义“数据可视化”可谓见仁见智，正如美国加利福尼亚大学洛杉矶分校统计学博士邱南森所言：“可视化是否只用于分析数据？还是用于定量认识？抑或是用于唤起情感？什么时候可视化可深深扎根于视觉领域成为一门艺术呢？回答者的身份不同，答案也不尽相同。这些问题已经在各学科领域及不同学科之间引起了激烈的争论，但这还只是学者和从业人员之间的争论而已。”[②] 一些学者把数据可视化等同于信息图表，也有一些学者把数据可视化看作是一种探索、展示和表达数据含义的方法。[③] 那么，“到底什么是可视化呢？每个人都有自己的答案。有些人认为只有严格意义上的传统图形图表才是可视化。而另一些人的观点则更加开放，他们

---

① 刘玮．由认知到感知：谈信息可视化技术［J］．中国计算机用户，2003（48）：52.

② 邱南森．数据之美：一本书学会可视化设计［M］．北京：中国人民大学出版社，2014：44.

③ EPPLER M J，BURKARD R A. Knowledge visualization：towards a new discipline and its fields of application，ICA Working Paper［R］. University of Lugano，2004.

认为只要是在表现数据，不管是数据艺术品还是微软 Excel 表格，都可以算是可视化。毕竟，在这一问题上孰是孰非并不是那么重要，只要能达成我们的目的就行了”①。

（二）可视化的相关概念

从历史与现实来看，技术进步不仅影响着生产方式的走向和社会的变迁，同时也影响着人们的思维方式和行为方式。在计算机、制图软件、互联网等多种技术因素和信息传播需求等的共同作用下，“可视化”将进一步细化为科学可视化、信息可视化和知识可视化等新兴领域。

● 科学可视化

“科学可视化”又称“科学计算可视化”（visualization in scientific computing，VISC），是 20 世纪 80 年代末提出并发展起来的新技术、新领域。1986 年，美国国家科学基金会（NSF）召开了一次研讨会，会上提出了科学计算可视化。1987 年，美国梅科默克（MeCormck）等向美国国家科学基金会提交了《科学计算可视化研究报告》，该报告认为：“可视化是一种计算方法，它把数字符号转换成几何图像，使科学家能够观察其模拟和计算过程，并进行交互控制。科学计算可视化提供了一种发现不可见信息的方法，丰富了科学发现的过程，给予人们深刻而意想不到的洞察力，使科学家们的研究方式发生了根本变化。”② 科学计算可视化一经提出，很快就在计算机图形学的基础上发展成为一门新兴的学科，它融合了计算机图形技术、工作站技术、计算机辅助设计与交互技术、网络技术、视频技术。③ 科学可视化包括图像生成和图像理解两部分，它既是由复杂多维数据集产生图像的工具，又是解释输入到计算机的图像数据的手段。④

---

① 邱南森．鲜活的数据：数据可视化指南（引言）[M]．北京：人民邮电出版社，2012：7.

② 童劲松，蔡青．科学计算可视化现状及发展趋势 [J]．计算机科学，1995，22（4）：1.

③ 唐伏良，张向明，茅及愚，刘令勋．科学计算可视化的研究现状和发展趋势 [J]．计算机应用，1997，17（3）：8.

④ 赵改善．科学可视化研究现状 [J]．石油物探译丛，1996（1）：1-2.

我们都知道“知识就是力量”这句来自著名科学家、哲学家弗兰西斯·培根的名言，其实培根对此话还有更详尽的诠释：科技知识的力量“不仅取决于其自身价值的大小，更取决于它是否被传播以及被传播的深度和广度”①。而科学可视化作为传播科技信息和数据的独特方式，有助于增进科技知识被传播的深度和广度，从而形成扩散增值效应，有效提升科学成果的价值和影响力。

在2013年国际科学与工程可视化挑战赛中，斯坦福大学的电子显微镜专家莉迪亚-玛丽·朱伯特（Lydia-Marie Joubert）获得了插图类别的民众选择奖，其作品是一幅布满绿色斑点的人手雕像，绿色的斑点代表了那些耐抗菌治疗的细菌，而红色斑点则是那些仍然受到抗生素抑制的细菌（如本书前面彩色插图1-1所示）。这种视觉化的设计与呈现，提升了大众对原本晦涩难懂的科技知识的理解度和兴趣度。

科学可视化就是利用计算机技术，将符号形式转变为图形、图像的形式来帮助人们理解数据中的内在关系的。由此我们不难看出，图形展示不是科学可视化的实质，将大量无序的信息转换成易于被人感知和接收的信息，帮助人们从纷繁复杂的数据中发现事物的发展规律，进而把握全局，才是科学可视化的关键。科学可视化提供了一种发现不可见信息的方法，在增强科研人员洞察力的基础上，丰富了科学发现的过程，提高了科研的质量和效率。

目前，科学可视化已广泛地应用于医学、生物、地理、气象、环境、航天、军工等领域，对促进科学研究和工农业生产以及提高我们的生活水平，发挥着越来越大的作用。

● 信息可视化

“信息可视化”（information visualization）是由斯图尔特·卡德（Stuart

---

① 王大鹏．让科学与传播同行［J］．科学导报，2016，34（11）：96.

K. Card)、约克・麦金利（Jock D. Mackinlay）和乔治・罗伯逊（George G. Robertson）于1989年创造出来的。斯图尔特・卡德1999年的报告称，20世纪90年代以来才兴起的信息可视化领域，实际上源自其他几个领域。[①]人类在探索自然、获取新知的过程中，使用了很多系统的方法，包括实验法、数学建模、仿真等。可视化则是一种新方法，这种新方法的最大特点是，它既涉及科学也有关设计：人们用一种更易理解的方式呈现数据，探索数据背后的规律和模式。此外，信息可视化设计师和平面设计师一样，不仅要能够快速、准确地呈现信息，而且需要掌握准确表达数据的技巧和视觉表达能力，呈现数据背后的观点，唤起读者的内心情感。[②]

信息可视化指的是非空间数据的可视化（相对于科学可视化是对空间数据的可视化而言）。按照信息资源的自身特征，信息可视化可以划分为：一维信息可视化、二维信息可视化、三维信息可视化、多维信息可视化、时间序列信息可视化、层次信息可视化和网络信息可视化。[③]信息可视化不仅用图像来显示多维的非空间信息，使用户加深对信息含义的理解，而且用形象直观的图像来指引检索过程，加快检索速度（使发现知识的过程和结果易于理解和在发现知识的过程中进行人机交互）。[④]信息可视化往往是通过对抽象信息的图形化处理实现的，这就需要内在功能的发挥与外在形式的美化齐头并进，实现清晰、有效的信息传播。而要实现这个目标，不仅需要把握、了解人类如何感知世界和思维信息的过程，还要掌握具有一定艺术表现力的可视化方法和技能，因此，认知理论和图形设计就理所当

---

① 此处关于"信息可视化"的定义，来自百度百科（https：//baike. baidu. com/item/%E4%BF%A1%E6%81%AF%E5%8F%AF%E8%A7%86%E5%8C%96/7278850？fr=aladdin）。

② 曼纽尔・利马．视觉繁美 信息可视化方法与案例解析［M］．宫鑫，王燕珍，王娜，译．北京：机械工业出版社，2015：8.

③ 洪文学，等．可视化和可视化分析学［J］．燕山大学学报，2010，34（2）：97.

④ 宋绍成，毕强，杨达．信息可视化的基本过程与主要研究领域［J］．情报科学，2004，22（11）：14.

然地成为信息可视化的两大基础。

随着大数据技术的发展，信息可视化作为展示、传播、分析信息的一种手段，呈现出由视觉驱动向数据驱动转变的趋势，使少量数据加精美设计的状况得以改变，大体量数据的挖掘与表达成为信息可视化的关键。此外，以内容生产为核心的理念逐渐为以用户为中心的理念所替代，用户需求、用户认知能力和用户体验成为信息可视化产品设计中必须考虑的因素。以图形化的表达手段，为读者提供形象、直观的解读方式，日渐成为信息传播、信息设计的潮流。图 1－2 为知名信息图表网站“信息是美的”（information is beautiful）的首页。

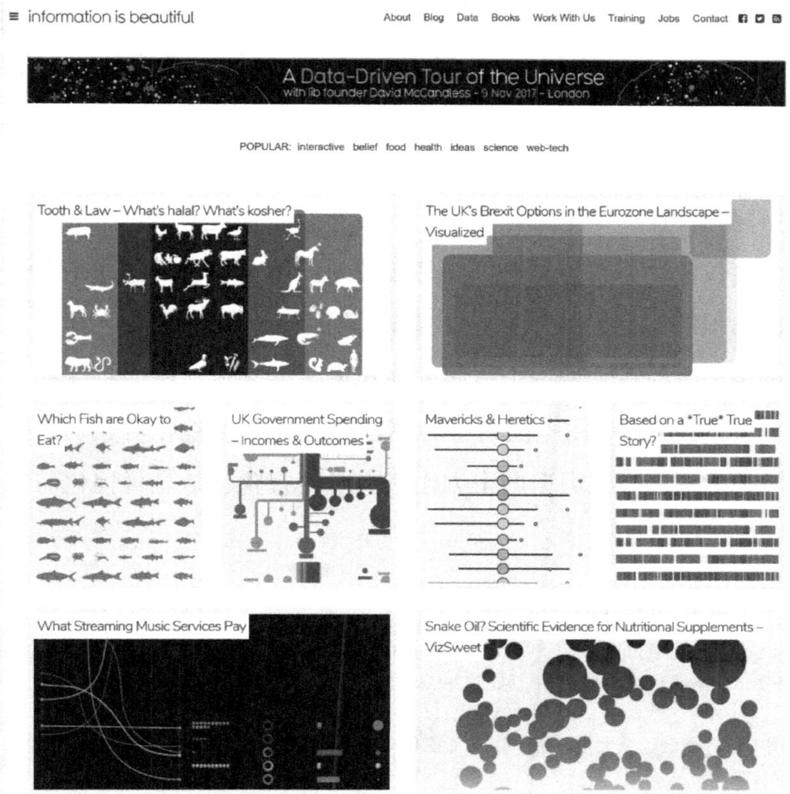

图 1－2　“信息是美的”网站首页

● 知识可视化

知识可视化指可以用来构建、传达和表示复杂知识的图形图像的手段，除了传达事实信息之外，知识可视化的目标还在于传输人类的知识，并帮助他人正确地重构、记忆和应用知识。[①] 除了传达事实信息之外，知识可视化的目标在于传输见解（insights）、经验（experiences）、态度（attitudes）、价值观（values）、期望（expectations）、观点（perspectives）、意见（opinions）和预测（predictions）等，并以这种方式帮助他人正确地重构、记忆和应用这些知识。[②] 在实践中，通过把人们的个体知识以图解的方式呈现出来（图形图像化），形成直接作用于人的感官的知识外在表现形式，其作用不仅可以改变认知方式，而且有助于知识的传播与创新。

知识可视化与信息可视化有着本质差别。埃普勒和伯卡德（M. J. Eppler&R. A. Burkard）认为，虽然知识可视化和信息可视化都是利用人能够有效处理视觉表征的固有本领，但在各自领域运用这些能力的方式却不一样。信息可视化的目标在于从大量的抽象数据中发现一些新的信息，或者简单地使存储的数据更容易被访问；而知识可视化则是通过提供更丰富的知识视觉表征的方式，以提高人们之间的知识创造和传递。知识可视化的主要目的在于增进个体间的知识密集型交流，例如将新的见解纳入已有的概念体系中去。[③] 国内学者赵国庆等曾从可视化对象、可视化目的、可视化方式和交互类型四个方面对科学可视化、信息可视化与知识可视化

---

① 此处关于“知识可视化”的定义，来自百度百科（http：//baike. baidu. com/link? url=LKAlM _ iigKrxA1rLIYKsd9 _ TPnZdGUq4n5wz9EAwccwHwimv6Y-gaZupQb8Re0pNny9 _ NVI7GJqFYcrD3PvzFMxPwzYiN9xBZNa1jd2nCzt3CfgUE4tujxEDzB6eQNRfMvsRYjLoB6HqdW2CNEEPWq）。

② 周宁，陈勇跃，金大卫，等．知识可视化与信息可视化比较研究［J］．情报理论与实践，2007（2）：179.

③ EPPLER M J，BURKARD R A. Knowledge visualization：towards a new discipline and its fields of application，ICA Working Paper［R］. University of Lugano，2004.

视化进行了比较，如表 1-1 所示。

表 1-1 科学可视化、信息可视化与知识可视化的比较

	科学可视化	信息可视化	知识可视化
可视化对象	空间数据场	非空间数据场	人类的知识
可视化目的	将抽象数据以直观的方式表示出来	从大量抽象数据中发现一些新的信息	促进群体知识的创造和传递
可视化方式	计算机图形、图像	计算机图形、图像	绘制的草图、知识图表、视觉隐喻等
交互类型	人-机交互	人-机交互	人-人交互

资料来源：赵国庆，黄荣怀，陆志坚．知识可视化的理论与方法［J］．开放教育研究，2005（11）：23-27.

● 信息图表

美国学者、著名信息图表设计家理查德·沃尔曼（Richard S. Wurman）在 1976 年提出“信息图表”的概念，他将信息图表设计看作是一种构造信息结构的方式，认为信息结构设计师的根本任务是设计对信息的表达，即能够提取复杂环境和信息中的内核并以清晰、美观的方式呈现给受众。① 而在我国新闻传媒界使用更广泛、与之比较接近的概念是“图示”，即“一种形象化的资料展示，它包括统计图表、示意图和新闻地图。图示最早是配合文字使用的，将文字稿中比较抽象的数字和内容或者难以描述的事物，以形象化的方式介绍给读者”②。从这些概念中不难看出，信息图表是将信息以形象化的手段（图形）呈现出来，以获得更好的传播效果。信息图表主要呈现的对象是“信息”，而数据可视化处理的主要是“数据”。众所周知，数据和信息是不可分离的，两个概念所涵盖的范畴互有重叠，在新闻传播实践中，信息图表往往作为数据可视化的呈现方式和手段。

尽管与可视化相关的概念层出不穷，但它们都有一些共同的特点，即在形式上以图形符号为主，目的是降低信息、知识或数据等的理解难度，

① 孟晓辉．读图时代报纸“信息图表”的深度解读功能［J］．新闻窗，2009（3）：55.

② 郑兴东，陈仁风，蔡雯．报纸编辑学教程［M］．北京：中国人民大学出版社，2001：368.

使受众或用户易于接受，其接受效果是可视化的终极目标。

三、数据可视化的认知理论

认知是指人们通过自身的感觉器官对外界事物进行信息加工的过程。即个体对感觉信号接收、检测、转换、简约、合成、编码、储存、提取、重建、概念形成、判断和问题解决的信息加工处理过程。认知理论将认知过程看成一个由信息的获得、编码、存储、提取和使用等一系列阶段组成的按一定程序进行信息加工的系统。信息获得指感觉器官（眼睛、耳朵、鼻子及全身的神经末梢）接收来自客观世界的刺激，通过感知能力（视觉、听觉、触觉、嗅觉等）获得信息；信息编码就是转换信息的形式，以利于后续阶段工作的进行；信息存储是信息在大脑里的保持；信息提取指依据一定的线索从记忆中寻找并获取已经储存在头脑里的信息；信息使用指提取已有的信息并对新信息进行认知加工。①

（一）双重编码理论

双重编码理论（dual coding theory）是1969年加拿大心理学家阿伦·佩维奥（Allan Urho Paivio）提出的，该理论认为人的大脑中存在两个功能独立却又相互联系的认知系统：语言系统和非语言系统。语言系统处理语言文字信息，将其编码后储存在大脑皮层的文字记忆区，语言系统可以通过文字符号来激活；非语言系统则处理非语言信息，编码是以视觉图像等形式存储在图像记忆区的，该系统通过物体的表象（图形符号）来激活。②实验表明，人脑在记忆效果和记忆速度上，视觉信息优于语言文字信息。如果将信息以图形图像的形式传达，可以降低信息的认知负荷，促进信息

---

① 此处关于“认知”的定义，来自互动百科（http：//www.baike.com/wiki/%E8%AE%A4%E7%9F%A5）。

② 王晓跃，郭丹．基于双重编码理论的视觉传达设计研究［J］．计算机光盘软件与应用，2013（10）：176.

的传播和更新。如果同时运用视觉符号和语言文字符号来表述或传达信息，即双重编码，则有助于增强信息的回忆和识别。图文信息分别对应着非语言和语言编码系统。当图文同步时，两个系统之间的联合式过程以及两个系统之间的参照式过程得以被同时激发，从而高效率地实现双重编码系统的互动。①

（二）格式塔理论

格式塔理论（gestalt theory）是德国心理学家在1912年创立的，它强调经验和行为的整体性，反对当时流行的构造主义元素学说和行为主义“刺激-反应”公式，认为整体不等于部分之和，意识不等于感觉元素的集合，行为不等于反射弧的循环。② “格式塔”在德语中就是“整体、形状”的意思，因此，格式塔理论也被称作“完形理论”。格式塔心理感知理论最基本的法则是简单精练法则，认为人们在进行观察的时候，倾向于将视觉感知内容理解为常规的、简单的、相连的、对称的或有序的结构，同时，人们在获取视觉感知的时候，会倾向于将事物理解为一个整体，而不是将事物理解为组成该事物所有部分的集合。格式塔法则又称为完图法则，主要包括③：

- 贴近原则（proximity）。当视觉元素在空间距离上相距较近时，人们通常倾向于将它们归为一组。
- 相似原则（similarity）。人们在观察事物的时候，会自然地根据事物的相似性进行感知分组，虽然实际上事物本身并不存在分组的意图。通常依据对形状、颜色、光照或其他性质的感知决定分组。
- 连续原则（continuity）。人们在观察事物的时候会很自然地沿着物体

① 闫岩．双重编码理论及其传播学应用［J］．国际新闻界，2013（10）：49.

② 陈为，张嵩，鲁爱东．数据可视化的基本原理与方法［M］．北京：科学出版社，2013：20-21.

③ 陈为，沈则潜，陶煜波，等．数据可视化［M］．北京：电子工业出版社，2013：49-53.

的边界，将不连续的物体视为连续的整体。

● 闭合原则（closure）。只要物体的形状足以表征物体本身，人们就会很容易地感知整个物体而忽视未闭合的特征。

● 共势原则（common fate）。如果一组物体沿着相似的光滑路径运动或具有相似的排列模式，人眼会将它们识别为同一类物体。

● 好图原则（good figure）。人眼通常会自动将一组物体按照简单、规则、有序的元素排列方式进行识别，这就是说，个体识别世界的时候通常会消除复杂性和不熟悉性，并采纳最简化的形式。

● 对称原则（symmetry）。指人的意识倾向于将物体识别为沿某点或某轴对称的形状。因此，将数据按照对称原则分为偶数个对称的部分，对称的部分会被下意识地识别为相连的形状，从而增强认知的愉悦度。

● 经验原则（past experience）。指在某些情形下，视觉感知与过去的经验有关。如果两个物体看上去距离相近，或者时间间隔小，那么它们通常会被识别为同一类。

视觉设计必须遵循人们感知、认知方面的规律，传播者通过图形元素的表达和重组，以直观、易于理解的方式呈现给受众。格式塔理论，尤其是一些格式塔法则被广泛应用于数据可视化设计的理论和实践等方面。

四、数据可视化的视觉编码

可视化将数据以一定的编码原则转换为图形元素（标记），而受众对这些图形的认知是借助控制图形元素的展示特性（视觉通道）来完成的。在可视化设计中，需要遵循基本的编码原则，并结合数据的类型（结构、数值和属性等），来保证受众对可视化产品的正确理解。

（一）标记与视觉通道

将数据信息进行可视化，使其具有表达直观、形象生动、易于理解和长久记忆等特性，就离不开可视化编码。可视化编码由标记（图形元素）

和视觉通道（控制标记的视觉特征）组成①（如图 1－3 所示）。

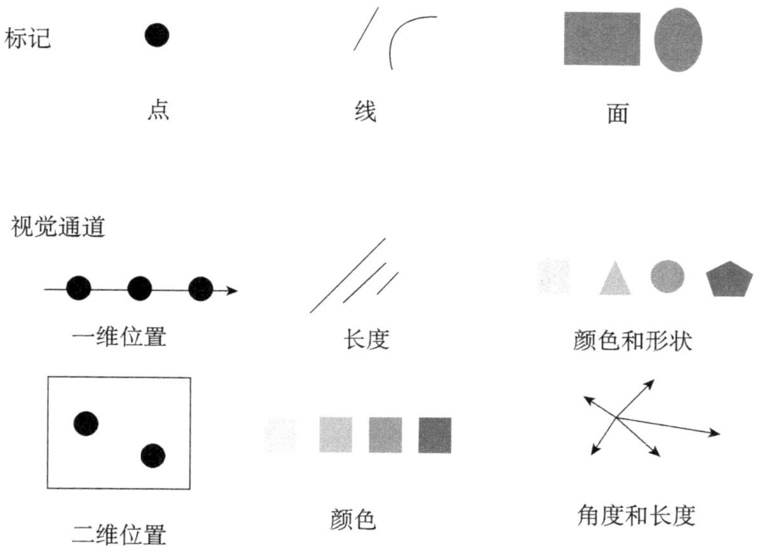

图 1－3　可视化表达的标记和视觉通道

资料来源：陈为，沈则潜，陶煜波，等．数据可视化［M］．北京：电子工业出版社，2013：66.

标记即图形元素，包括点、线、面、体等，它们具有分类功能，因此，不同的图形元素可以用于编码不同的数据属性。点可以指代事物，并表明其所在位置，涉及坐标数值；线可以起到分隔、连接作用，表示变量和趋势，同时，线段的粗细也表明数值的大小；面主要表示事物或事物之间的量值、属性等关系。

视觉通道控制着图形元素的展示特征，包括图形元素的大小、位置、形状、方向、色调、明度等，它具有分类功能和定量功能，既可以编码不同的数据属性，也可以编码一个属性的不同值。不同的视觉通道分别可以为不同的数据信息编码，根据数据信息的属性，可以考虑优先选择最合适

① 陈为，沈则潜，陶煜波，等．数据可视化［M］．北京：电子工业出版社，2013：65.

的视觉通道，只有准确把握各类视觉通道的特性，设计出的数据可视化产品才能被受众高效解读和理解。

（二）视觉通道的表现力和有效性

视觉通道的表现力强弱体现在编码数据信息的精确性、可辨识性、视觉突出等方面。

- 精确性

精确性在这里指的是人们对可视化数据的认识、判断与原始数据的吻合程度。不同的视觉通道在表现精确性上存在着差别，而这种差别影响了数据可视化的还原程度。比如在编码数值时，长度比面积更具精确性。

- 可辨识性

视觉通道可以编码数据某一属性的不同值，在给定的取值范围内，选择的取值数量，会影响到人们对数值的区分与辨识。比如利用直线的宽度来表现编码数值一般不超出 4 种，如果过多地增加直线的宽度，不仅会阻碍正常的数值辨识，而且会导致直线变成其他的视觉通道，如面积（如图 1－4 所示）。

- 视觉突出

视觉突出指的是人们仅仅依靠自己的无意注意，在短时间内就能够发现某一对象与其他对象的不同。颜色和形状都可以作为视觉突出的通道而用于可视化编码。所不同的是，色彩较少受到背景性干扰对象数量的影响，而形状则容易受到干扰因素数量的影响，消减视觉突出的效果。比如大家熟悉的色盲表的设计，就是利用繁杂、相似的元素干扰信息的传递，以色彩作为视觉的引爆点来筛选色盲症患者（如彩色插图 1－5 所示）。而一旦把色彩信息更换为形状信息，识别的速度将会由于干扰因素的影响而减缓。

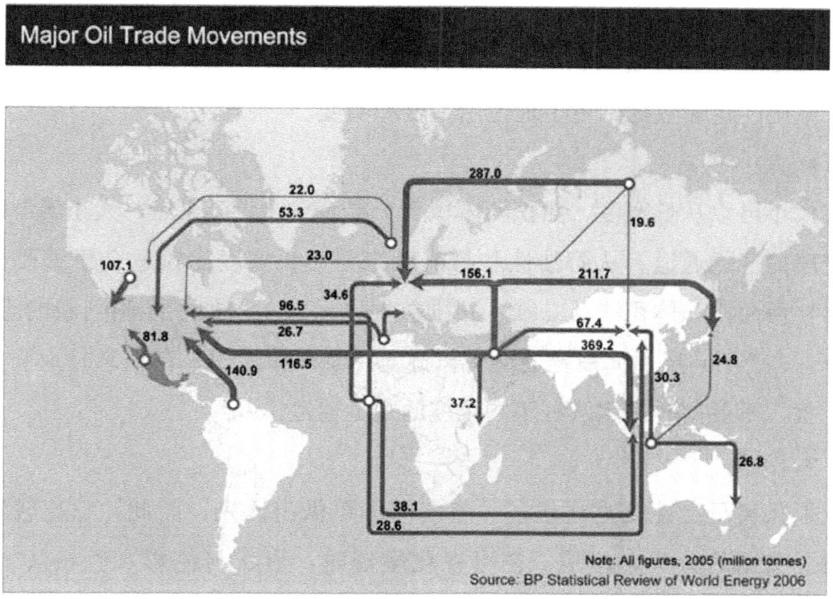

图 1-4　2005 年国际石油贸易图

（三）视觉通道的特性分析①

同一数据可以用不同的视觉通道来编码，由于各个视觉通道存在特性上的差异，容易导致受众认知的结果不同。因此，正确地把握视觉通道的特性，恰当地应用视觉通道是提高数据可视化效率的关键。

● 位置

位置既可以编码分类的数据属性，也可以编码定量的数据属性。图形元素之间的位置可以揭示数据间的关系，比如数值的集中、数值的发布、数值的增减趋势等都可以用位置展示出来。

● 色彩

色彩三要素包括色相、纯度和明度。色相属于定性的视觉通道，纯度

---

① 此处参考了陈为、沈则潜、陶煜波等著《数据可视化》73～78 页对“视觉通道的特性”的论述。

（饱和度）和明度（明暗程度）是定量或定序的视觉通道。色彩之间的搭配关系到信息传达的效果和可视化产品的美观。对于定性数据而言，常用色相来编码，定量数据则更多地使用纯度和明度。

● 大小

大小可以从长宽度、面积和体积3个层面来计量，显然，大小属于定量和定序的视觉通道。从简洁性和易辨性来看，长宽度比较适合于编码重要数据，而面积和体积涉及二维、三维数据，无形中增加了准确判断的难度。另外，3个不同层面的视觉通道（长宽度、面积和体积）在编码时为避免相互干扰，不要同时采用两种不同维度的视觉通道。

● 形状

形状属于定性视觉通道，一瞥之间即可做出区别，因此，它比较适用于编码数据的分类，但是，在可视化呈现时，形状与色彩（色相）、大小（面积）的关系较密切，形状之间的近似度，再加上色彩之间、面积之间接近性的干扰，综合作用下就会弱化形状视觉通道的功能发挥。

在信息传播多渠道、多样化的时代，尽管数据可视化不是信息传达的唯一呈现方式，但无可辩驳的是，可视化是制作、传播信息的最佳方式和有效途径。探索数据可视化的原理及理论基础，有利于在实践中科学地设计、制作可视化产品，提升传播效率。

第二节　从信息图表到数据可视化

信息图表又称信息图，从其英文 infographics 的字面上看，它被定义为对数据或观念的可视化，通过可视化，以一种快速消费、易于理解的方式将复杂信息传达给受众。[①] 随着新闻传播进入大数据时代，信息图表的使用

① SMICIKLAS M. The power of infographics：using pictures to communicate and connect with your audiences［M］. NY：Pearson Education，2013：3.

日渐广泛且具有与以往不同的样式，其中的继承和嬗变不仅反映了传播技术、新闻生产理念、受众阅读行为等因素的变化，同时也推动着新闻业务的进步和媒体的改革创新。

一、信息图表在传媒界的发展历程

信息图表貌似是在近些年才流行开来的新事物，实际上具有现代意义的信息图表可以追溯到 18 世纪统计图形的发展和应用。从 20 世纪中后期至今，计算机、互联网以及大数据技术的共同发展，推动了信息图表在中外新闻传播领域的广泛应用。

（一）信息图表在国外传媒界的发展

作为应用数学分支的统计学发端于 17 世纪的欧洲，它主要通过概率论建立数学模型，进行量化分析。在后来的发展中又衍生出了统计图形（图解分析技术），用于描述和分析数据发布、动态或变量间的相互关系，它具有直观、简洁的特点。统计图形与信息图表、数据的可视化密切相关。在 18 世纪至 19 世纪间，统计图形经常用于分析军事行动、疾病、气候、经贸等。特别是在 19 世纪，饼图、柱状图、极限图、散点图、时间序列图等得到了广泛应用。彩色插图 1－6 为丹麦、挪威与英格兰在 1700—1780 年间的贸易进出口图，是根据当时的进出口数据绘制的。红线代表进口，紫线代表出口，两条线交叉形成不同的截面。两线交会点为 1755 年左右，说明英格兰当时处于贸易的平衡点。前半段红线高于紫线，进口大于出口水平，说明处于贸易逆差状态，之后出口线高于进口线，为顺差截面。

尽管在 19 世纪中期，先后出现了英国医生约翰·斯诺绘制的“鬼图”（ghost map）、南丁格尔绘制的反映英军非战斗减员的“玫瑰图”和法国工程师米纳德绘制的《拿破仑东征路线图》（如图 1－7 所示）等传世“名图”，但实际上，把信息图表应用于媒体的并不多见。对实力一般的小媒体而言，信息图表简直是奢侈品，只有那些实力雄厚、规模较大的媒体才能负担得起。因此，20 世纪中叶，在美国报界除了芝加哥和纽约的报业巨头外，鲜有报纸会关注信息图表这个领域。

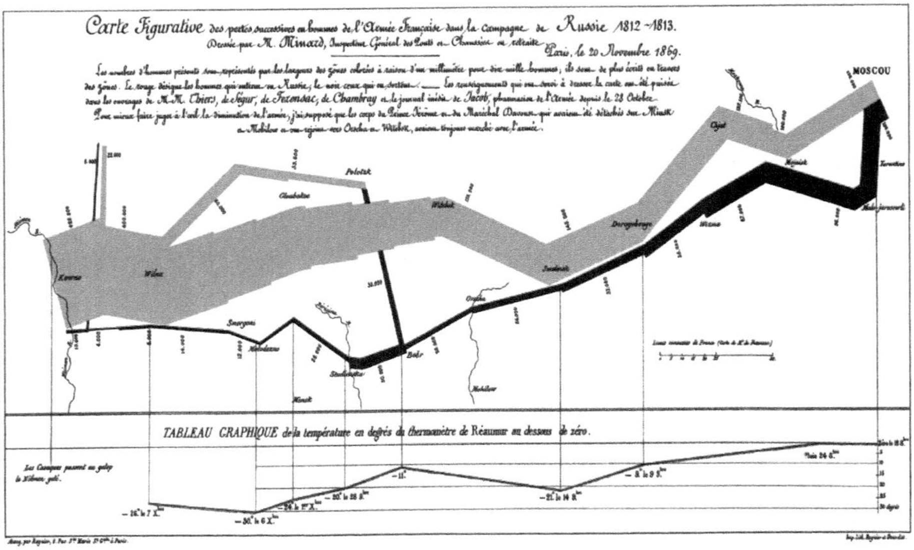

图 1－7　米纳德绘制于 1861 年的《拿破仑东征路线图》

对于报纸来说，使用信息图表是一种进步的表现。大概在 20 世纪六七十年代，信息图表被引入新闻传播领域。美国的一些地方报纸，如《圣彼得斯堡时报》、《芝加哥论坛报》和《纽约时报》等开始定期使用信息图表，有时信息图表还成为报纸上的固定栏目。20 世纪 60 年代之后，欧洲出版业开始流行用图形符号反映统计数字，并蔚然成风。当时德国的《明镜周刊》率先用三维图来呈现内容，其成为使用信息图表的先驱（如图 1－8 所示）。这种传播信息的方式被霍姆斯（Holmes）引入到美国的《时代》周刊并发扬光大。① 同时期的美国现代报纸版面设计的先驱埃德蒙·C. 阿诺德（Edmund C. Arnold）在其著作《报纸设计综述》中也对信息图表予以重点推

① MEYER E K. Designing infographics［M］. Indianapolis，Indiana：Hayden Books，1997：23.

介。1982 年《今日美国》的创办推进了信息图表的快速发展，彩色的统计图表、示意图和新闻地图等在该报上占据重要地位，四个版组首页的左下

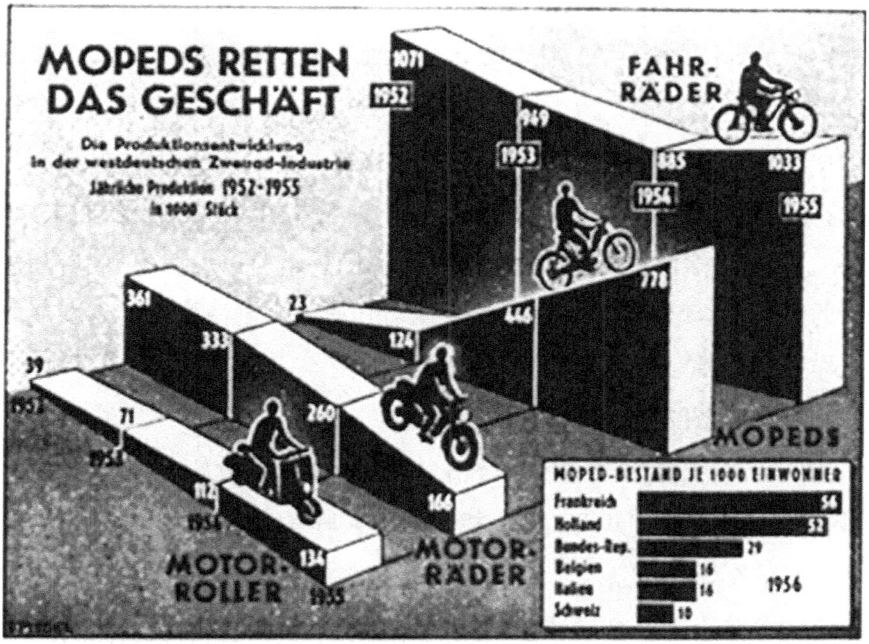

图 1－8　德国《明镜周刊》的三维图表

角每天都有一幅固定的小图表（snapshots），信息图表式的彩色天气预报版也被各国报纸所仿效。这种把视觉审美艺术和定量数据结合在一起，形成的既易于理解又有视觉冲击力的信息传播方式日渐盛行。

在西方三大通讯社中，美联社最早运用信息图表。20 世纪 80 年代以前，该社的图片部就开始向报纸用户提供各种图表。20 世纪 80 年代之后，随着图表需求量的增加，美联社将图表业务从图片部门中剥离出来，成立独立的图表部。1988 年，美联社建成了“图表网络”，通过卫星向国内用户连续 24 小时播发新闻图表。在日常报道中，美联社要求采编人员“在写新闻时想着图表”，特别是在重大事件发生时，注意采集与新闻相关的地图、

数据、信息等，如果条件允许的话，美联社会派制图编辑赶赴现场采集信息。路透社于 1990 年海湾战争期间推出图表业务，之后业务不断扩大，1994 年在时政类图表之外还增加了商业图表。路透社的图表有黑白、彩色两种，而且图表说明有英、法、德、日和西班牙文等供用户选择。[①] 韩国联合通讯社自 2002 年起，为了加强图表新闻参与网络传播的竞争力，充分依据视觉传播原理，引入网络动画、音视频拍摄及剪辑技术，研发了集文字、图片、图表、音频、视频、动画等于一体的网络互动式图表新闻（active news）。该类图表的推出使韩国联合通讯社图表组名声大振。[②] 此后，越来越多的国外媒体开始重视信息图表，随着传媒界和制图技术的发展，信息图表作为报道新闻的手段得到了广泛推广。

（二）信息图表在我国传媒界的发展

我国经常性地在显著位置刊登信息图表的做法大致始于 1993 年的《光明日报》。该报国际部开设的图表栏目《数字与事实》受到读者欢迎，很多读者还剪贴收集。[③] 此后，《中华工商时报》每天在头版刊出《时报图表》专栏，《中国青年报》的《社会周刊》也刊出了《与我们有关的数据》，《北京日报》开辟了《图解新闻》专版，这些做法普遍获得好评。[④] 当时的信息图表多表现为向上向下的箭头、柱状图、饼图等，作为经济报道的辅助手段。

1999 年 3 月，新华社摄影部成立图表新闻编辑室，将信息图表作为继文字、照片之外的一种新颖的报道样式，以表格、柱状图、饼图等为主要方式，辅助以计算机绘图手段来解读新闻事件。2000 年 8 月新华社图表新闻专线开通。2006 年开始对外播发繁体字的信息图表。2007 年第一张英文

---

① 筱棠．西方三大通讯社的新闻图表业务［J］．国际新闻界，1998（1）：77.

② 朱剑敏．传媒发展与未来规划［M］．北京：新华出版社，2007：128.

③ 赵和平．我和《数字与事实》图表［J］．新闻战线，1997（2）：52.

④ 唐润华．新闻图表：日受青睐的新闻形式［J］．中国记者，1994（9）：46.

信息图表诞生。之后，新华社的信息图表在国内外重大事件的报道中发挥了不可替代的作用。

随着 3Ds Max、Maya 等三维制图软件的推广，2002 年新闻仿真图被应用于《南方周末》等媒体。在 2003 年 3 月份的伊拉克战争报道中，许多报纸使用新闻仿真图来解读战事进程，其中《北京青年报》连续 25 天以整版篇幅刊登仿真图。随着传媒数字化的发展以及制图技术和受众阅读行为的变化，信息图表已经成为新闻信息传播的“常规性武器”。凡遇重大事件或活动，如 2008 年北京奥运会、2009 年国庆 60 周年大庆、2010 年上海世界博览会等，各家媒体都会在信息图表制作的精度、广度和美观上竞相媲美。

2010 年 7 月 27 日，《辽沈晚报》在新一轮的改版中，设立了《表述新闻》专版，其目的就是适应速读时代的需要，希望信息图表给读者带来全新的读报视角和舒适的阅读体验。2012 年 4 月，《华西都市报》为了追求视觉的愉悦，实现从快速浅浏览到选择深阅读的突破，提出信息图表使用常态化的改版目标（如图 1－9 所示）。2012 年 9 月，《新京报》开辟了《新图纸》专版，以整版篇幅详细解读新闻事件或提供背景性、知识性信息。

2012 年，搜狐网开始刊发信息量大、篇幅长、适合网络传播的长图表，并设立了图表专栏《数字之道》。此后，腾讯的《新闻百科》、新浪的《图解天下》和网易的《易读》等相继问世。随着传播技术的进步、受众信息需求的变化，信息图表在我国传媒界从报纸、电视扩展到了互联网和移动端。总之，在我国传媒领域，信息图表的地位由配合报道发展到了独立传播，实现了传播地位的质变；由版面的“补丁”，发展为媒体的“常规性武器”，其呈现形式也实现了由平面静态到立体互动的转变。

華西都市報
《桃姐》包揽五项大奖
本报今日全新改版
第一眼
修车骗局
成渝高速路口
公告
舒马赫退赛
赵本山否认移民
朝鲜大阅兵
第一眼
揭穿成渝高速
修车骗局
暗访
上厕所回来，车咋打不燃了？
亲历
挡获
求证
只有5秒，咋搞坏一辆车？

图 1－9　2012 年 4 月 16 日《华西都市报》改版当日头版的图表及关联版面的深度报道

二、新传播环境下信息图表的可视化表达

信息图表的发展历程再次证明，变化的是传播方式和传播载体，而不变的是人们对信息的需求。在大数据、移动互联网和社交媒体等交织的传媒生态中，信息图表在制作技术、呈现方式、发布平台、信息含量和数据来源等方面发生了质的飞跃，但是，高效传达信息与实现艺术审美始终是信息图表所追求的核心价值。

（一）在内容上整合、传播信息

信息图表将原本抽象、枯燥的文字、数据等转换为形象、直观的图形，运用点、线、面、色彩等元素以及音频视频等解读信息，是多种信息传播方式的整合。信息图表就像一篇新闻报道，同样包含了五个 W 等信息要素。图表编辑在掌握这些信息要素的基础上，理顺了它们之间的内在联系，依据人们的认知规律，运用各种视觉元素，以形象化的思维设计、制作信息图表。信息图表不是单纯的图形，它聚合了文字符号、图形符号、色彩乃至数据等。尤其是理解和探索大数据集，可视化是最好的方式，把数据安排在视觉空间有助于我们发现其中的模式，发现那些通过常规统计方法很难挖掘到的新闻故事。①

随着制图技术的进步和传播平台的变化，基于互联网的交互式图表还可以整合音频符号甚至动画等视频符号，以增强传播符号的丰富性和生动性，体现出信息图表的易读性、悦读性。在信息社会，数据大量存在，但数据都是以抽象、枯燥的形式存在着，即使这些数据以非常有趣的视觉化方式呈现出来，受众所期望的仍然是通过图表来了解一个他们关心的故事，而不是像欣赏艺术品那样从审美的角度来看待图表。

（二）在形式上实现视觉审美

如果说文字报道是“写新闻”，新闻摄影是“拍新闻”的话，信息图表则是在“画新闻”。既然是“画”，在传达信息的同时，就要体现出设计者的艺术表现力。信息图表是一种视觉传播形式，图表的制作是对原始信息或数据的提炼和加工。信息图表不仅凝聚着制图编辑的逻辑思维，而且在用色、构图等方面也融入了他们的艺术创意。新华社图表编辑室的高山主任将信息图表概括为以新闻信息为核心，以艺术形式为载体，是新闻报道与艺术欣赏得兼的艺术新闻。也有业界专家认为图表编辑“要像记者那样去思考、探究和调查，像艺术大师那样去绘画”②。一幅好的信息图表不仅方便受众接收重要信息和新闻事实，还能让受众在视觉上得到享受，在心理上产生愉悦感。如果说“一图胜千言”指的是信息图表在内容上的优势，

---

① YAU N，Visualize this：the flowing data guide to design，visualization and statistics［M］. Hoboken，New Jersey：Wiley & Sons，2011：16.

② 曹文忠．让新闻一目了然：新华社的图表新闻及其制作［J］．中国记者，2001（4）：42.

那么“一目了然”则是信息图表的视觉优势。当然，从根本上看，让图形变得有趣的是内容。当一个图表被正确地呈现时，信息就会以最清晰和最有效的方式流向阅读者。没有额外的色彩，无须过度的强调来分散阅读者对信息的关注。[①]

信息可视化是一项包含图像、文字、数字和艺术在内的综合性工作，也是信息传播中最经济、最有效的方式。它通过分析、组织信息或数据，让其通过可视化手段进行再现和传递，使其更易于理解和接受。信息图表就是这种可视化的有效传达方式，其目的就是更精巧和有趣地呈现内容，并且让受众在内容上停留更长的时间，对信息有更多的掌握。[②]

三、数据可视化对信息图表的继承与嬗变

媒体是信息图表传播的主要平台和渠道，新的媒体蕴含着新的传媒观念。媒体本身并不具有创造性，而设计则在所有的媒体中都发挥作用。媒体进化，设计也应随之进化。[③] 传媒变革的移动化、社交化和智能化，推动着传统信息图表实现向数据可视化的进化，而在这一嬗变过程中，信息图表呈现出一些新特征。

（一）制图理念从做内容转向做产品

在传统媒体掌控传播格局的时代，信息图表的制作流程大致包括提炼核心信息，梳理逻辑关系或事物的发展脉络，以图形的方式予以呈现等。所有流程都围绕如何生动、直观地呈现内容。在新的传媒生态下，“做内容”不再局限于微观层面的新闻生产，而是超越了新闻实务的范畴，把内容当作产品来经营。新闻生产者不仅要考虑新闻内容采用何种方式生产和

---

① Wong D M. The wall street journal：guide to information graphics [M]. NY：W. W. Norton & Company，2010：13.

② 马忠君. 走进纽约时报互动新闻报道部 [J]. 新闻战线，2011 (11)：92.

③ 原研哉. 设计中的设计 [M]. 朱锷，译. 济南：山东人民出版社，2006：191.

呈现出来、采用何种渠道分发出去，还要考虑当下的受众有什么样的阅读期待、阅读习惯和阅读偏好等。比如 BBC 网站的工作人员与社会学家合作，制定了划分英国社会阶层的新标准，并据此制作了一款《英国社会层级数字计算器》的新闻应用。《纽约时报》的网站也从新闻产品的实用性出发，为受众提供了名为《租房还是买房?》的在线租房买房计算器的互动工具。这两款应用都属于互动式图表，它们从设计、制作到分发，贯穿着产品理念，在生产中不仅考虑内容的品质，更考虑用户服务、品牌定位和产品开发等因素。

（二）制图技术强调实现良好的阅读体验

信息图表的价值不仅仅在于“呈现”数据或信息，而是受众能够真正地使用这些数据或信息。越来越多的信息图表开始为受众提供一系列事先设计好的选项，受众通过选择特定的路径来获取信息。托夫勒在《第三次浪潮》中预言，20 世纪 90 年代之后，社会将进入体验经济时代。用户体验的好坏成为决定传播效果的关键因素。只要体验做得好，就会被转发，在短时间内成为众所周知的现象级产品，可见产品的互动程度直接影响了用户的阅读体验。将互动的理念引入信息图表，目前不仅具备了技术条件，更在于它有助于激发用户的使用兴趣，帮助用户在互动过程中获得完全基于自身需求的信息，实现信息传递的个性化。互动只是一种方式，其存在的最大意义是引导受众便捷地使用信息图表并有所收获。新技术、新媒体、新工具和新的受众需求，使得信息图表的互动设计不仅仅停留在被阅读阶段，还贯穿于信息的采集阶段，调动用户参与新闻生产，应用其所产生的信息或数据，有助于扩展新闻内容的深度与广度。

（三）图表生产由“大众化”转向“个性化”

在传受过程中，接受者并不是被动的，其不只是不可或缺的接收终端，更是有着一定能动性的主体。“新闻接受”就是接受主体因其需要，据其知识、经验、情感，对外来的新闻信息的反应、选择、加工、整合、内化、外化、践行的连续认识、反应过程。[①] 当传播者在制作其信息时，他的脑海里总有一幅接受者的图像，即使后者并没有具体出现在他面前。[②] 当一条新闻刊发之后，传播者就很难继续控制其命运，只能被动地观察、等待接受者对这条新闻信息的处理和反馈，传播者对反馈信息的处理，也从侧面说明了接受者对传播者的影响。新闻就是在这种传播、接受、相互影响、再传播的相互作用中被生产、被传播的。在传统的新闻生产模式中，传受之间的互动交流受到技术等因素的限制，因此，受众较难改变新闻产品的大众化生产状况。当下，大数据技术使得交互式图表具备数据“采集器”的功能，可以实时收集、分析那些反映受众阅读行为的数据，进而准确掌握受众的阅读偏好。为了满足部分受众对新闻事件的极高兴致，新闻工作者会充分利用新媒体的互动特性，搭建一个互动平台[③]，使信息图表的制作和推送实现个性化和定制化。

大数据技术使得抓取、分析受众行为的数据成为可能，特别是具有交互功能的可视化产品，其本身就是一种数据“采集器”，可以实时收集受众意见，并且将它们马上转化为新闻内容的一部分，成为新闻延伸与深化的基础。[④] 在选题决策阶段，受众的关注点和关注度关联着受众的信息需求，而建立于数据抓取和分析技术基础上的选题更具针对性；在新闻制作阶段，通过技术手段了解受众喜闻乐见的新闻类型、报道方式，可实现新闻信息的定制化；在新闻传播阶段，通过收集、分析受众阅读的行为数据（点击率、浏览量），可调整报道的节奏，掌握报道的走向，进而实现新闻的定制与推送。可以说，数据可视化借助大数据技术，实现了“大众化”新闻生

---

① 何纯．新闻叙事学［M］．长沙：岳麓书社，2006：222.

② 丹尼斯·麦奎尔，等．大众传播模式论［M］．祝建华，等译．上海：上海译文出版社，1987：55-56.

③ 曾庆香．新媒体语境下的新闻叙事模式［J］．新闻与传播研究，2014（11）：55.

④ 彭兰．“信息是美的”：大数据时代信息图表的价值及运用［J］．新闻记者，2013（6）：17.

产向“个性化”和“定制化”新闻生产的转变。

(四) 图表传播开始关注社交化分发

根据美国媒介评论家保罗·莱文森（Paul Levinson）在《新新媒介》一书中的观点，类似脸书（Facebook）、推特（Twitter）、维基百科（Wikipedia）等具有移动、交互、社交特点的媒介都被称为新新媒介。[①] 这些新新媒介的每个用户都可以成为传播信息的节点，并且这些节点之间可以任意连接，向周围散布信息。传统媒体式微的一个原因就是没有满足受众普遍存在的交往需求，没有充分认识到社交属性对于媒体的重要性。当下，传统媒体纷纷接入移动社交媒体端口，为受众易于和乐于分享所获取的信息提供渠道和平台。信息图表相对于文字符号更具视觉吸引力、更易于快速地被理解，而且信息图表都是以 PNG 或 JPG 的格式存储的，这使得它们很容易被转载，也比普通的文本更具分享性。为此，路透社、美联社、《纽约时报》等国外知名媒体纷纷在产品分发上采取新的布局，在脸书和推特等社交媒体上建立账号，有效地实现了信息图表的多次传播。我国的新华社、中央电视台和《人民日报》等也在微博账号、微信公众号上进行了发布信息图表的尝试，社交媒体开始成为信息图表的重要传播渠道之一。信息图表借助社交平台进行扩散传播，说明做好新闻信息产品不能仅仅关注于“剧情”如何，有时候“演技”也同样重要。

目前，信息图表已经成为一种常用的信息呈现方式被广泛应用于各类媒体。嬗变之后的信息图表所追求的已经不仅仅是现场感或视觉冲击力，而是要挖掘出数据背后的深度、关系等，在帮助受众更加便捷、全面地理解新闻意义的同时，也使得新闻更接近于它的本质。

---

① 保罗·莱文森．新新媒介［M］．2版．何道宽，译．上海：复旦大学出版社，2014：4-6.

第三节 数据可视化的应用领域及其在传媒界的兴起

数据可视化是伴随着大数据时代和信息社会的到来，政府开放数据运动的兴起，以及传播技术的进步、媒介竞争环境下新闻理念的创新、受众阅读行为的改变而发展起来的。作为新颖的传播样式，数据可视化不仅被广泛应用于新闻传播领域，而且也大量应用于商业营销、公共服务、部门管理等领域。

一、数据可视化的应用领域

随着大数据渗透到社会生活的方方面面，数据可视化作为大数据时代一种新颖的信息传播形式和策略也开始被应用于众多领域。数据可视化经常用于梳理、归纳复杂信息并直观、生动地传递数据，而大量出现在新闻媒体、商业说明书、书籍以及公共服务领域的各类标识中。这种视觉化的信息传达，使得数据信息的传播变得更直观、更易读、更有效。

（一）新闻传播中的数据可视化

随着大数据时代的到来，信息多元化及数据体量的剧增，身处激烈竞争之中的各类新闻媒体想方设法地争取受众的注意力，并尽力减轻受众接收信息的费力程度。可视化新闻产品进入传媒领域初期，其地位是文字报道的配角，在找不到合适的照片来补充，或在报道内容缺乏佐证的情况下，就考虑绘制图表来“打补丁”，顺便还可以“图文并茂”，美化版面。现如今，一些报纸开辟了刊发数据图表的专版、专栏，过去都是在重大事件、重大活动时才播发图表，现在图表已经成为“常规性武器”。大家熟知的四大门户网站以及新华网、财新网等也相继开辟了数据可视化版块，可以说，通过可视化产品实现有效传播已经发展为新闻传播的新常态。随着技术和业务水平的不断提高，可视化产品不仅呈现出品种的细分化、多样化，而且制作精良，专业化水平较高（如图 1－10 所示）。

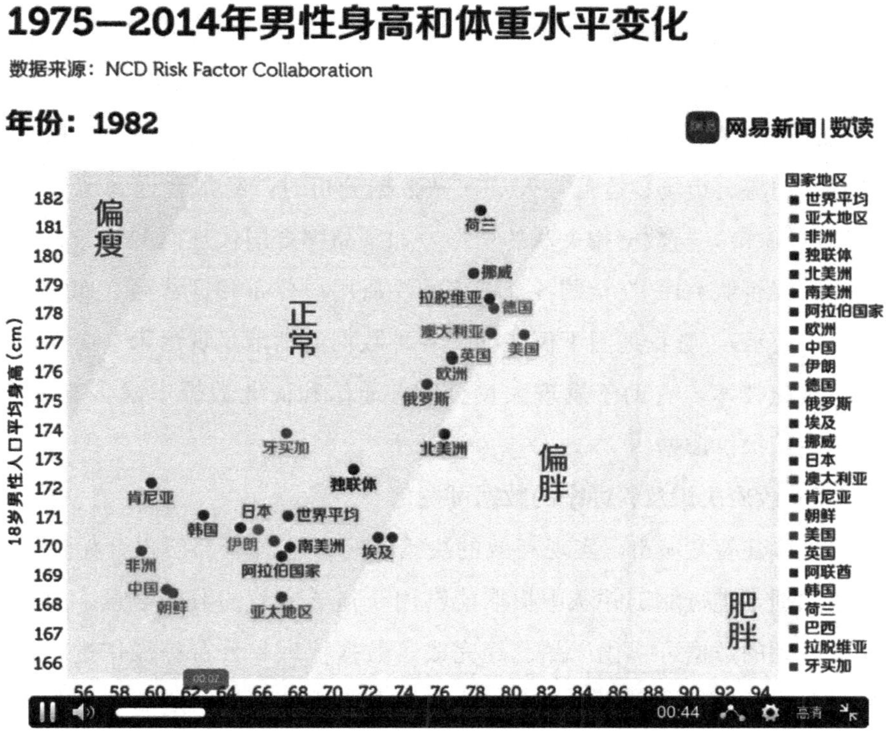

图 1－10　网易《数读》制作的《一百年前，我们都只有 1.5 米》动态信息图

（二）商品营销中的数据可视化

通过大数据技术分析用户的消费支出、消费习惯、生活方式，将用户群体精细化，进而发现其中的高价值的潜在客户，然后有针对性地制定推广战略和营销策略，提升市场占有率，这是大数据在商业领域的主要应用所在。而这些措施在实施过程中，为了保证高效率地实现目标，都选择借助可视化这一信息传达方式。在商品或服务的销售下游、终端，如各类商品的安装说明、使用建议、导购信息等小册子里，数据可视化已经成为不可或缺的元素。可视化在这些方面的大量使用，其主要目的是通过加强目标用户对产品的性能、使用方法等的理解，方便消费者的操作使用，进而促进用户产生购买意愿。在产品使用说明书中附以清晰易懂的图表，对庞大的农村（乡镇）市场而言尤其重要。文化程度较低的消费者通过浅显、直观的图示，易于理解和掌握产品的使用方法，这对提高销量会产生影响，“细节决定成败”在此得以验证。另外，数据地图在商品营销中的应用越来越广泛，销售、市场、运营等人员在做数据分析时，经常会遇到地理坐标（某地域或城市）与数据相关联的情形，如某品牌全国代理商的分布、销售额分布、某企业 APP 在全国各个城市的注册用户分布和运营等（如彩色插图 1－11 所示），数据地图不仅能够把各种数据清晰地呈现出来，而且通过数据可视化技术，有助于发现大量金融、通信和商业数据中隐含的规律，从而为决策提供依据。[①]

（三）政府决策及管理中的数据可视化

为了构建智慧城市，实现高效的决策和管理，政府部门也开始注重采集相关数据，进行加工并从中提取能够用于指导决策的数据信息。而用于决策、管理的数据可视化产品已经完成了数据梳理和分析等操作过程，可以直接与决策者进行交互，有助于决策者获取决策依据，从而在提升决策判断力的前提下，进行数据分析，以便科学决策。北京市丰台区角门东里二社区，为了掌握 16 栋居民楼近两千户居民的信息，社区党委开展了为期半年的调查，以此为基础绘制了民情图，并建立了电子民情图系统（如图 1－12 所示），通过采用各种图形符号和色彩把社区居民的家庭情况清晰地标示出来。通过民情图，工作人员可以直观地查看每户居民的情况和周围居民的信息，哪家是空巢老人、哪家有残疾人、谁家有党员、谁家有居民代表一目了然，极大地方便了工作人员熟悉居民、接近居民，大大提高了社区服务的效率。

① 邹冬兰．数据可视化技术在销售系统中的应用研究［J］．中国商贸，2009（7）：10.

图 1-12　北京市丰台区角门东里二社区的民情图

（四）公共服务中的数据可视化

当下，大数据已经贯穿各行各业，公共服务领域更是离不开数据分析，数据可视化不仅美观，而且让数据的呈现更及时、更直观、更简单，使数据背后的内容一目了然。比如近些年，随着人口流动的增速，庞大的交通系统也产生大量复杂信息的处理问题。如果说航线、铁路、航运等远距离的交通线路图非普通读者所关注，那么，公交、地铁等城市交通线路图则是市民生活中不可缺少的，可视化设计在其中的应用显得格外重要，例如地铁线路图中各号线的区分、常规站和换乘站、相关地标、路线流量等的信息设计。1863 年英国建造了世界上第一条民用地铁，但是，当时的地铁地图是基于真实的地形路线而设计的，地理信息的保留削弱了地图的指示功能，增加了乘客查阅地图、寻找目的地的时间。机电工程师哈里·贝克采用电路板的设计方式，把阅读地形的方式改为阅读图形，突破了距离和空间位置的局限，体现出简洁、经济、实用的可视化设计原则（如图 1-13 所示）。

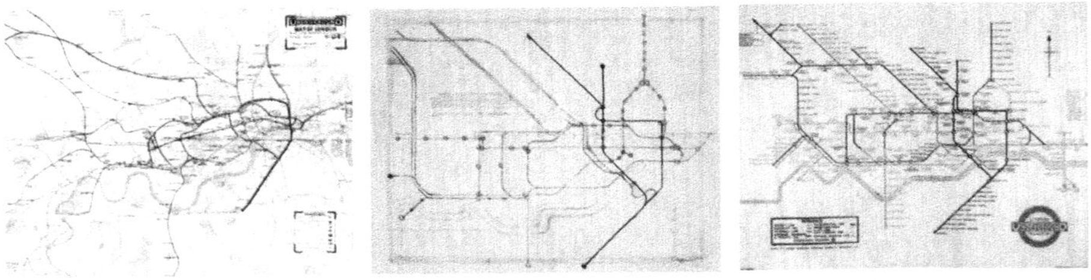

图 1-13 左侧为 1913 年的伦敦地铁图，中间为哈里·贝克（Harry Beck）设计的地铁图初稿，右侧为 1933 年的伦敦地铁图

资料来源：孙皓琼．图形对话：什么是信息设计［M］．北京：清华大学出版社，2011：35.

（五）信息设计中的数据可视化

信息设计（information design）是人们对信息进行处理的技巧和实践，信息设计可以提高人们应用信息的效能，其主旨是“进行有效能的信息传递”①。可视化是信息设计最主要的表现形式，是人们用艺术的手法来表现理性的思维，是感性与理性的有机结合。信息设计就是基于对数据的理解和把握，通过应用视觉元素来准确表达数据的内涵与意义，以便用户更好地接受和理解。作为信息设计最常用的呈现方式，信息图表（infographics）是一种基于数据生成的可视化产品，是为某一类数据量身定做的信息图形，并且图表中的数据多是针对特定受众的，目标明确。例如股市分析图是针对股民的，工程图是为施工者服务的，地铁图是为乘客设计的。信息设计中的数据可视化就是应用形象化的方式把不易被理解的抽象数据直观地表现和传达出来。比如，树状结构图（如图 1-14 所示）具有非常有序的系统特征，繁复的数据在经过梳理之后，以框架结构来表达，让数据与图形有效地结合在一起，清晰地传达核心信息。

① 此处关于“信息设计”的定义，来自百度百科（https：//baike. baidu. com/item/%E4%BF%A1%E6%81%AF%E8%AE%BE%E8%AE%A1/1981800? fr=aladdin）。

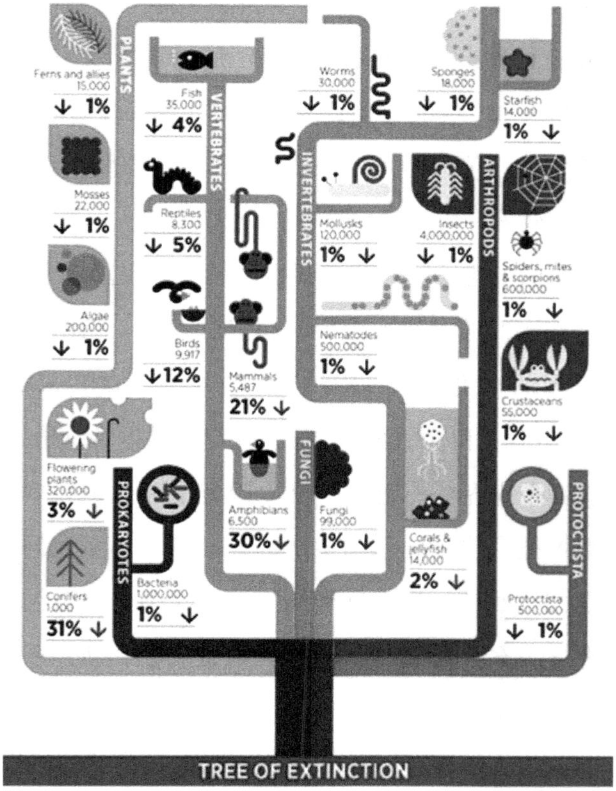

图 1－14　以树状结构设计的信息图《灭绝中的生物》

二、数据可视化在传媒界的兴起

数据可视化在传媒界的兴起不仅是媒体在发展中寻求创新的举措，也和传媒所处的社会发展阶段、社会变革，以及社会中最活跃的元素——人的活动，特别是收受信息的行为的变化有着密切关联。

（一）大数据时代的到来

美国统计学家、质量管理理论的奠基人威廉·爱德华·戴明（William Edwards Deming）有一句名言："我们信赖上帝。除了上帝，任何人都必须用数据来说话。"随着大数据时代的不断发展，美国人对于"上帝"的态度，可能会越来越纠结；而对“数据”将会越来越“迷信”。[①] 正如 2012 年 2 月，《纽约时报》记者史蒂夫·洛尔（Steve Lohr）在采访哈佛大学定量社会研究所主任加里·金（Gary King）时，被采访者说：“这是一场革命，我们现在做的只是冰山一角，但是庞大的数据新来源带来的定量化方法，将横扫学界、商界和政界，所有领域都将被触及。”[②]

随着信息技术的飞速发展，数据剧增引起了社会发展方式的质的变化。海量数据的产生使人们通过提取全面、精确的信息，做出正确的决策，从而提升了人类发展的自主性。因此，不仅政府部门在尝试用数据来决策、来管理，金融业、IT 业和营销业也开始关注起大数据的价值了。

事实上，新闻传媒界在一定程度上也受到了大数据技术的影响。这主要体现在：大数据技术渗透到新闻生产的核心环节，大数据技术重树新闻质量标杆，大数据技术进一步提升受众反馈的价值，大数据技术拓展用户分析的广度与深度。在大数据技术等因素的推动下，新闻业务将实现一些方向性调整，如趋势预测性新闻和数据驱动型深度报道分量的增加，数据呈现、分析与解读能力的提高，新闻生产中跨界合作的增强等都是明证。[③]

（二）媒介融合持续拓展

近年来，在媒介竞争加剧和网络技术普及的环境中，传统媒体开始尝试与新兴媒体“跨界”合作。一批跨媒体、跨行业、跨地区的大型传媒集团相继成立，标志着媒介融合实践成功起步。从 2012 年开始，全媒体实践引领国内媒介融合的发展，全媒体生产、全媒体流程、全媒体运营等概念逐步深入人心。

---

① 涂子沛．大数据：正在到来的数据革命［M］．桂林：广西师范大学出版社，2015：62.

② LOHR S. The age of big data［EB/OL］．（2012－02－11）［2017－02－22］．http：//www.nytimes.com/2012/02/12/sunday-review/big-datas-impact-in-the-world.html? pagewanted＝all.

③ 彭兰．“大数据”时代：新闻业面临的新震荡［J］．编辑之友，2013（1）：7－10.

在开放性的数据平台上，不同媒体的从业者可以根据自身需求制作出不同类型的新闻报道。面对同一条新闻，纸质媒体可以采用文字加图片的形式，增加新闻的可读性和深度。电视媒体可以采用视频的形式，增加新闻的现实感和画面感。网络媒体可以采用多媒体的形式采写新闻，增强新闻的互动性与融合性：在第一时间发布微博，做到"快"，接下来进行后续报道，做到"全"，最后利用访谈、评论等形式对事件进行讨论和反思，做到"深"。[①] 此外，开放式数据平台有利于公众从被动的受传者转变为主动的传播者，他们也可以通过开放的数据，参与到新闻调查中，根据自己的需要，挖掘数据背后的故事。

在大数据时代，数据就是资源。媒体可以与企业、政府合作共享数据，用重新筛选和挖掘媒体既有的资料等方式完成数据的采集，再把检索到的内容根据需要采写成数据新闻，发布到报纸、电视、PC 端和移动端上。大数据技术使得媒介融合的新闻生产由"发生了什么"和"为什么发生"在纵深上拓展为"将会发生什么"。新闻报道从事后跟进、同步报道，发展为事前预测，从而形成新的新闻生产模式。

（三）受众阅读行为的改变

阅读是获得信息的主要方式。对受众而言，一方面人们需要大量的信息，另一方面由于阅读时间的短缺，人们对阅读效率提出了更高要求。文字是一种严密、抽象、规范的语言符号，传播信息精准但阅读速度慢，并且对阅读者有一定的文化知识的要求；相比而言，图像传播则显得形象直观、简单便捷，一目了然方便理解，几乎没有阅读门槛。在传播渠道多元化的信息社会，受众的阅读需求、阅读行为正在发生变化，"读图"不仅省时而且省力。这就使得受众的阅读行为从以文字阅读为主转变为"图形阅读＋文字阅读"的方式，这种方式不仅可以节约阅读时间，而且能够有效

① 曾一，石磊．数据新闻：媒体融合新路径［J］．青年记者，2015（2月中）：64.

降低阅读的心智成本，减少枯燥，增加趣味。

依据传播学的使用与满足理论，受众接触传播媒介和传播内容也是为了满足某种需求。为了满足这一需求，受众会有倾向性地选择自己偏爱的媒体和传播方式。受众在视觉需求上的变化反过来推动了新闻产品的生产理念由重视必读性、可读性向追求易读性和悦读性转变。而信息图表恰恰符合受众阅读行为的变化和新闻生产理念的变革，可以说，它正是为了满足受众不断变化的阅读需求而发展起来的视觉传播方式。

（四）新闻传播理念的创新

提姆·哈若沃（Tim Harrower）在其著作《报纸排版设计者手册》中有一句至今流行于新闻传播界的名言："当我们想了解信息时，我们常说'展示给我'而不是'告诉我'（show me，do not tell me）。"这句话明确地告诉我们，受众感兴趣的是细节、场景的展示，而不仅仅是抽象的叙述、解释。新闻编辑所从事的就是用尽可能快捷、清晰的形式，向受众传递信息，而可视化就是新闻从业者所使用的一种"呈现数据"（特别是技术类和数字类数据）的有效方法。在欧美国家，随着可视化在各种媒体中被大量使用，许多新闻媒体为可视化生产设置了专门的职位。大多数新闻编辑室都有一名或多名编辑或设计人员专门从事图表制作，一些较大的编辑室有记者专门负责为制作图表采集信息。在规模较小的媒体中，编辑、记者和设计人员会经常一起商讨，以决定何时以及如何使用图表。即便是在那些没有设立与图表制作相关的专门职位的新闻编辑室里，记者和编辑也常常得到鼓励，既做文字报道也为制作图表而采集和组织信息。①

每一种新媒体的诞生都会对以前的媒体产生威胁，例如传统纸媒遭遇

---

① 塞西莉亚·弗兰德，唐纳德·查林杰，凯瑟琳·C. 麦克亚当斯. 美国当代媒体编辑操作教程［M］. 展江，霍黎敏，主译. 广州：南方日报出版社，2008：398-401.

电视、互联网等新媒体的挑战，并感受到成本等压力。面对激烈的竞争，传统纸媒（报纸）不得不借助视觉化的传播策略来“突出重围”，可以说，报纸在可视化的应用上走在了诸多传媒的前列。作为版面的重要视觉元素，直观、简洁的图形语言有效地整合了新闻信息，增强了传播效果，其在新闻信息上的传播优势，不仅被其他介质的传媒所采用，而且也引起了许多领域的关注。

第二章　新闻传播中的数据可视化

数据可视化根植于可测量的事实。尽管可视化产品渗入了美学因素，但很少被情绪所控制，而是理性地揭示问题，并非痴迷于形式美感。在这个媒体专业化程度越来越高的时代，为了迎合受众，媒体往往提供观点独特的产品。而数据可视化（通常表述为数据新闻）给故事讲述者提供了一个既吸引人又植根于事实的方式。此外，跟其他类型的叙事新闻一样，数据可视化对突发新闻（如在一起事故中，迅速报道最新信息和伤亡人数）和特写同样有效，它能深入一个话题并提供新的看点，帮助受众以全新的视角重新审视熟悉的事物。[①] 从这段来自《数据新闻手册》的论述，我们不难看出，数据可视化不仅为媒体的专业化发展提供了一种独特的新闻生产方式，也为传播者和受众提供了更加有效的沟通渠道。

第一节　数据可视化的功能与优势

可视化并不仅仅是一种工具，而更像是一种媒介，一种呈现、传播信息的方式，它能够最大化地帮助我们挖掘出数据背后的信息，让数据“开口”讲故事。正如使普通的“食材”成为“美味佳肴”的高超的厨艺，使原生态的数据凸显出其价值，是由“量变”到“质变”的关键。数据可视

---

① GRAY T，BOUNEGRU L，CHAMBERS L. The data journalism handbook：how journalism can use data to improve the news ［M］. Sebastopol，CA，USA：O' REILLY Media，2012：191 - 192.

化已经发展成为一种有效的讲故事的方式，因而引起了新闻传媒的关注，并使其为传播新闻信息服务。

一、揭示新闻要点，提高传播信息的效率

数据可视化以数据作为叙事的基本要素，将抽象的数据以具体直观的形式呈现出来，使其变得清晰易懂。在信息剧增而阅读时间相对短缺的情况下，可视化呈现方式有助于受众快速触及核心信息。

在视觉化传播时代，更多的媒体倾向于使用图像、图表来叙述事实，与单纯的文字描述相比，这种叙事方式更利于受众解读和记忆信息。尽管新闻照片对报道对象的反映更逼真，但是，它在传播信息的选择性上颇受限制，难免要摄入不需要的冗余信息、干扰信息。相比之下，可视化生产具有较高的自主性，可以删繁就简，过滤掉不必要的次要信息和细节，突出主要信息或重要信息。另外，一些事件、现象使用文字符号往往难以描述，或事情的发生突如其来稍纵即逝，而一般的摄影、摄像技术很难实现图像信息的采集，在这种状况下，就需要借助于视觉化的手段，采用数据地图、时间线、信息图等方式再现新闻场景，把看不到的过程或结构简明扼要地勾勒出来并动态地予以演示，给受众留下更完整、更直观、更清晰而深刻的印象。

2012 年 2 月 12 日，《纽约时报》互动新闻栏目刊发了题目为《四种方式剖析奥巴马政府 2013 年预算》（Four Ways to Slice Obama's 2013 Budget Proposal）的可视化产品。制作团队围绕奥巴马政府的预算，从所有开支、开支类型、个别支出和部门总支出四个维度进行分析，随着受众点击四个模块，依次显示相对应的财政信息，这些数据信息以可视化（气泡图）的方式呈现。该交互数据可视化产品对奥巴马政府 2013 年的预算提案进行了全方位的解读，且条理清晰，大大方便了受众查询和理解（如图 2－1 所示）。

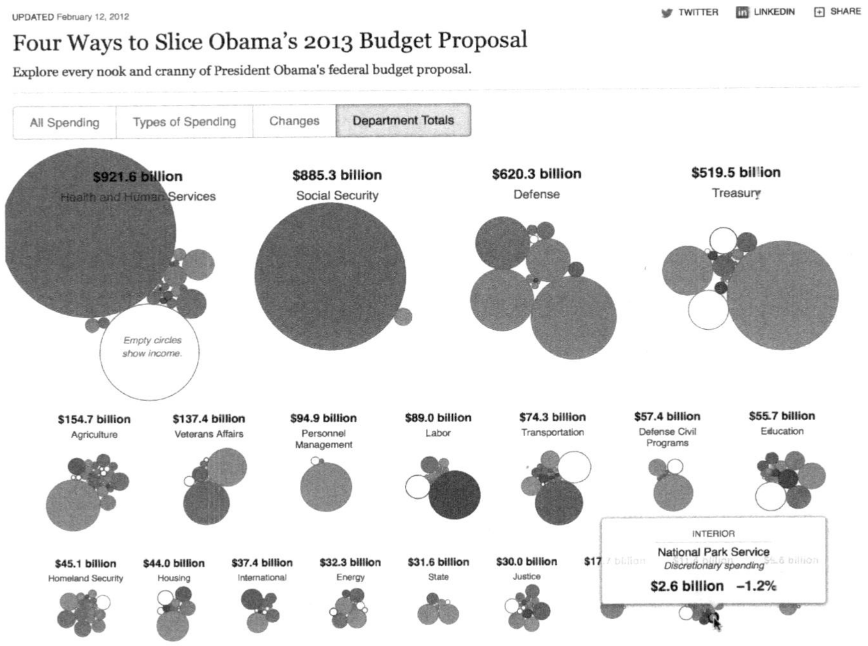

图 2-1 刊登于《纽约时报》的《四种方式剖析奥巴马政府 2013 年预算》互动图表

数据可视化是新闻生产的一种新颖样式，在深层地解读数据、准确地分析数据的基础上清晰地呈现数据，是数据可视化的存在价值。另外，与传统新闻传播样式（文字、图片、影像、声音）相比，数据可视化在删繁就简、揭示新闻要点、挖掘深层关系等方面具有一定的优势。

二、通过数据整合，讲述背后的故事

数据可视化通过视觉化过程将数据分析的结果转换为各种形象生动的图形，在呈现核心信息的同时解读信息，呈现数据背后的逻辑关系和信息的价值，这是多种信息传达方式的整合。

（一）整合传播内容

数据可视化产品就像一篇新闻报道，传达的是完整的信息。因此，它同样包含了人物（who）、事件（what）、时间（when）、地点（where）、原因（why）和怎么样（how）等信息要素。前 4 个要素满足了受众的基本信息需求，而“原因”和“怎么样”则是新闻要素中最具价值和意义的部分，为解读、呈现两者所耗费的时间、精力也相对较大。在掌握这些信息要素的基础上，理顺它们之间的逻辑关系、内在联系，依据人们的认知规律，运用各种视觉元素，以形象化的思维设计，才能制作出理想的可视化产品。

2016 年欧洲杯报道中，英国《卫报》在官网上发表了一篇题为《2016 欧洲杯：身高最高的队伍，年龄和经验对比，最具代表性的联盟》的文章。该文利用数据图表向受众展示了“球员身高与体质指数”、“进球率”和“各国家队的年龄与经验差异”3 个方面的数据。通过拉动下方横条可查看不同位置的球员身高和体质指数的对比情况（如图 2 - 2 所示）。“进球率”则利用球员头像图片的位置高低来表示平均每场比赛的进球个数，利用头像图片的面积大小来表示总进球个数。“年龄与经验差异”则是通过左右栏的划分呈现的，左栏代表各国球队的球员平均年龄，右栏代表平均出场次数。① 重大体育赛事往往包含了大量的有关赛程、国家队和队员信息，应用数据图表不仅方便媒体梳理、整合和展示复杂的数据，而且利于受众对信息的完整解读。

（二）整合传播符号

借助于互联网传播的数据可视化产品聚合了文字数字符号、图形符号和色彩等。随着制图技术的进步和传播平台的变化，该产品还整合了音频符号和动画等视频符号，以增强传播符号的丰富性和生动性，充分体现出可视化产品更具易读性、悦读性的传播优势。

2014 年 9 月，新华网数据新闻部为国庆 65 周年制作并推出了创意数据

---

① 方洁，范迪．融媒时代大型赛事报道中的数据新闻：以 2016 年欧洲杯报道为例［J］．新闻与写作，2016（8）：78.

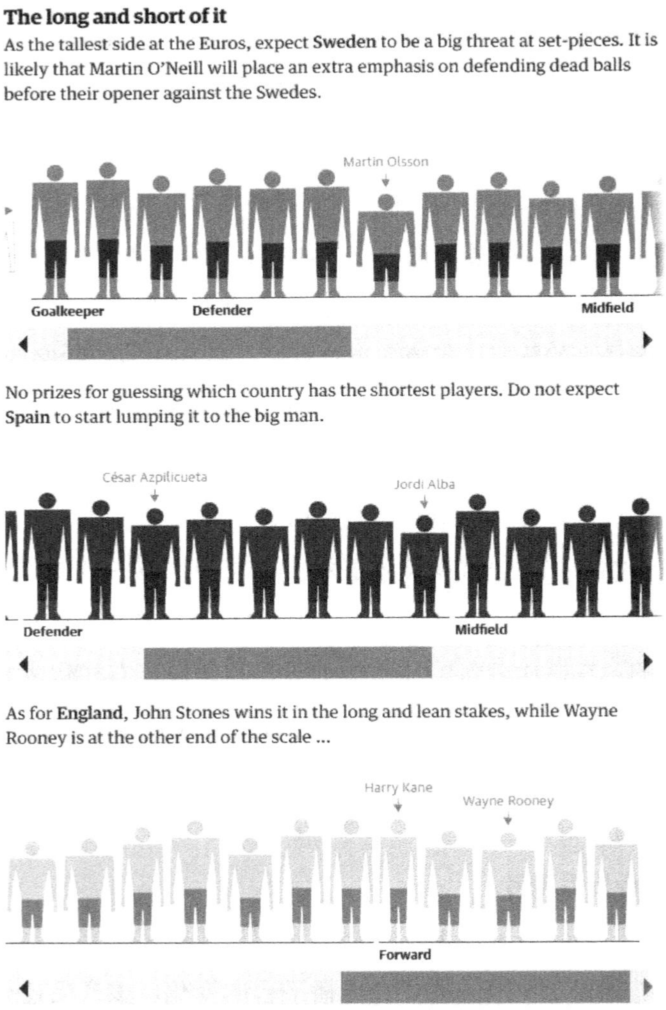

图 2-2　刊发于《卫报》的 2016 年欧洲杯的交互图表

产品《一个家庭六十五年变迁》。该数据产品以动画故事的方式，讲述了“王解放”一家以 1949 年 10 月 1 日在村里的大喇叭下听到北京欢庆的声音为开端，经历了第一个五年计划、大跃进和人民公社化运动、“文化大革命”、改革开放等社会发展阶段。作品整合了不同历史阶段的数据（总人口、出生率、死亡率、GDP、人均占有量等）以及具有时代特色的音视频资料，如毛泽东主席宣布中华人民共和国中央人民政府成立、1983 年第一次春节联欢晚会的现场直播等，通过普通人物“王解放”及其家庭的生活变化，展示中华人民共和国成立 65 年来社会发展和经济建设等情况（如图 2-3 所示）。

图 2-3　新华网数据新闻部制作的动画产品《一个家庭六十五年变迁》

数据可视化不仅可以呈现事物的复杂结构和阐释工作原理，再现事件的过程和显示事物间的关系，而且可以将不同时空内的信息整合在一起，充分挖掘信息的价值和意义。尤其是互联网图表，其借助超链接、海量存储和交互性强等特点，信息整合功能更加高效。

三、挖掘数据关系，揭示深层含义

数据可视化过程不能单纯地被理解为呈现、展示的过程，它同时也是收集多维数据，对这些多维数据所蕴含的价值、关系等要素进行全方位、多角度深入认识的过程。新闻从业者通过分析对比大体量数据，挖掘其背后错综复杂的关联性，揭示深层的现象和原因，以可视化的方式向受众进行直观展示，为受众寻找新的认识视角，以达到更清晰地呈现新闻故事的目的。

揭露医保体系如何使用纳税人的钱，需要分析大体量的医保数据，找到数据背后的联系，以增强报道的说服力，为此，《华尔街日报》的记者和数据专家合作，不仅分析了政府公开的数据表格（大概 1 000 万条记录），而且分析了向美国医疗保险和医疗补助服务中心（CMS）申请的数据（几十亿条记录），包括过去 6 年多里记账人每一条账目的细节。为了确保工作内容的可重复性，数据记者们通常用 R 语言来写代码，利用大量工具研究这些数据，包括线性回归、逻辑回归、主成分分析、K 均值算法和多种期望最大化算法。① 最后，根据数据分析结果，报道团队不仅绘制了交互图表，还发布了一个可供搜索的医保供应商数据库。呈现医保系统中的医生和供应商的信息，使人们很容易查到每一地理位置和专业科室中的最大受益人。《华尔街日报》凭借这篇调查性报道《医保解密：数字背后》（如图 2 -4 所示）获得了 2015 年的普利策新闻奖。

对多维数据的挖掘与呈现，推动着新闻报道从追求时效性的外在特征，向揭示事件背后的深层含义转变，这种变化有助于发挥专业媒体的资源优势，引领受众进行深入思考，探寻新闻事件的真相。

四、通过互动设计，凸显媒体的服务性

互动是一个社会学概念，指各种因素之间的相互影响、相互促进，互为因果的作用和关系。② 托夫勒在《第三次浪潮》中预言，20 世纪 90 年代之后，社会将进入体验经济时代，更多地强调受众的参与性和体验过程。

---

① 李阳冉．大数据环境下新闻编辑模式探究［J］．传播与版权，2015（10）：5.

② 此处关于“互动”的定义，来自百度知道（https：//zhidao. baidu. com/question/22795090. html）。

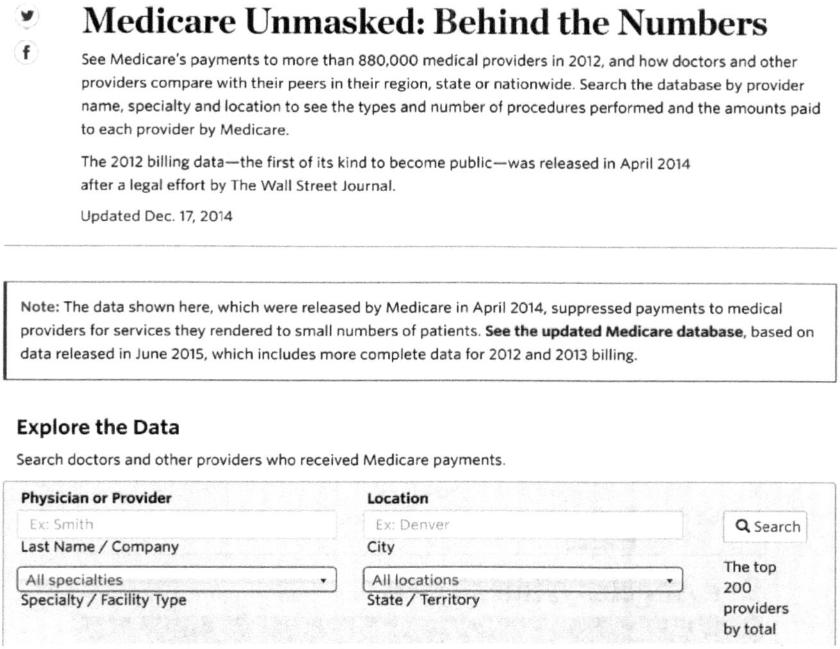

图 2－4　《华尔街日报》的交互图表《医保解密：数字背后》

在信息社会的大背景下，互动也成为新闻信息传播的一个发展方向，尤其在互联网普及的大数据环境下，人们逐渐改变了被动接受的习惯，开始主动搜寻“欲知而未知”的新闻信息。需求推动了生产方式的变革，互动能够有效地提升受众的参与积极性和体验感，自然也被应用于新闻生产中。

《数据桌》（Data Desk）是《洛杉矶时报》（*Los Angeles Times*）创建的基于数据分析和可视化呈现的栏目。为了更清晰地描述该地区的犯罪事件，增强新闻的实用性，该栏目的编辑人员制作了《洛杉矶罪行》（Crime L. A.）的数据新闻产品（如图 2－5 所示）。他们利用洛杉矶警察局的数据，为其所覆盖的数百个城市和街区设计并制作了一套数据地图和系统报告。该地图数据每日更新，读者可以持续关注地区犯罪的动态，并且比较 200 多个街区或者地区的犯罪级别。当洛杉矶警察局巡逻的街区暴力犯罪和财产犯罪大幅上升时，系统将发出犯罪警报。网页左侧的地区犯罪排名榜提供的是洛杉矶警察局所辖地区的犯罪统计数据，这是 Mapping L. A. 项目（始于 2009 年）的一部分，包含了洛杉矶市 87 个街区的地图。地图显示，暴力犯罪和财产犯罪级别较高，出现警报状态时，地图以深色标注出案发地以区别于其他地区。读者将鼠标放置在地图上的任何地方，就会显示该地区的犯罪级别，包括有没有达到警报状态、当地司法机关有没有提供犯罪信息等。点击某地将进入另外一个页面，显示该地区犯罪的时间、地点、变化等详细数据。点击、滑动鼠标放大或缩小地图，可以更清楚地查看不同时间、不同地点的犯罪情况以及暴力犯罪和财产犯罪的具体类型。《洛杉矶罪行》还以可视化的方式呈现半年来、每个月、一周内的地区犯罪情况及

图 2-5 《洛杉矶时报》的栏目《数据桌》的可视化产品《洛杉矶罪行》

犯罪排名情况。此外，可视化产品还提供地区情况介绍、司法管辖区的位置及联系方式，读者还可以自主搜索自己所在地区的犯罪情况及排名。

随着各类制图软件和统计软件的不断更新，互动式设计已经在可视化实践中日益普及。在可视化作品生产中，互动的实质是实现新闻传播的个性化，通过引导受众自主操作来完成传播活动，使不同的受众可以获得不同的信息。

五、遵循阅读规律，及时分析受众反馈

数据可视化的价值表现在若干方面，不仅其引人注目的设计可以吸引注意力——作为分享和吸引受众的有价值的社会货币，而且其具有较高的认知优势，即人脑的50%是用于处理视觉信息的。当数据可视化的生产者为用户提供信息图表时，其实已经给他们提供了直抵认知的最宽的路径。一幅设计精良的数据可视化产品能够迅速地给受众留下深刻的印象，并且帮助他们透过复杂的故事获取核心信息。[①] 由此体现出在新闻信息传播中的数据可视化更能够契合受众的生理规律和阅读行为习惯。另外，随着社会上各类信息的剧增与获取信息渠道的多样化，受众希望能够在最短的时间内，以最少的心智成本获得尽量多的信息。美国传播学者施拉姆的选择或然率公式阐释了这样的道理：满足程度越高，费力程度越低，选择或然率就越大，受众就越容易选择这种媒介或信息。视觉化的传播方式，以其内容的精练、具体，呈现方式的简洁、生动、直观等优势，有效降低了受众解读信息时的费力程度。

自 2011 年起，叙利亚爆发了巴沙尔-阿萨德政府和反政府武装之间的冲突，叙利亚内战造成数万人死亡，数百万人流离失所。大约有 10 个国家卷

---

① GRAY J，BOUNEGRU L，CHAMBERS L. The data journalism handbook：how journalism can use data to improve the news［M］. Sebastopol，CA，USA：O' REILLY Media，2012：191.

入这场冲突。为了弄清楚在这场令人眩晕的复杂和残酷的战争中，谁与谁有着共同的朋友和敌人，谁在与谁作战，美国知名的网络杂志 Slate. com 绘制了一幅交互图表《在叙利亚，谁和谁在战斗》（A Guide to Who Is Fighting Whom in Syria）（如图 2－6 所示）。在叙利亚内战中，不同政治团体之间的关系很难理解，尤其是在 11 个政治团体存在结盟、敌对或者态度不明朗的情况下。Slate. com 借助图表的形式和熟悉的视觉效果和色彩，将复杂

图 2－6 Slate. com 网络杂志绘制的交互图表《在叙利亚，谁和谁在战斗》

的关系数据简化为一种简单的、易于理解和互动的形式，受众通过点击图表中任意一张卡通小脸，就能够获得对双方关系的简要描述。[①]

传统的新闻生产是一个相对封闭的领域，信息反馈不顺畅，反映受众收受新闻行为的数据较难获取。大数据技术使得抓取、分析受众行为的数据成为可能，特别是具有交互功能的数据可视化产品，其本身就是一种数据“采集器”。实时收集大量关于受众阅读习惯的数据，并对这些数据进行分析、归类，有助于构建、完善受众阅读数据库。为了实现对受众的精准把握，要关注可视化产品的传播效果和反馈信息，如：受众是如何阅读可视化产品的，做出了哪些参与性动作；可视化产品在哪种传播平台的传播效果更好；哪种类型的可视化产品才能引发受众的推介兴趣，提高新闻的再传播率；某类可视化产品能否在官方微博和微信公众号上获得较高的浏览率等等，然后分析这些问题及其答案，这样做不仅有助于提升数据可视化产品的质量，实现个性化新闻的生产与推送，更有助于准确衡量新闻事实本身的价值和意义，进而拓展、深化新闻生产，促进数据新闻可视化的发展。

在大多数情况下，数据可视化采用的是以图形为主的传播方式，图形对注意力的吸引远高于文字符号，因而易于形成视觉中心。从这个角度来看，图形的视觉冲击力不亚于照片和插图，有时还因其内容的独特而更具视觉愉悦感。随着受众消费“新闻信息”时间的日渐缩短，在传播中“先声夺人”已经成为媒体出于商业报偿和传播效果双重考虑的明智选择，数据可视化——具有高度视觉冲击力的传播样式，不仅吸引着受众的注意力，同时也吸引了传媒生产者、经营者的视线。

---

① KEATING J，KIRK C. A guide to who is fighting whom in syria［EB/OL］.（2015－10－06）［2017－09－10］. http：//www. slate. com/blogs/the _ slatest/2015/10/06/syrian _ conflict _ relationships _ explained. html.

价值工程的创始人劳伦斯·戴罗斯·麦尔斯（Lawrence D. Miles）认为，顾客购买物品时需要的是它的功能，是对象能够满足某种需求的一种属性而不是物品本身，物品只是功能的载体。只要功能相同，载体可以替代。也就是说，功能与其载体在概念上应有所区分。但是，一种功能的实现不可能没有载体，所以功能与其载体又必须结合。① 数据可视化的价值就是更好地传递信息，可视化与信息是形式与内容的关系，缺失任何一方，对方都将失去存在的价值和意义。

第二节　数据可视化的新闻叙事

进入 21 世纪以来，新闻报道有一个比较明显的变化是视觉效果被日益强调了。一方面，在现场新闻、通讯、特写等的采写中，记者有意识地、尽可能地使用一些富于形象化、立体感鲜明的视觉化语言，通过对事实的逼真性描摹，赋予新闻以强烈的现场感和画面感，给受众以身临其境的感觉；另一方面，可视化作为视觉化叙事方式，因其简洁易懂、传递快速、冲击力强等优势，日渐成为流行的新闻表达方式。这不仅是传统媒体核心竞争力和增长点的体现，也反映出当前新闻叙事的发展趋势。

一、“前数据化”的叙事模式

叙事学是在结构主义基础上发展起来的对叙事文本进行研究的理论。法国叙事学家热拉尔·热奈特（Gerard Genette）在《叙事话语》一书中，对“叙事”一词所包含的三层含义进行了区分，对故事、叙事和叙述这三个不同的概念做了界定。他认为，故事指真实或虚构的事件，叙事指讲述

① 此处关于“功能”的定义，来自百度百科（https://baike.baidu.com/item/%E5%8A%9F%E8%83%BD/10346898?fr=aladdin）。

这些事件的话语或文本，叙述则指产生话语或文本的叙述行为。[①] 20 世纪 90 年代中期，叙事学引入我国新闻传播领域，主要用于新闻报道的文本研究，关注新闻文本的叙述者、叙述视角、叙述人称和叙述时间等。也有学者将新闻叙事学概括为运用话语分析的研究方法，对新闻的叙事行为和叙事策略进行的科学研究。[②] 新闻叙事主要研究新闻是如何通过叙述方式来表现新闻本质的，新闻的本质决定着新闻叙事的基本原理，其核心是客观真实与目的性的高度统一。[③]

数据可视化是大数据时代新闻传播的新领域，它的出现与发展，推进着新闻叙事从“前数据化”模式向“数据化”模式的转移。20 世纪 60 年代，随着美国民意调查业的兴起，北卡罗来纳州立大学的菲利普·迈耶（Philip Meyer）教授提出，记者在采访时，可以采用社会科学的研究方法（如调查、实验和内容分析等）来收集资料、查证事实，并将研究成果用于新闻报道。报道者使用精确的数据来分析新闻事件，有助于避免主观性错误的发生，使新闻报道更加客观、公正。这种采用量化研究的思路分析新闻事实，将统计学概念引入新闻报道的做法，逐渐成为美国新闻界在调查性报道中普遍采用的手法。需要说明的是，这个阶段的“数据”更准确的表述是“数值”（number），与大数据时代的数据（data）还不是一个层面的事物。由此构成的“数值（number）＋ 文本（character）”的叙事模式，与当前的大数据新闻，在生产模式、传播平台和呈现方式上都有着较大的差距。[④]

20 世纪 80 年代之后，随着图形图像技术的发展，“数值”（number）

---

① 热拉尔·热奈特．叙事话语［M］．王文融，译．北京：中国社会科学出版社，1990：4.

② 齐爱军．关于新闻叙事学理论框架的思考［J］．现代传播，2006（4）：142.

③ 童兵，陈绚．新闻传播学大辞典［M］．北京：中国大百科全书出版社，2014：142.

④ 张军辉．从“数字化”到“数据化”：数据新闻叙事模式解构与重构［J］．中国出版，2016（8）：39.

或者有一定体量的数据（data）在媒体的呈现上更加生动、直观、易读。如《今日美国》在创办之后，在4个版组首页的左下角位置，每天都刊登一幅信息图表（将反映新闻事实的数据，用图形呈现出来的报道方式），此举推动了视觉化传播在欧美新闻界蔚然成风。20世纪90年代之后，日本、韩国的媒体也开始采用信息图表，韩国联合通讯社甚至在2000年前后生产出了具有交互功能的网络图表。20世纪90年代初，我国一些中央媒体如《光明日报》和《经济日报》等开始使用含有经济数据的图表，1999年新华社图表编辑室建立并开始批量生产信息图表，把“数据”应用于财经类图表、科技类图表成为新闻生产的常态。由此，这种“数据＋图形”的呈现方式得到了新闻行业的认同和青睐。

中外新闻界在新闻实践上的新举措，标志着新闻叙事开始向“前数据化”转变。之所以称之为“前数据化”的新闻叙事，一是因为这一时期的新闻叙事仅实现了新闻报道呈现形式上的数据化，但仍未触及新闻来源和生产模式等核心环节。二是这一阶段的“数据”是一种统计学意义上的符号，而“真正意义上的”数据承载着现实社会变动和人类的思维和情感，蕴含着大量的新闻线索。①

二、数据可视化在叙事模式上的创新

数据可视化在叙事模式上的创新主要体现在三个方面：一是数据进入新闻叙事的核心环节；二是关系成为提升新闻叙事传播力的重要砝码；三是去文本化成为新闻叙事语言的新常态。②

① 张军辉．从“数字化”到“数据化”：数据新闻叙事模式解构与重构［J］．中国出版，2016（8）：39.

② 张军辉．从“数字化”到“数据化”：数据新闻叙事模式解构与重构［J］．中国出版，2016（8）：40.

（一）突破了传统的新闻叙事模式

新闻叙事就是通过一定的文学叙事手法，将新闻事实通过讲故事的形式，让事实信息的传播更具易读性、趣味性，让新闻事实的全貌能够更加全面地展示在受众眼前。[①] 传统的新闻文本是以线性的文字信息为主的，“5W+1H”被奉为传统新闻叙事的经典模式，做报道就是讲故事，时间（when）、地点（where）、人物（who）、事件（what）、原因（why）、怎么样（how）是构成故事的基本元素。传统的叙事方式在结构上形成故事中心化，在叙事过程中体现出明显的因果等逻辑关系。

随着大数据技术的进步，计算机和数据处理软件（抓取、挖掘和呈现等）为大体量数据的应用提供了可能。而数据可视化叙事就是将抽象数据具象化，挖掘出数据之间的相关性，在形成新闻文本的同时，制作出具有高度互文性、动态性、参与性的可视化信息，用动态、直观、互动的文本挖掘出数据背后的深层意义。这种叙事模式既增强了文本的交互性、内容的易读性，还加强了传受双方的互动性，为受众检验和学习数据新闻中所包含的信息提供了更加便捷的渠道。[②] 当数据成为叙事的主要语言时，传统的叙事结构和逻辑被打破，舍弃了以故事为中心的叙事结构，而是依据数据间的内在逻辑关系，从不同维度、以有序的方式排列和呈现数据，表现出信息的结构化，而呈现时的视觉设计和技术水准影响着叙事的效果。被视觉化的新闻不仅承载很多信息和数据，而且具有欣赏价值。这一方式在很大程度上受内容驱动，是一种新的新闻叙事方式。[③]

（二）弥补了传统新闻宏观叙事的不足

为了使故事更精彩和更具吸引力、感染力，传统的新闻叙事更注重细

---

① 刘杰．数据新闻可视化叙事初探［J］．科技传播，2013（16）：26.

② 刘杰．数据新闻可视化叙事初探［J］．科技传播，2013（16）：26.

③ 郑薇雯，姜青青．大数据时代，外媒大报如何构建可视化数据新闻团队？《卫报》《泰晤士报》《纽约时报》实践操作分析［J］．中国记者，2013（11）：132.

节，抓典型、找个案，力求以小见大、见微知著。当这种新闻叙事缺乏足够的新闻事实，或者说缺乏典型案例时，媒体往往采访一些权威专家、政府官员、相关行业的专家或负责人，用他们的话语和观点来提高报道的说服力。但是，这种操作手法，一是可能存在“部分真实”和“断章取义”的风险，二是因私利、立场的不同，容易被人利用，使媒体的公共服务性大打折扣。

从统计学的角度看，传统的新闻叙事是基于个案或小样本的报道，数据可视化则是基于大样本的报道。个案报道以典型性、代表性给受众以启发，大样本则呈现出客观的一般性规律。可以说，可视化的叙事模式是通过数据对报道客体的一种宏观叙事。因此，数据新闻的可视化弥补了传统新闻在宏观叙事方面的不足，借助大数据技术，数据可视化表现出一定的宏观解释力。

（三）改变了以文字为中心的传统新闻叙事方式

在以文字为中心的新闻叙事中，文字是承载新闻信息的主体，即使有图片和数据，也只是文字的“配角”，为文字叙事做辅助。

数据新闻的生产流程可以划分为三个阶段，即获取数据、处理数据和呈现数据。第一阶段是海量的数据搜集与准备；第二阶段是深入分析、挖掘数据的新闻价值和新闻故事，并确立新闻选题；第三阶段是将数据、故事及深层含义以视觉语言的方式呈现给受众。可视化处于最后一个环节，可以说是报道的“点睛之笔”。因此，可视化的重要性远超过其在传统新闻报道中的作用，关系着新闻传播的成败，现如今被提高到前所未有的高度。在数据可视化生产中，数据是叙事语言，可视化就是将数据以更清晰的逻辑和更好的阅读体验呈现给用户。从本质上看，数据可视化不是追求“酷炫”，而是一种新闻叙事，是一种诉诸视觉语言来呈现数据含义的途径，而并非唯一的表达方式。

随着“大数据”概念的普及并渗透社会生活的方方面面，文本的范畴变得更为宽泛。承载于传统媒体并主要由文字和数据组成的可视化产品尚属于经典叙事学范畴，而盛行于互联网的交互式数据可视化产品不仅丰富了叙事学研究中“新闻文本”的概念，也颠覆了传统的新闻叙事模式。数据可视化作为对传统新闻叙事方式的升华，不仅有助于整合信息、提高信息传播的审美价值，而且在解读文本、揭示事物间的联系、表达观点上更加清晰、有效。尽管优势明显，然而，数据新闻可视化的核心价值仍然在于挖掘出事实的真相。

三、数据可视化对传统叙事模式的解构

国内有学者将新闻叙事的研究范畴框定在叙事声音、叙事语法、叙事话语和叙事接受四个不同的层面上。[①] 在这里，“叙事声音”指的是叙事人，“叙事语法”是事件与事件的组接原则和规律，“叙事话语”则指文本的结构和形式，“叙事接受”就是受众。作为一种新颖的新闻报道形式，数据可视化在以上四个方面均发生了变化，对传统的新闻叙事模式进行了解构。

（一）“讲述者”部分物化为“数据”，“写作者”出现去职业化

新闻叙事就是说话、发出声音，就是向受众传达信息，表述观点。谁在说话、说什么、怎么说，都取决于叙事人的身份——谁是叙事人。[②] 在传统的新闻生产中，新闻叙事人主要由事件的讲述者和文本的写作者组成。事件当事人和采访现场的记者构成了讲述者，写作者则是由记者和不同编辑构成的群体。大数据作为一种信息资源，不仅蕴含着经济价值，同样蕴含着大量的新闻线索、报道选题，“数据”开始取代“讲述者”，“数据”也在“说话”，当事人的讲述被表现为各种传播符号的数据所替代，采集数据和挖掘数据正在逐渐取代记者的现场采访。

---

① 何纯．新闻叙事学［M］．长沙：岳麓书社，2006：10.
② 何纯．新闻叙事学［M］．长沙：岳麓书社，2006：22.

在传统媒体主导新闻传播的时代，“写作者”主要是“集体叙事声音”，在其叙述过程中某个具有一定规模的群体被赋予叙事权威；这种叙事权威通过多方位、交互赋权的叙述声音，也通过某个获得群体明显授权的个人的声音在文本中以文字的形式固定下来。[①] 随着政府部门加强数据库建设，加大数据公开力度，数据获取渠道的多元化以及数据分析开源软件的普及推广，原来只有专职“写作者”从事的新闻生产活动，正逐渐有业余的、非专业的传播者参与其中，他们根据自己的兴趣，学习并掌握了数据处理技术，在公共媒体或社交媒体平台进行可视化产品的生产与发布，因而新闻叙事者出现“去职业化”的现象。

（二）从二维叙事结构到立体叙事结构的嬗变

新闻叙事中的叙事语法研究的就是新闻事实中事件与事件的组接原则与规律。[②] 新闻报道往往是对单一事件或多个事件的叙述，在叙述事件的过程中，时间和空间是两个必备要素，这使得传统新闻叙事表现出二维外部特征。一般性的单一事件报道多以时间为线索，依次展现新闻要素中的人物、场所、什么事等，在结构上表现为开端、发展、高潮、消减和结束，结尾处附加事件的影响等。重大的多个事件的报道往往采取时空组合或时间延续性的报道方式，要么同时在多地采集同类信息，要么围绕同一主题采集不同类的信息，要么在报道主要事件时，因需要将次生事件纳入报道范围等等，无论事件与事件的组接如何变化，都离不开时空要素在其中发挥作用。

与传统新闻的二维叙事结构不同的是，数据可视化更多地采用立体的叙事结构。这种立体结构体现在两个方面。一是时间线、空间线加上超链

① 苏珊·S. 兰瑟．虚构的权威：女性作家与叙述声音．[M]. 黄必康，译．北京：北京大学出版社，2002：23.

② 何纯．新闻叙事学 [M]．长沙：岳麓书社，2006：15.

接，共同构建了具备互联网传播优势的信息结构。拖动可视化产品中的时间滑块，或点击各时间节点的按钮，就有相对应的简略信息（标题或导读等）显现，也可能是具有某种含义的图标出现，如果继续点击这些图标或简略信息等，就会显示出更为全面的信息。点击地图上的某些图例或地点，将会出现类似的呈现步骤。二是时间线的延续。数据可视化不仅表现为对已经发生或正在发生的事态的准确叙述，更表现为通过数据挖掘，掌握事物发展的规律和趋势，对未发生事实的预测性报道。尽管传统新闻叙事中也有预测性报道，但毕竟和建立在大数据挖掘基础上的新闻生产有着明显差别。

（三）叙事话语的再结构化和可视化

新闻叙事话语研究的是“怎么说话”“怎么制作新闻”，亦即对新闻叙事技术的探讨。我们探讨的新闻叙事话语，将对象明确为新闻叙事时间、结构、情景和修辞等，通过分析指出新闻的这些话语形式既是文本的构成因素，又是制作文本的技术与方法，还与受众的理解过程紧密相连，与新闻制作的认知和社会环境密切相关。①

随着各种数据库的开放，搜寻数据方法的日益增多，数据的获取变得相对容易，这使媒体做好数据可视化的先决条件有所改善。有学者归纳出常用的获取数据的途径：对同类新闻中不同时期的相关新闻数据进行归类统计、整合比较，更为深入、立体、多元化地揭示新闻；对网络搜索引擎、社交媒体内容、用户数据进行深度挖掘，揭示个别、分散行为中蕴含的共同规律；从政府机构、企业等发布的公开数据中寻找可作为新闻背景的有用信息；通过网络观察、调查或众包的形式收集数据。② 有了数据并不意味

① 何纯．新闻叙事学［M］．长沙：岳麓书社，2006：161.

② 徐锐，万宏蕾．数据新闻：大数据时代新闻生产的核心竞争力［J］．编辑之友，2013（12）：72.

着可以进入可视化生产环节，保证可视化产品的质量，不仅需要清理数据，更要分析数据，洞悉各数据源之间的关联性，识别数据的用途，发现数据变化的趋势等。分析数据的过程就是发现新闻点，剖析数据背后的新闻意义的过程。可视化就是通过对数据的分析、筛选、组织来讲新闻故事的，这个过程实际上就是对数据的再结构化过程。

可视化是信息传播的一种方式、手段，是把数据分析的结果、需要向受众阐释的意义，以一种视觉的方式呈现出来。有学者把数据可视化归结为三种方向：一是将数据信息的量与关系等转变为直观的图形；二是看图说话，将文字信息变为形象符号；三是以图整合，在图表中集成多元信息。[①] 编程技术、可视化软件搭载着互联网的发展，使得用数据讲故事的效果日益生动、多彩。叙事话语可视化的意义不仅仅是新闻信息的呈现方式发生了转变，更在于最大化地还原了事实，丰富了受众的阅读体验。

四、数据可视化的叙事模式

国内学者曾庆香教授将新媒体语境下的新闻叙事模式归结为三种：蜂巢型模式、菱形模式和钻石型模式。蜂巢型模式是指报道在形式上与内容上都对事件信息进行一点点的更新，如“马航事件”的报道；菱形模式是指媒体按照快讯、事件、反应、背景、评论、后续事件、定制新闻等顺序进行的独立报道，这种新闻叙事在速度和深度两条轴线上呈现出菱形的形状，如《人民日报》对“昆明暴恐事件”的报道；钻石型模式是指采用多媒体元素对事件进行完整、深刻、多维的报道，如《纽约时报》的《雪崩》(Snow Fall)。[②] 蜂巢型模式的特点在于将获取的新闻信息不断更新，使事件

---

① 彭兰．“信息是美的”：大数据时代信息图表的价值及运用［J］．新闻记者，2013（6）：17-21.

② 曾庆香．新媒体语境下的新闻叙事模式［J］．新闻与传播研究，2014（11）：48.

的真相逐渐暴露出来。菱形模式则更多地体现出连续性报道的特征，即紧跟事件或问题的发展变化进行追踪，连续发出报道，反映其全过程，取得及时、深入、扣人心弦的报道效果。钻石型模式中的多媒体元素的采用实质上是融合了多种传播符号的报道方式，它可以有效地增加新闻对受众的黏性。梳理近年国内外刊发的数据新闻可视化产品，可以大致归纳出三种常见的叙事模式。

（一）直线型叙事模式

直线型的叙事往往选择某一角度切入报道客体，对其发展变化进行追踪反映，直至客体变动告一段落。报道依时间延续表现出单向性的、直线型的发展轨迹。其特点是注重故事的完整性、时间的连续性以及事件的逻辑性。在数据可视化产品的设计中，直线型叙事大多按照时间顺序或者逻辑关系展开。对于在发展过程中时间要素较明显的事件或活动等，只需沿着主线（时间线）的轨迹叙述，就能够完整地展示事态。对发生在不同时间段的某些环环相扣的单一事件的叙述，借助内在的某种逻辑关系而使之形成整体事件。2005 年 8 月 29 日飓风卡特里娜（Hurricane Katrina）在美国路易斯安那州的新奥尔良外海岸登陆，导致防洪堤决堤，新奥尔良市八成土地遭洪水淹没。事后，该市的《皮卡尤恩时报》在其所属网站 nola.com 上刊发了一幅动态信息图表（如图 2－7 所示）。受众点击相关按钮之后，随着左下角时间的跳动，该市被海水侵袭的面积逐渐加大，在不同时间段，页面还会自动弹出窗口，显示受灾情况和相关数据。可视化产品的制作者以时间为轴，将相关数据和信息链接在各个时间节点，吸引受众不间断地看下去。目前，由于直线型叙事比较符合人们的认知惯性和阅读行为，因此，其在可视化产品中占有较大比例。

（二）组合型叙事模式

如果说直线型叙事代表的是全文本阅读的生产理念，组合型叙事则是一种选择性阅读的新闻生产理念。之所以称之为组合型，是因为组合之前

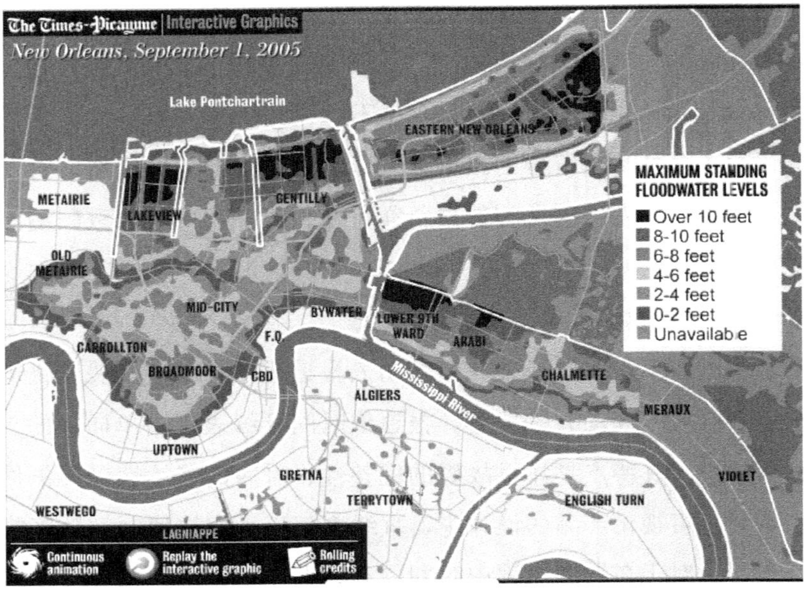

图 2－7　美国地方媒体刊发的飓风卡特里娜侵袭新奥尔良的动态图表

存在若干相对完整的“故事模块”。选择性阅读则意味着受众具有一定的自主性，可以挑选感兴趣的部分进行阅读。在叙事过程中，有的报道者在最初选择一个角度切入事实，随着报道进展拓展报道范围，转向更多的相关事实，使叙事结构表现出由点或线到面的特点。也有的报道者从多个事实入手，以多种事实的变动指向某一共同的主题，使该主题得到深入挖掘和充分展示，叙事结构呈现出由面到线或点的特点。无论选择哪种结构，各叙事模块不是依时间顺序展开叙事，而是围绕主题展开叙事的，彼此间是并列或补充关系，每一个模块都能够独立完成对主题的部分解读（叙事），达到以小见大，以点带面的效果。2012 年 8 月 30 日，新华网数据新闻部发布了《伦敦奥运数据簿》的数据可视化产品（如图 2－8 所示）。该产品由“奥运浮世绘”、“数据看奥运”和“今日赛事”三个模块构成。点击任何模块的图标就可以阅读该模块的内容。每个页面设计成翻开的书本，左图右文，点击左图可以进一步查看内容更丰富的图表。每个模块都是独立部分，彼此间没有逻辑关系，受众可以自主选择感兴趣的模块阅读。组合型叙事属于半开放式的叙事模式。一方面，传播者通过“组合”呈现出构成完整事实的不同侧面，表明事实的复杂状态；另一方面，又赋予受众一定的选择权，可以自由选取阅读内容或阅读顺序，在某种程度上应和了碎片化的信息消费趋势。

图 2-8　新华网数据新闻部制作的可视化产品《伦敦奥运数据簿》

（三）互动型叙事模式

互动型叙事是完全开放的叙事模式，受众可以更多地从中获得阅读体验，延长阅读时间，增强媒体与受众之间的黏性。数据可视化的互动型叙事离不开数据库，有时还以新闻 APP 或新闻游戏的方式出现，强调的是新闻产品的个性化应用而非大众化覆盖和全文阅读。梳理采用互动型叙事模式的可视化产品发现，这类可视化产品大多基于数据库应用，在宏观叙事与微观叙事的融合中，更强调个体信息的满足，即尽可能满足受众不同层面的信息需求。2011 年 1 月，BBC 网站的数据新闻团队与社会学家合作，通过分析两年来收集的约 16 万人的在线问卷，制定了划分英国社会阶层的新标准，据此，该媒体数据新闻团队制作了《英国社会层级数字计算器》（Great British Class Calculator）的互动式新闻应用。数据新闻团队设计了 5 道简洁、科学的单选测试题，受众通过在线答题就可以获知自己属于哪类社会阶层，同时，该应用还可以根据受众的答题情况，给出答题者在经济资本和文化资本等方面的数值。这款新闻应用激发了用户的在线参与热情，帮助用户加深对某些问题的认识。而新闻游戏则将受众内化为新闻事件的当事人或利益相关者，弱化受众旁观者的角色，激发其参与感，进而使其感同身受，有助于将互动叙事的效应发挥到极致。在 2016 年的欧洲杯报道中，一些媒体运用“自主组队”的新闻游戏来激发用户参与的积极性，让用户根据自己的意愿或分析来组织球队。如美国有线电视新闻网（CNN）推出的《欧洲杯 2016：选择你的终极五星梦之队》（如图 2－9 所示）就是

图 2－9 美国有线电视新闻网（CNN）针对 2016 年欧洲杯制作的互动图表

将各球队和球员的数据信息提供给用户，用户可以通过点击球员的头像，查看该球员的数据信息（包括价值、出场次数、进球数和用户选择该球员的比例），组队完成后即可实时查看自己组织的球队的“评估”和“球队数据”。新闻游戏的优势不仅有助于形成基于个性化的叙事体系，在增强体验感的同时延长阅读时间，还能有效扩散可视化产品，促进传受之间强关系的构建。

直线型、组合型和互动型三种叙事模式不是独立、单一存在的，更多时候是交错融合在一起的。可能在可视化产品的第一层或宏观上看是直线型叙事模式，但在第二层或微观上或许就是组合型或互动型叙事模式。采用何种叙事模式的关键在于可视化产品的设计者、制作者对数据价值的挖掘程度，对受众阅读心理及行为的把控，对传播平台、传播技术的熟悉等因素。

第三节　数据可视化的类型

随着各种计算机处理软件和制图工具的发展，数据可视化被越来越多地用于呈现信息，帮助人们在理解这些数据及其关系时，更易于发现其背后的新闻事实与意义。同样的一组数据，不同介质的媒体（如纸媒、电视和互联网等）可以采用不同的可视化方式。数据新闻可以根据对数据的挖掘程度而划分为常规型和调查型，根据选题内容则可以分为时政类、环境类、体育类、医疗卫生类等等。数据可视化则倾向于以视觉呈现状态来分类，总体来看，数据可视化可划分为以下六大类。

一、数据地图

地图是一种表现事物空间地理数据的图形。空间地理数据是新闻事实的基本要素，与新闻中的人物、事件等密切相关，如城市道路的发展、自然灾害波及的区域等。空间地理数据较为抽象，空间感有时非语言文字所能表达清楚，采用地图来呈现则能删繁就简，化抽象为具体。

数据地图是数据新闻中最具有代表性的一种可视化类型。数据地图就是把数据添置在地图的坐标中，宏观、清晰地揭示地理位置与数据之间的关联。当新闻事件涉及交通、地理位置等空间变化时，文字报道、静态图片往往难以帮助受众建立空间概念，而数据地图则可以将地理信息、新闻信息与新闻数据结合在一起，将数据按地理空间分类呈现于地图之中，在传达信息的同时，表现出时空的变化。2010 年，《卫报》和维基解密合作，其数据新闻团队根据伊拉克战争的秘密文件（从 92 201 行数据中抽取有价值的信息）绘制了一幅“死亡地图”。用红点来代表伤亡事件，当用户将鼠标移至红点，有关伤亡事件的详细数据就显示出来，包括年龄、时间、死伤人数、伤亡原因等，并配有适合情境的小图。借助地图的呈现，原本枯燥、抽象的数据给受众留下了深刻的印象。从 2008 年起，国外的一些主流媒体在报道美国大选时，也习惯于使用“选举地图”，即分别用红蓝颜色来代表共和党和民主党，并在地图上清楚地标出两党候选人赢得的选区，以不同地域的颜色对比作为预测大选结果的指标。

现在有很多绘制数据地图的在线工具，通过图钉式定位、颜色更换、悬浮窗口等技术，帮助受众从宏观上把握某些地区的数据变化，如 GDP、CPI 或人口密度等。另外，空间数据和时间数据如影相随，在交互式地图中，拖动地图上的时间滑块，可以清晰地观察到线条粗细的变化与颜色深浅的变化等。总之，数据借助于地图并以可视化的方式使数据与地域之间的关联性得以清晰呈现。

数据地图通常采用两种呈现方式。一是把数据以小圆点的方式标注出来，受众点击小圆点即可获得具体的信息。如财新网《数字说》栏目中的产品《北京污水藏猫腻》，受众点击地形图上的地点，便会出现相应的文字、图片或视频。此外，地图比例的放大或缩小，还能够帮助受众掌握整体和细节的情况。二是数据以热力图的方式附着于地图之上，此举是为了使多维度数据同时展现，这种呈现使数据的挖掘和对比更深入，受众不仅能了解整体情况，还可以发现数据背后的深层原因。如《卫报》2014 年 9 月份绘制的《对于青少年最危险的国家：20 岁以下被害率的地图》（The World's Most Dangerous Countries for Young People：Homicide Rates for Under 20-year-olds Mapped）。数据来自联合国儿童基金会提供的 2012 年 95 000 份死亡记录，其中分析了 20 岁以下的青少年和儿童的死亡情况。除了用鼠标点击某国地图，显示该国每 10 万人中青少年的受害情况外，为了更准确、清晰地呈现不同国家之间的对比，揭示某些国家对青少年保护存在的问题，数据地图还采用不同的颜色来显示各个国家的青少年的受害程度，颜色越深，受害的孩子就越多。热力图与数据地图的叠加，不仅使受众通过点击某些符号（如小圆点）即可获得具体的信息，还可以通过颜色掌握整个世界的同类事件的对比情况（如图 2－10 所示）。

二、时间轴

时间轴又称时间线（timeline），就是从时间的维度，系统、完整地记录、展现事物的变化轨迹，是基于时间顺序呈现事物发展的可视化形式。从叙事角度来说，大部分的新闻叙事是按事件发生和发展的时间序列来讲述的。当讲述的时间跨度较长，或是事件众多繁杂之时，传统的新闻文本式叙述就有可能力不从心。如果将众多事件视作数据，就可以使用专门的软件制作基于时间线的可交互的动态作品。① 受众拖动时间轴上的滑块，与时间节点相关联的详细信息（事先制作的各种链接素材）就会相继呈现出来。时间轴便于将众多事件之间的时间顺序、因果关系表现得更明晰，从而增强受众阅

① 章戈浩．作为开放新闻的数据新闻：英国《卫报》的数据新闻实践［J］．新闻记者，2013（6）：10.

theguardian ≡ all

World news Datablog

The world's most dangerous countries for young people: homicide rates for under 20-year-olds mapped

A fifth of homicide victims globally are children and adolescents under the age of 20, according to a new report by Unicef on the prevalence of violence against children. About 95,000 homicide deaths were recorded among this age group in 2012.

The three countries with the highest homicide rates in the world among children and adolescents (aged 0-19 years old) are all in Latin America: El Salvador, Guatemala and Venezuela. The map below shows the rate per 100,000 population for all countries where data was available.

Friday 5 September 2014 15.27 BST

836 10

Number of homicide victims among children and adolescents per 100,000 population

Among children and adolescents aged 0 to 19 years. Shows 2012 figures for all countries where data was available.

图 2-10 英国《卫报》绘制的关于世界各国青少年受害情况的数据地图

读的持续性和使用黏性，更重要的是，有助于增强新闻报道的纵深感。

时间轴的功能主要体现在两方面：一是以时间为依据将相关内容整合起来；二是以时间为线索揭示整个事物的变化过程。时间轴这样的方式，通常涉及跨度很大、线索较多的事物的演变全程，而不是单一事件的发展过程。[①] 因此，时间轴较少单独使用，而是和空间维度交相辉映。如果说数

① 彭兰．“信息是美的”：大数据时代信息图表的价值及运用［J］．新闻记者，2013（6）：20.

据地图是从空间维度来讲述新闻事件，那么，时间轴则是从时间维度展现事物变化的轨迹，在一定程度上扩充了数据地图的功能。[①] 当数据地图和时间轴结合在一起的时候，可以为受众提供全景式的信息，这种方式在战争、社会运动、事件性新闻的报道中使用最为普遍。《华盛顿邮报》在其网站上推出了一款交互式新闻地图《时空》（Time Space）。该地图不仅能够显示该报最新的新闻，而且允许用户浏览来自全球各地的新闻、图片、视频、评论、博客等内容。移动地图下方时间条上的滑块，世界地图上则会出现一些灰色方框，这是在某一时间发生在某地并被该报报道的新闻，点击灰色方框，即可显示新闻内容，还可以直接进入《华盛顿邮报》网页。有时，《时空》地图上的新闻还整合了来自多家媒体的内容，覆盖范围广，内容丰富。著名的可视化网站“信息是美的”有一幅名为《山峰的鼠丘：媒体夸大恐慌的时间线》（Mountains Out of Molehills：A timeline of media-inflamed fears）的图表（如图 2－11 所示），横坐标为从 2000 年到 2016 年的时间轴，颜色各异的“山峰”分别代表了流行疾病或热点话题：千年虫、暴力电子游戏、疫苗和自闭症、疯牛病、SARS、杀人蜂、禽流感、猪流感、埃博拉病毒、塞卡病毒等。纵坐标代表的是死亡密度（实际情况和被媒体报道的情况）。当鼠标移至疾病名称或话题上时，就会显示该疾病在不同年份的峰值和媒体报道的新闻标题，如果点击“scale to deaths”符号，峰值就会出现升降的变动，通过对比可以发现，很多疾病的严重程度被媒体放大了，引起了不必要的社会恐慌。

三、信息图

从早期的洞穴岩画到现代的数据可视化，人们一直在利用图形来传递

---

① 焦阳．数据可视化：数据新闻的呈现之道——以财新网“数字说”为例［J］．视听，2015（11）：122.

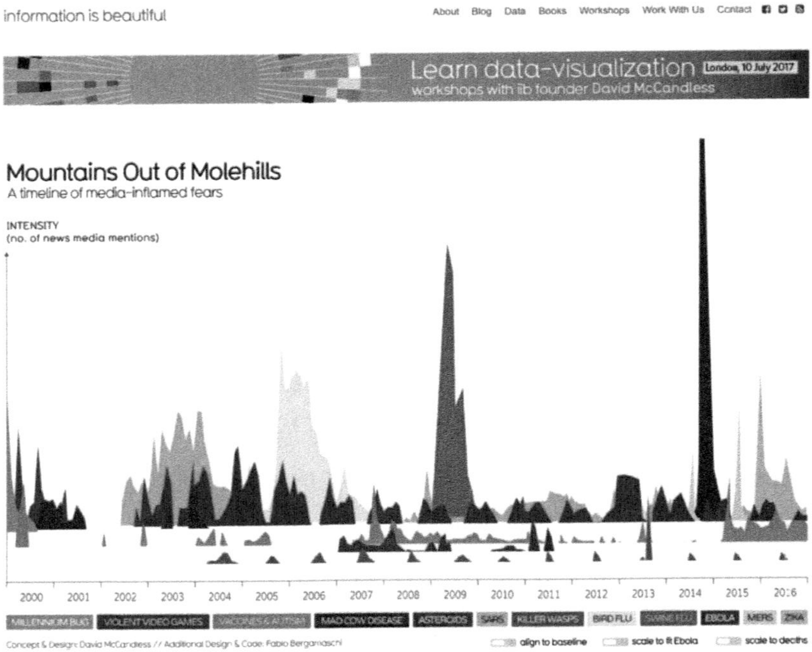

图 2-11 “信息是美的”网站刊发的《山峰的鼠丘：媒体夸大恐慌的时间线》对时间轴的应用

信息。在信息图发展史上，出现了一些具有代表性的作品，如南丁格尔制作的《英军死亡原因图》、米纳德的《拿破仑东征路线图》等。它们都证明了信息图的本质很大一部分在于对复杂信息的简约和可视化。

根据传受之间信息传达的状态，信息图可以划分为静态、动态和交互三种类型（如图 2-12 所示）。静态图主要用于传递固定的信息，表现数据之间的关系，一般用于叙事。常见的有饼图、条柱图、折线图等，显示和输出的都是静态图像。动态图也采用叙事的方式传递固定的信息，受众通过查询、阅读等获取信息，伴随着图形和文本的显示，输出的还有画外音和动画等。交互图可以传递静态的信息，也可以传递动态的信息，受众通过点击、搜索等，可以主动建构显示的内容或选择所需要的信息。交互图往往融入了视频、音频和动画等元素，有利于减少数据的枯燥感，提高受众的参与度。①

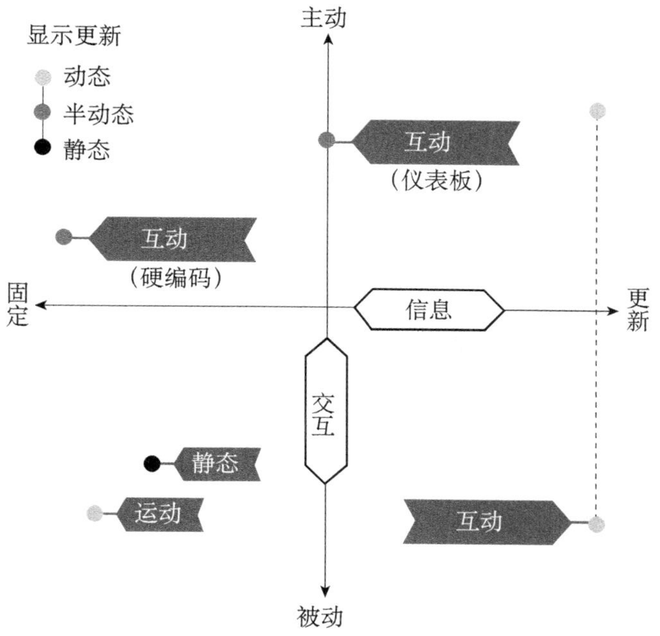

图 2－12　信息图表格式象限图

资料来源：LANKOW J，RITCHIE J，CROOKS R. Infographics：the power of visual storytelling [M]. Hoboken，New Jersey：John Wiley & Sons，2012：58.

根据自身结构的复杂程度，信息图存在单一型与复合型的区别。单一型是指在呈现一组数据时，选择某一维度，使用一幅图表。复合型则是从不同维度，制作多幅图表予以呈现，这类图表有助于展示事物的全貌。具体选择何种类型，主要依据数据的复杂程度和数据背后的意义大小而定，有时还要参考制图编辑所追求的传播效果。

---

① LANKOW J，RITCHIE J，CROOKS R. Infographics：the power of visual storytelling [M]. Hoboken，New Jersey：John Wiley & Sons，2012：58.

根据数学上对精确度的要求，有时信息图中的数据需要保留小数点后几位，一些制图编辑为了方便操作，在数据整理、分析阶段就四舍五入了，导致最后的结果产生累计误差，影响了源于数据的信息价值和所要揭示的意义。当然，并非在制图中不能四舍五入，关键是在什么环节四舍五入，正确的做法是在最后的数据呈现阶段四舍五入，这时候才能把误差降低到最低限度。

四、气泡图

气泡图与 XY 散点图类似，散点图一般表示二维信息，而气泡图是对成组的三个数值进行比较。除了 X 值、Y 值外，气泡的颜色和大小也可以表达特定的信息，可以说气泡图能够传达四维信息。瑞典执业医师汉斯·罗斯林（Hans Rosling）曾经在 TED[①] 做过《谈 HIV 新数据和震撼的图表》的演讲（如彩色插图 2－13 所示）。在演讲中，罗斯林用气泡图向人们展示了 HIV 病毒在世界上的传染过程，并揭开世界上最致命（也最受误解）的疾病——HIV 的复杂风险因素。Y 轴代表被感染的成年人比例，X 轴是人均收入（美元），大大小小的气泡代表每个国家被感染的人数，各大洲用不同的颜色来区分，非洲用蓝色、亚洲用红色、美洲用黄色、欧洲用橙色。随着时间的推移，这些气泡开始移动，呈现出各个国家的变化轨迹。汉斯·罗斯林认为，贫困不是导致 HIV 病毒持续扩大感染的主要原因，还有其他诸多因素在共同产生影响。同时，也不能把某一个国家等同于该国所在的大洲。

与饼图、条柱图、折线图相比，气泡图更为简约，既可做静图，也可

---

① TED（指 technology，entertainment，design 在英语中的缩写，即技术、娱乐、设计）是美国的一家私有非营利机构，该机构以它组织的 TED 大会著称，这个会议的宗旨是“值得传播的创意”。

做动图，视觉化效果更具优势，而且能够运用交互方式调动受众参与的积极性。

五、社会网络关系图

在新闻报道中，人物之间的社会关系是随着事件的发展逐渐显露的，而时间越长，空间越大，社会关系就越复杂，受众梳理起来就越困难，花费较多的心智成本将会严重影响受众持续阅读下去的兴趣。社会网络关系图能够帮助受众更清晰地了解新闻人物之间盘根错节的关系。因此，近几年，社会网络关系图也成为报道的一种呈现方式。用直观的图形梳理人物关系，既不会因关系复杂而使头绪纷乱，也不会丢失相关信息，更利于受众了解事物的全貌。

目前较流行的是交互式的社会网络关系图，设计师在构图与色彩的使用上进行创新，通过不同色彩、不同形状将各个人物加以区分，用线条将相关联的人物和事件相连。当鼠标点击关系图中的人物时，就会出现浮动窗口，它会介绍相对应的人物和事件，帮助人们把事件的来龙去脉弄清楚。比较具有代表性的是财新网制作的《周永康的人与财》（如彩色插图 2－14 所示），该图以周永康及其直系亲属、下属、家族下属企业和相关企业为内容，构建了一张关系复杂但脉络清晰的人物关系图，以直观、简洁的呈现方式帮助受众快速理清人物间的复杂关系。[①]

六、词频图

词频指的是某一个给定的词语在该文件中出现的次数。词频统计是一种用于情报检索与文本挖掘的常用加权技术，用以评估一个词对于一个文

---

① 焦阳，张欣．数据可视化：数据新闻的呈现之道——以财新网“数字说”为例［J］．视听，2015（11）：122.

件或者一个语料库中的一个领域文件集的重要程度。字词的重要性随着它在文件中出现的次数成正比增加，但同时会随着它在语料库中出现的频率成反比下降。[①] 对文本中的某些关键词进行词频统计，然后采用可视化的形式呈现出来，将文字信息变为形象化的符号，可以引导受众关注重点信息，激发人们的记忆与思考。但是，任何事物都有两面性，词频图也存在着占用空间较大，单位面积承载的信息量少的问题，因此，在数据可视化的常用类型中较少使用。

数据可视化的价值和意义并不只是用丰富多彩的图形将数据呈现出来，而是对核心信息的深层挖掘。因此，数据可视化不能满足于对浅层信息的梳理和呈现，如果缺乏对数据的深入分析，就很难发现新闻或新信息。数据可视化对新闻行业而言，也是新闻不断被发现和深化的过程。

---

① 此处关于“词频”的定义，来自百度百科（http：//baike. baidu. com/link？url＝vtDzeo-chRAp3OlzEUZU2Wk2AQTzJLwVfjLwS9UUkP3dFzmAFXOZCqbeMqekGOznD56ggOzy _ GQyAC-ARupQIBpFGwa-5r43KWEMIFOgCpmW）。

第三章　数据新闻可视化的生产实践

数据新闻可视化把采集到的各类数据进行处理后，应用丰富的、交互性的可视化效果展示新闻事实，把数据与社会、数据与个人之间的复杂关系用可视化手段向公众展示出来，以客观、易于理解的报道方式激发公众对公共议题的关注与参与。[①] 数据可视化并不是堆砌数据，而是通过大体量数据描述事实的样貌，反映事实的主干和基本逻辑，挖掘数据背后的新闻价值和关系，最终为受众呈现事实的真相。简而言之，数据可视化就是要在抽象的数据和具体的现实之间搭建一座桥梁，帮助受众更好地理解它。

第一节　数据可视化的数据与工具

数据（data）是指对客观事件进行记录并可以鉴别的符号，是对客观事物的性质、状态以及相互关系等进行记载的物理符号或这些物理符号的组合。它是可识别的、抽象的符号，数据是对事实观察和记录的结果。[②] 对数据新闻可视化而言，数据就是用于表示客观事物的、未经加工的原材料，因此，识别数据、掌握可视化的逻辑结构和技术要素是数据可视化生产的起点。

---

① 郭晓科．大数据［M］．北京：清华大学出版社，2013：30.

② 此处关于“数据”的定义，来自百度百科（http：//baike. baidu. com/link? url = ywY3Z0y6 _ R8r-vFzh8hNz38CK7xHYOlo0G9Pv43y8yKxgHPhx2AlLS0lj2jgNjP0fYe4AbQB334AkcjiK-SlDu0prbokGLwOkwpQZbSWalG）。

一、可视化中的数据类型分析

大体量的数据固然可以为可视化提供丰富的素材，但是，并不是所有的素材都适合于可视化生产，其中有个选择的过程，需要过滤掉不必要的冗余数据，保证数据的质量和使用率。没有数据，一切都是空谈。有了数据，要进行识别和分析，也只有了解了自己采集的数据，才能更好地应用它们，使之在呈现数据的价值和意义时恰如其分。

（一）分类数据

分类数据（categorical data）指的是反映事物类别的数据，是离散数据（discrete data）。分类属性具有有限个（但可能很多）不同值，值之间无序。[①] 如人按性别可以分为男女两类，季节可以分为春夏秋冬。人们习惯于对事物进行分类，即所谓“物以类聚，人以群分”。关键是，分类可以带来结构化，否则就只是乱糟糟的一团东西。[②]

从图表类型上看，折线图是最具代表性的反映分类数据及其变化的呈现方式。折线图最大的优势是在一条线段内可以容纳和呈现大量的数据，并且每条折线代表一个分类，线条的起伏不仅能够反映出某一类别数据的数值变化，而且可以对某一时间点的不同类别的数据进行对比。折线图的末端是开放的，在分析前端数据变化的基础上，有助于预测事物的发展趋势。条柱图通过高低不一、长短不同的矩形来呈现不同量值数据的状态以及相互间的比较，它也是呈现分类数据的常用方法。如果是单一数值维度的条柱，每一个条柱代表一个类别的数据，如果是堆叠式的条柱图，在一个类别的数据内又进行了细分，即分类中的分类。饼图的特点是各部分之

---

① 此处关于“分类数据”的定义，来自百度百科（https://baike.baidu.com/item/%E5%88%86%E7%B1%BB%E6%95%B0%E6%8D%AE/6248754?fr=aladdin）。

② 邱南森．数据之美：一本书学会可视化设计［M］．张伸，译．北京：中国人民大学出版社，2014：134.

和等于整体（100%）。这里的各部分也可以看作是不同类别的数据，这种做法的优点在于，一是可以清晰地看到各类别数据的分布情况；二是可以从大小不同的扇形面积中快速判断不同数据的比较结果。但是，由于面积较难准确地表达数据的量值，时常需要添加辅助图标。

（二）时序数据

时序数据（timing data）是指时间序列数据。它是同一统一指标按时间顺序记录的数据列，时间序列分析的目的是通过找出样本内时间序列的统计特性和发展规律性，构建时间序列模型，进行样本外预测。①

可视化时序数据时，目标是看到什么已经成为过去，什么发生了变化，什么保持不变，相差程度又是多少。与去年相比，是增加了还是减少了？造成这些增加、减少或不变的原因可能是什么？有没有重复出现的模式？是好还是坏？是预期内的还是出乎意料的？②

折线图和条柱图同样适用于呈现时序数据，只需将坐标轴上的分类更换为时间即可。如果要呈现接连不断的数据点，折线图较为适用；如果为了便于区分数据点的数值，建议采用条柱图，因为条柱之间有空隙。

在时序数据的可视化过程中，可以采用不同的数据粒度来呈现数值的变化。数据粒度是指数据的细化程度。细化程度越高，粒度越小；细化程度越低，粒度越大。较为精细的小粒度适用于呈现数据变化的频率，而大粒度则适于表现数据的变化趋势。

（三）空间数据

空间数据（spatial data）是指凡是带有空间坐标的数据，它用来表示物体的位置、形态、大小分布等各方面的信息，是对现实世界中存在的具有

① 此处关于“时序数据”的定义，来自百度百科（https://baike.baidu.com/item/%E6%97%B6%E5%BA%8F%E6%95%B0%E6%8D%AE/9165997?fr=aladdin）。

② 邱南森．数据之美：一本书学会可视化设计［M］．张伸，译．北京：中国人民大学出版社，2014：144-145.

定位意义的事物和现象的定量描述。空间数据是一种用点、线、面以及实体等基本空间数据结构来表示人们赖以生存的自然世界的数据。[①]

空间数据的可视化往往是借助地图来实现的。如果强调位置，可以根据经纬度在地图上以点的方式标示出来，点与点以线段连接则表明位置之间的关联性；线条的粗细以及明暗，同样可以标示数值的量；标示位置的点也可以用气泡来代替，气泡的面积和色彩的明暗，可以传达多维信息。同样的方法也可以用于地图，当涉及较多区域的数据值时，可以给不同的区域附加不同饱和度的色彩，使之形成对比。一般情况下，数值越大，颜色越深；数值越小，颜色越浅。2008 年 11 月，《纽约时报》针对总统大选的投票情况做了一个互动式图表（如彩色插图 3－1 所示）。该图表的主体是一幅美国地图，地图上边有一条线段，代表具有投票资格的县市人口的数量；左侧是代表各类人群的按钮，包括黑人、白人、中等阶层、低收入者、天主教徒、失业者、大学生等。拖动线段上的滑块，各州的版图上会出现深红、浅红、深蓝和浅蓝的变化（蓝色代表奥巴马的选票，红色代表麦凯恩的选票），同时，右侧两位竞选人的选票百分比数字也相应变化，右下方代表3 141个县市投票情况的柱状图也随之高低起伏。

二、可视化的逻辑结构[②]

数据新闻可视化也是一种叙述方式，它同样像文字叙事那样拥有故事结构和逻辑链条，报道者选择数据的维度决定了可视化生产的内在逻辑结构。

---

① 此处关于“空间数据”的定义，来自百度百科（https：//baike.baidu.com/item/%E7%A9%BA%E9%97%B4%E6%95%B0%E6%8D%AE/2271605？fr=aladdin）。

② 此处关于“可视化的逻辑结构”的分类方法，参考了彭兰教授刊发在《山西大学学报（哲学社会科学版）》2015 年第 38 卷第 2 期的《数据与新闻的相遇带来了什么？》一文。

(一) 相关性的逻辑结构

通过大数据技术分析出数据间的关联性，并以恰当的形式呈现出来，正是数据可视化要实现的目标。相关性通常用于描述事物与给定事件的关系密切程度或适用程度，如果某样事物对于特定目的有意义，则该事物为相关事物。在信息检索领域，相关性定义了特定的数据资料或数据元素与查询主题的匹配程度。[①] 数据自己不会说话，我们通过运算模型（算法）来分析数据，挖掘数据背后的意义，还原事实或现象，预测未来。大数据通常揭示的是事物之间的相关关系。相关关系的核心是量化两个数据值之间的数理关系。相关关系强是指当一个数据值增加时，其他数据值很有可能也会随之增加。相关关系弱就意味着当一个数据值增加时，其他数据值几乎不会发生变化。相关关系通过识别有用的关联物来帮助我们分析一个现象，而不是揭示其内部的运作。[②]

学区房并不是我国仅有的“特色”，美国也有同样的情况。《纽约时报》网站在 2017 年 3 月 30 日发布报道《好学校，买得起的房子：找到城郊的最佳区域》(Good Schools，Affordable Homes)，以数据可视化的方式揭示了美国部分地区的学区房现象。可视化团队结合北美全国房产经纪费参考标准的房价数据和斯坦福教育数据档案中学校质量测试得分，构建了一组衡量学校质量、房价和通勤时间关系的数据模型，用户滑动鼠标，浮动窗口即显示每平方英尺的房价、人口数量、教学水平和通勤时间等信息（如图 3 -2 所示）。

(二) 对比性的逻辑结构

对比分析是可视化叙事中的常用手法，从简单的条柱图、饼图到较为

---

① 鲁吉蒂．相关性准则：大数据时代的高效能之道［M］．李芳，王卓，译．北京：人民邮电出版社，2014：16.

② 维克托·迈尔-舍恩伯格，肯尼思·库克耶．大数据时代生活、工作与思维的大变革[M]．盛杨燕，周涛，译．杭州：浙江人民出版社，2013：71.

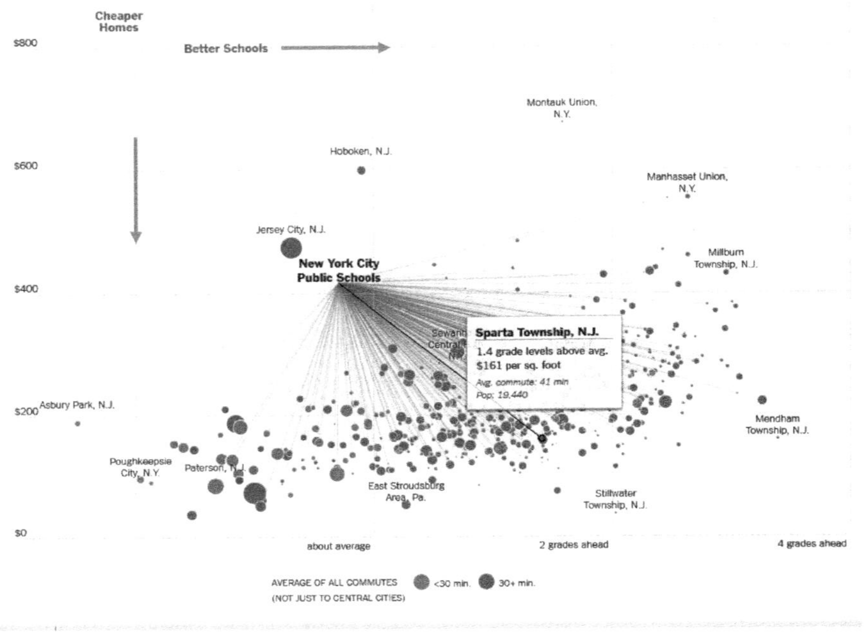

图 3－2 《纽约时报》网站的交互图表《好学校，买得起的房子：找到城郊的最佳区域》

复杂的、汇集了更多时空维度的信息图，都通过分析、对比各种维度数据，挖掘出数据之间的关系，揭示出深层的原因，最后以数据可视化的方式向用户进行直观的展现。2013 年 8 月《纽约时报》在其网站上发布了一份交互图表《重塑纽约》(Reshaping New York)（如图 3－3 所示），这个作品采用了对比的设计手法，全屏 18 帧，12 幅前后对比的照片，综合使用动画、色彩、图片等视觉元素，展示了“9·11”事件后，布隆伯格在担任纽约市市长的 12 年里这座城市发生的变化：重新规划了所有 5 个区，增加了 450 英里的自行车道和几十个步行广场等等。出色的新闻故事，精彩的可视化设计，使其荣获了 2014 年数据新闻奖“最佳数据可视化作品奖”。

图 3－3　《纽约时报》网站的交互图表《重塑纽约》

（三）演变性的逻辑结构

对事物的发展轨迹进行推演也是常见的一种可视化逻辑。这种演变性的逻辑结构往往基于时间维度或单一变量的比较，借助时间线来揭示事物在更大跨度内的变化。比如，财新网的《星空彩绘诺贝尔》（如彩色插图 3－4 所示）把时间线做成了环形，从第一届诺奖（1901 年）到 2014 年的诺奖。五种奖项类型以蓝、绿、红、橙、紫的小圆点表示，获奖者年龄信息则采用小圆点在同心圆中所处的位置，由内往外以 20、40、60 和 80 来标示。当用户点击不同年代的数字（基于同一个时间点），就会呈现出三组信息：一是同一年度内有哪些国家获奖；二是这些国家分别获得了何种奖项；三是获奖人的性别与年龄。随着时间的推移，时间环线内侧的 42 个国家名称的旁边则会出现一个堆叠的柱状图，获奖越多，柱形越长。

从事多年数据可视化研究的斯坦福大学的杰夫·麦吉（Geoff McGhee）

教授认为，现在的新闻越来越和数据有关，媒体有责任向公众解释那些复杂难懂的数据。可视化方面的专家正在开发工具帮助普通人更好地理解数据，记者们则努力做到如何应用数据使新闻报道更具说服力，有经验的数据图表设计师能够把数据引入新闻学。同时，他还认为，新工具的出现将会使创建在线可视化技术变得更加容易。① 这一切的进步都服务于如何更好地呈现数据间的关联，揭示数据所蕴含的价值和意义，预测事物的发展趋势。

三、数据可视化的工具

为了高效地呈现和传播新闻信息，数据新闻可视化对制作工具有如下要求：首先，工具具有实时性，即必须适应大数据时代数据量的爆炸式增长需求，使数据图表制作迅速；其次，工具必须操作简单，因为大部分新闻工作者没有太多的数学、统计分析和编程基础，只有功能丰富易于操作的工具才能满足当下新闻人的需求；再次，支持多种数据格式和集成方式，因为数据的来源多种多样，只有支持团队协作数据、数据仓库或文本等多种方式才能适应数据新闻的需求；最后，输出便捷且能够通过互联网进行展现。② 选择合适的可视化工具，一般是基于两个方面的考虑：一是报道者期望呈现的可视化效果；二是制作团队或报道者对软件的熟悉程度。

（一）可视化的初级工具

- Excel

Excel 是微软公司的办公软件 Microsoft Office 的组件之一，大家都熟知的这款制作简单表格的工具其实有着强大的功能，它可以进行多种数据

① MCGHEE G. Journalism in the age of data [EB/OL]. (2013-12-02) [2017-10-12]. http://datajournalism.stanford.edu/.

② 刘英华. 数据新闻实战 [M]. 北京：电子工业出版社，2016：125.

的处理、统计分析与可视化呈现。PowerPivot for Excel 2010 是一款免费插件，通过它可快速操作大型数据集（通常达数百万行）和简化数据集成。Excel 中的数据透视表、Power Query 等应用有助于挖掘数据价值，整合海量数据；Excel 的 Power View 则可以快速显示各种可视化效果，其范围从表格和矩阵到饼图、条形图和气泡图，以及多个图表的集合等。

- Adobe 系列中的 Photoshop 和 Illustrator

Photoshop 是 Adobe 公司旗下有名的图像处理软件之一，是集图像扫描、编辑修改、图像制作以及图像输入与输出于一体的图像处理软件。Illustrator 是该公司推出的专业绘图工具，是出版、多媒体和在线图像的工业标准矢量插画软件。两者的不同在于前者处理的是位图，后者针对的则是矢量图，有时为了突出可视化效果，常用它们做一些修饰性工作。

（二）可视化的中级工具

- Google Chart 和 Google Fusion Tables

这两款是谷歌公司推出的在线数据可视化工具，功能强大，容易使用，可以生成圆饼、曲线、折线、柱状、散点、地图等。Google Fusion Tables 主要用于制造地理统计图，只需载入数据、修改属性即可生成地图。

- Tableau Desktop

Tableau Desktop 是 Tableau 公司开发的桌面系统中最简单的商业智能工具软件。该软件将数据运算与图表相结合，通过拖放将所有的数据展示到数字“画布”上，创建出各种图表，并且能够以 web 模式发布在网上供别人访问。

- Many Eyes

Many Eyes 是 IBM 公司的一款在线可视化处理工具，只要上传数据，就可以得到想要的可视化图表。该工具可以对数字、文本等进行可视化处理，具有 Word Tree，Tag Cloud，Phrase Net 和 Word Cloud Generator 四项图形显示功能。

（三）可视化的高级工具

高级的可视化工具最大的特点是制作出的产品不仅能够呈现在互联网上，更要有交互功能。当然，这个层面的软件需要操作者具有一定的编程能力。

- ECharts

ECharts 是一个 Javascript 的图表库，可以运行在 PC 和移动设备上，兼容当前绝大部分浏览器，能提供直观、生动、可交互、可高度个性化定制的数据可视化图表。ECharts 不仅可以提供常规的折线图、柱状图、散点图、饼图，还可以提供地图、热力图，以及用于数据可视化的关系图等。

- D3. js

D3. js 是在 Java 上运行的开源工具，它可以通过数据来操作文档，使用数据驱动的方式创建漂亮的网页。D3. js 可以通过使用 HTML、SVG 和 CSS 把数据鲜活形象地展现出来，并实现实时交互。

数据可视化的意义在于帮助用户分析信息，使抽象的数据更便于被用户理解。成熟的设计团队现在越来越多地使用设计优良、基于网络、具有交互功能的高级编程和分析工具，比如 R 语言。但是，数据可视化却旨在借助于图形化手段，清晰有效地传达与沟通信息。所以，这并不意味着，复杂就代表着可视化的高水准，或绚丽多彩一定优于简洁。[①] 数据可视化所追求的是在内容的充分展示、软件的功能发挥和用户的阅读体验之间实现平衡。

第二节　数据可视化的生产

数据可视化是当前数据新闻研究的热点话题。尽管数据可视化不是数

① 陈积银，曹树林．数据新闻入门教程［M］．西安：西安交通大学出版社，2016：183.

据新闻的唯一呈现方式，但无可辩驳的是，可视化是制作、传播数据新闻的最佳方式和有效途径。

一、数据可视化的生产流程

美国的邱南森（Nathan Yau）在其著作《数据之美》中把数据可视化的过程描述为 4 个步骤（如图 3－5 所示），并对这些步骤进行了阐述。

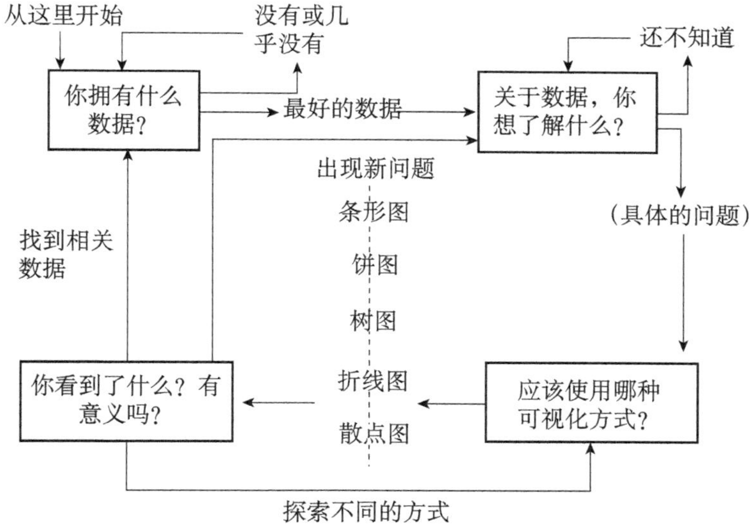

图 3－5 迭代的数据探索过程

● 你拥有什么数据？拥有数据是可视化的前提，数据是可视化的活水之源。寻找到所需要的、有价值的数据将耗费大量的精力与时间，犹如写作前的采访。对获取到的数据进行研究，要弄清它们说明了什么，数据的变化预示着什么。

● 关于数据，你想了解什么？可视化制作者首先要清楚自己想从数据中了解什么，从数据中发现问题，并使这些问题清晰、明确，也许这也是受众想了解的问题，如何呈现这些问题的答案将会是可视化的着力点。

● 应该使用哪种可视化方式？有许多图表和视觉暗示的组合可以选择。

为数据选择正确的可视化方式，重要的是要从不同的角度观察数据，从整体上观察数据，放大到具体的分类和独立的数据点，并且要牢记，目标改变，选择也会改变。

● 你看到了什么？有意义吗？人们常常自动认为数据就是事实，因为数字是不可能变动的。但数据具有不确定性，因为每个数据点都是对某一瞬间所发生事情的快速捕捉，其他内容都是你推断的。①

邱南森对数据可视化生产流程的表述主要集中于具体的可视化环节，而在实践中，数据可视化生产并非简单地应用某些软件绘制图形图表，它的首要前提是获取并分析大体量数据，进而揭示出数据与数据之间更深层的关系。

本·弗莱（Ben Fry）在其著作《可视化数据》中把数据可视化的流程分为七步：获取、分析、过滤、挖掘、表示、修饰、交互（如图 3－6 所示）。②

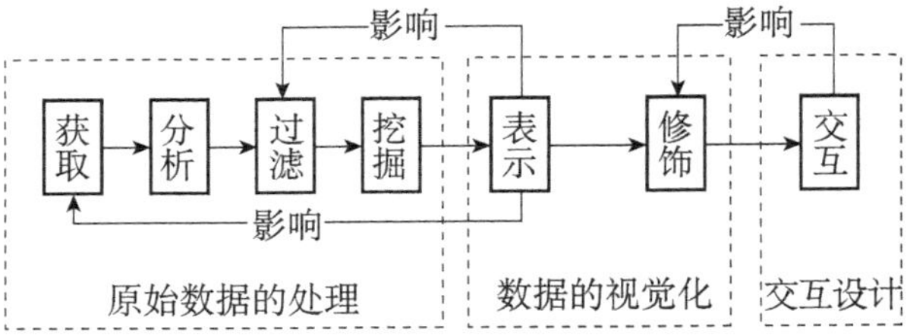

图 3－6　数据可视化的生产流程图

● 获取：得到数据，无论是 U 盘里的一个文件还是来自网络的源文件。

● 分析：为数据的意义构造一个结构图，并按分类排序。

● 过滤：删除多余的，只保留感兴趣的数据。

● 挖掘：应用统计学或数据挖掘方法来辨析数据格式，或者把数据置于一个数学的环境中。

---

① 邱南森．数据之美：一本书学会可视化设计［M］．张伸，译．北京：中国人民大学出版社，2014：129－134.

② 弗莱．可视化数据［M］．张羽，译．北京：电子工业出版社，2009：5－11.

● 表示：选择一个基本的视觉模型，比如一个条形图、列表或树状结构图（表示数据的方式可能影响第一步和第三步）。

● 修饰：改善基本的表述方法，使它变得更加清晰和更容易视觉化。

● 交互：增加方法来操作数据或控制其可见的特性（该阶段可能影响修饰环节）。

犹如传统新闻生产过程从报道策划、记者采访、编辑处理稿件到组稿刊发等一样，本·弗莱对数据可视化生产流程也划分为三个部分。

第一，原始数据的处理。此部分包括本·弗莱所说的获取、分析、过滤和挖掘四个环节。对于一般受众而言，原始数据，尤其是大体量、抽象的数据是没有任何价值的。随着各种数据库的开放，新闻从业者业务素养的不断提高，搜寻数据的方法和途径也日益增多。有学者归纳出常用的获取数据的途径：对同类新闻或不同时期的相关新闻数据进行归类统计、整合比较，更为深入、立体、多元化地揭示新闻；对网络搜索引擎、社交媒体内容、用户数据进行深度挖掘，揭示个别、分散行为中蕴含的共同规律；从政府机构、企业等发布的公开数据中寻找可作为新闻背景的有用信息；通过网络观察、调查或众包的形式收集数据。① 数据有了，并不意味着可以进入数据分析的环节，为了保证数据的质量和数据新闻的可信度，要对需要加工的素材数据进行清理。清理之后要对数据进行初步分析，洞悉各数据源之间的关联性，识别数据的用途，发现数据变化的趋势等，然后才能将可用数据、参考数据等录入电子表格。数据分析是报道（讲故事）的组成部分，分析数据的过程就是发现新闻点、剖析数据背后的新闻意义的过程，进而预测可能发生的事件。在大数据时代，缺乏的不是数据，而是对数据的准确分析、深入挖掘。

---

① 徐锐，万宏蕾．数据新闻：大数据时代新闻生产的核心竞争力［J］．编辑之友，2013（12）：72.

第二，数据的视觉化。此部分包括本·弗莱所说的表示和修饰两个环节。数据新闻可视化的方式千差万别，但终极目标是把重要的新闻传播出去，帮助受众迅速发现有用的信息，并更好地理解之。目前的编程技术和可视化平台如Google Fusion Tables、Tableau Public、Many Eyes等大大丰富了受众的阅读体验，把新闻故事讲得更加生动、多彩。但值得注意的是，数据可视化的效果取决于所用的数据的质量，包括数据的体量、准确性、关联性等。可视化是手段，是把数据分析的结果、需要向受众阐释的意义，以一种视觉的方式呈现出来。若文字或多媒体能够把故事讲得更精彩，可以考虑不采用可视化的表现手法。正如传统新闻报道“七分采访三分写作”的说法，数据新闻在制作过程中，花费在采集、清理、分析数据上的时间占到了70%，可视化环节只占30%。在70%的时间里，数据新闻团队要完成数据的筛选，发现新闻线索，并对数据加以整理，之后，才能考虑选择何种可视化工具，以何种方式来呈现数据。①

第三，交互设计。此部分就是本·弗莱所说的交互环节。在这一环节，可视化产品的制作者要完成用户获取内容及其属性路径的设计。交互式的可视化产品之所以为受众所喜爱，是因为它给了受众对于所呈现的数据或可视化的部分操控权，吸引受众停留得更久，并产生分享的欲望。交互设计的目的不仅在于帮助用户寻找数据与每个人的联系，让他们从一般的信息接收者转变成信息利用者，而且通过分析受众的关注细节，为其提供差异化内容。反之，受众也可以在数据产品中选择地理信息，找到所处地域的针对性报道。② 数据新闻可视化设计需要技巧，技巧的选用应以新闻内容

---

① ROGERS S. A data journalism workflow [EB/OL]. (2013-01-27) [2017-10-12]. http://simonrogers.net/2013/01/27/a-data-journalism-workflow.

② PAUL B. 6 ways of communicating data journalism (the inverted pyramid of data journalism part 2) [EB/OL]. (2011-07-13) [2017-08-08]. https://onlinejournalismblog.com/2011/07/13/6-ways-of-communicating-data-journalism-the-inverted-pyramid-of-data-journalism-part-2/.

本体为依托，只有准确、恰当地诠释新闻内容的视觉设计才是优秀的、有用的设计。[①] 在交互环节，受众从被动接收数据转变为积极主动地去发现、思考数据，从而为受众提供了控制和探索数据的可能。

二、数据可视化的设计原则

（一）功能性原则

“功能决定形式”源于 1896 年，出自美国建筑师路易斯·沙利文（Louis Sullivan）的文章《经过艺术设计的高层办公建筑》。[②] 技术实体的形式必须依赖于其辅助完成的任务。在处理信息图表与可视化时需要记住的重要原则之一是：形式应该受制于你所展示的功能。[③]

数据新闻可视化说到底是新闻信息的传播活动，可视化生产者头脑中的视觉思维是为传播服务的，快节奏生活下最有效的信息接收方式是实现视觉接受的瞬间性和直接性。受众对传播内容的可读性要求，发展到了悦读性和速读性，在较短的时间内接受相对完整的信息，是吸引和留住受众的最佳方法。数据可视化的目的就是满足受众的信息需求，尽管不同受众因个体差异而对可视化产品的认知存在差别，但是，借助视觉化工具，实现意义的建构和传达是数据可视化不可或缺的功能。功能性的实现需要可视化工作者认真考虑三个因素，即目标受众、传播主题、可视化类型之间的平衡与协调。目标受众与传播主题应该是一致的，比如关注民生话题的受众往往是普通市民，而这个受众群的认知水平与解读能力决定了可视化

---

① 王秀丽，王天定．数据新闻可视化设计的反思与创新路径：以 2014“数据新闻奖”作品为例［J］．新闻界，2015（9）：58.

② SULLIVAN L. The tall office building artistically considered［EB/OL］．（2007－08－18）［2017－01－22］．https：//ocw. mit. edu/courses/architecture/4-205-analysis-of-contemporary-architecture-fall-2009/readings/MIT4_205F09_Sullivan. pdf.

③ CAIRO A. 不只是美：信息图表设计——原理与经典案例［M］．罗辉，李丽华，译．北京：人民邮电出版社，2015：29.

呈现类型的选择，在一定程度上也影响到对数据的挖掘深度等。既要考虑目标受众的实际情况，又要以数据所蕴含的价值为选择标准，才能寻找到最恰当的可视化方式。

（二）美观性原则

数据可视化就是利用最小的空间，高效地视觉化一组繁杂的数据，说到底就是以独特的视觉优势推动内容的传播。在所有分析和传播统计信息的方法中，一张精心设计的数据图表通常是最简单也是最有效的。[①] 为了实现数据可视化的传播有效性，适当的美化修饰是必然的。像在艺术及其交流中一样，在可视化设计中，枯燥乏味也是一种威胁。思维与眼睛需要刺激和惊喜。[②] 但是，数据新闻可视化所承担的是沟通的任务，而不是艺术，确保所传递的信息被清楚地理解是最紧要的。在进行有效视觉沟通时，如果是具体的事物，能用照片则用照片；如果是抽象的数据，则可以用可视化来呈现它。以可视化的方式讲故事并不是要告诉大家故事的主人公长什么样，而是主人公在某时某地做了什么事情，才使其值得被关注，被关注的关键是新闻信息的存在。单纯就人脑信息处理的速度而言，图形明显优于文字，视线容易被牵引至图形而非主要信息、数据，精美绚丽的图形有时反而妨碍对可视化产品的理解，因此，无论是以文字形式还是采用视觉形式来传递信息，清楚、有效地传达信息才是一切沟通所应该达到的目标，视觉符号仅仅是增强沟通效果的有效手段而已，简单说就是求美而不唯美，重要和实用要胜于好看。

（三）启示性原则

启示与启发在含义上相似，都是通过开导指点或阐明事例，让人们有

---

① KRUM R. 可视化沟通：用信息图表设计让数据说话［M］. 唐沁，周优游，张璐露，译. 北京：电子工业出版社，2014：4-5.

② CAIRO A. 不只是美：信息图表设计：原理与经典案例［M］. 罗辉，李丽华，译. 北京：人民邮电出版社，2015：59.

所领悟。所不同的是，启示的着重点在“示”，即揭示事物中的道理，帮助人们提高认知。在数据可视化设计中，启示性原则的核心就是帮助受众更好地解读数字、图形等符号，提高对数据的分析能力。根据认知科学原理，人们的注意分为无意注意与有意注意。注意是一个互动的过程，只有被注意客体与信息接收主体之间发生接触，而且客体必须具有吸引主体的刺激点，才能引发主体的注意，才能促成信息的传播。数据可视化的传播属于无意注意，而无意注意离不开刺激，图形元素则发挥着刺激物的作用。换句话说，设计者可以通过使用特异、新颖的图形元素来营造刺激点，以求达到吸引受众注意的目的。整齐或规则程度上的任何变化或破坏都将引起注意，同样，杂乱环境中的整齐与规则也会引人注目。另外，依据完形心理学理论，人类将各感知成分作为一个整体来理解，而不是作为单个构成形式的集合来看。尽管单个设计元素可能带来特定信息，但将其与其他元素关联在一起看待，它们的意义和语境将会有所改变。[①] 可视化生产者为了实现启示性目标，需要控制设计的形式、创造层次感和意义，通常会参考格式塔法则，如接近、相似、主体背景和断点续接等。

三、数据可视化的应用方式

（一）解读文本信息

可视化解读文本信息，一般通过统计关键词出现的频率，或者提取关键信息点来实现。比如，近两年的一些主流媒体在两会期间就通过对报告中关键词的提取来解读其中的重要信息，这些关键词以数据为主，并附以直观图形，便于受众理解和记忆。

（二）提供背景知识

新闻报道一般注重表现最新的变动和状态，而对背景信息和相关信息

---

① 席涛．信息视觉设计［M］．上海：上海交通大学出版社，2015：78.

不可能做充分的说明。出于为受众解疑释惑，帮助受众全面、深刻理解新闻的需要，可以在适当的时候配发一些背景材料，包括新闻人物与组织、地理气候、科学知识、名词术语等，而这些信息既可以文字、照片的形式出现，也可以数据图表的方式来展示，其目的是帮助受众全面、深入地掌握和理解信息，对新闻价值有更清楚的认识。

（三）揭示事物之间的联系

事物之间是存在普遍联系的，不同类型的联系影响着彼此的发展状况。新闻事件中也同样存在着各种联系，人与人、人与事、事与事等之间的联系推动着新闻事件的发展。清晰地揭示报道客体背后的深层联系有助于受众理解新闻事件的真实情况和发展方向。联系即互动，报道客体间的互动具有复杂性，以抽象的文字来表述恐难以胜任，而可视化的方式则能较为轻松、明晰地表述和解析其中隐藏的联系，从而揭示新闻的深意。

（四）阐述观点

数据可视化是在形象化地展示数据，但是，这种展示遵循着一定的逻辑关系，而非随意性的排列和罗列。在可视化之前的数据分析阶段，梳理数据之间的逻辑关系是其一项重要工作内容。可视化的数据即论据，经过图形化处理的数据，逻辑关系和论证思路明晰，更具易读性、易懂性，得出的结论往往也不证自明、不言而喻，其观点的说服力更强，更容易被接受。

（五）基于时空维度呈现信息

事物的存在离不开时空。以时间线的方式来呈现不同时间节点产生的信息（数据），不仅能够清晰地叙述故事、聚合新闻，而且有助于通过分析具有历史跨度的信息，挖掘出数据背后的深意。数据地图则是从空间维度来呈现新闻要素的空间信息及其相互间关系的。数据地图的最大优势在于空间信息呈现的直观性和各新闻要素与地理关系的明确性，地图、数据与色彩的组合，以及交互技术的应用，优化了数据可视化的用户体验和传播效果。

数据可视化不仅仅是对数据的视觉化处理，更是对内容建构与形式美感之间的平衡，用巧妙的可视化方式争取比文字更好的叙事效果，便于受众理解复杂的情景。

第三节　数据可视化的设计要点

清晰而准确地向受众展示和传达数据所包含的信息是可视化的首要任务。在此前提下，可视化工作者根据受众的阅读偏好和视觉原理，辅助一些美学手法，使传播效果更好，毕竟优秀的可视化有助于人们理解数据、获取信息。

一、数据与数据源

判断数据好不好关键要看它的来源。一般而言，来源的权威性、可靠性和中立性是高质量信息源的必要条件，特别是经过第三方审核的数据更能避免偏颇，增强可信度。数据是构建信息图表的内容元素，一个错误的数据可能会毁掉整个图表，即坏数据＋好的可视化＝坏图表。① 数据可以有不同的可视化方式，具体需要用哪种方式，所要传达的信息和新闻工作者所追求的传播效果是做出选择的依据。数据的使用要考虑语境，这样才能公正地呈现事实，并以此来提高信息的可信度。如果缺乏上下文的佐证，读者可能被误导，或者难以理解数据背后的价值及意义。特别是只给出增长或减少百分比而没有给出基准数值的数据，就更没有任何参考价值了。②

在数据收集时，可以说“多多益善”，数据越多越有利于深入分析。而

---

① WONG D M. The wall street journal：guide to information graphics［M］. NY：W. W. Norton&Company，2010：26.

② WONG D M. The wall street journal：guide to information graphics［M］. NY：W. W. Norton&Company，2010：27.

在数据信息的处理阶段，评估、发现数据价值则是重点。能否抽取数据中的一部分来传达信息，主要取决于一定计量时间段内的整体情况。像GDP、粮食产量之类的经济数据，一般都是平稳上升的，截取部分完全可以说明整体情况。但是，如果数据的整体情况起伏较大、飘忽不定，恐怕就不适合截取部分以代表整体或趋势了，因为这时候的部分往往会隐藏表示相反意义的数据，会和整体数据的呈现有着完全不同的结论，这时候仅仅呈现部分只会误导受众。这种情况往往出现在工业产品出厂价格指数、石油价格、汇率等受环境影响大的经济指数上。

为了确保数据来源的质量，需要注意以下几点。一是数据来源可以用来讲故事。故事来自所选择的数据，受众在阅读信息图时希望了解他们关心的事物或者信息。数据不缺乏，但如果数据无趣，即使数据被以视觉化的方式呈现出来，但不能用于讲述故事，数据源也是没有价值的。二是确保数据来源的可靠性。从尽可能可靠的来源获取信息、数据，是可视化的前提。一般而言，政府部门的数据，声誉良好的研究机构和学术出版物上的调研结果还是值得信赖的。而对于一些来自商业性较强的调查机构、有政治目的的智囊团的数据，在选择时则需要谨慎。三是确保数据来源与主题密切相关。尽量不要使用发布时间超过一年的数据，对所使用的数据要标明发布时间。如果需要使用多个消息源，一定要保证它们之间是互补的。四是限制数据来源的数量以确保内在一致性。围绕着某一话题能够从多方获得消息源是件不错的事情，但是，在决策到底使用哪些时，数据源必须在可控范围内，因为，每增加一个数据源就增加了可视化过程中出错和走偏的概率。最好的办法是只使用一个数据源，数据源数量越多，因获取方法、使用语境及优先次序等的不同，可能导致潜在的错误越多。①

---

① LANKOW J，RITCHIE J，CROOKS K. Infographics：the power of visual storytelling [M]. Hoboken，New Jersey：John Wiley & Sons，2012：132 - 133.

二、常用图表的设计规范

清晰的可视化表达首先来自选择正确的图表类型。如果选择了不恰当的图表类型反而会误导受众，无法揭示数据与数据之间的关系，不能准确传达信息。即使选择了正确的图表类型，在可视化过程中也要依照一定的规范，使其能够传情达意。

（一）折线图的设计规范

折线图常用于表现一种或几种事物发展的状态和趋势。

折线的高度与纵坐标的刻度有着直接关系，如果刻度过大（相对于所要表示的数据而言），会使所绘制的曲线趋于平缓；如果刻度过于精细，绘制出的曲线则趋于陡峭，可能夸大真实情况的发展趋势。解决问题的关键在于合理调整纵坐标上刻度的精度，尽量使线段的高度既能真实地反映事实，也能取得较舒适的视觉效果。折线图最大的优势是在一个线段内可以容纳和呈现大量的数据。但是，从视觉效果来看，如果线条过细，就很难从背景中分辨出来；如果太粗，则波峰波谷的重要信息点呈现得不够精确，也不易分辨。所以，合适的粗细既能够与背景相区别，又能够分辨转折点。解决问题的方法是适度调整纵坐标刻度的精度，同时把底部的零基线加粗一点。① 纵坐标上刻度的增量变化要符合我们日常数量的递增习惯，如 1、2、3；2、4、6；0、5、10；0、10、20 等。尽量不要用 0、3、6、9；0、8、16、24 之类的递增量。陌生感强的刻度只会延长读者的思考时间，进而减缓读者在解读数据时的速度和效率。② 多线折线图用于比较不同的数据系

---

① WONG D M. The wall street journal：guide to information graphics［M］. NY：W. W. Norton&Company，2010：50.

② WONG D M. The wall street journal：guide to information graphics［M］. NY：W. W. Norton&Company，2010：52－53.

列，过多反而影响其作用的发挥。通常解决问题的方法之一是用不同的粗细或深浅来区分线段，起码这种方法比使用花哨的图案和形状更利于阅读。折线图中关键点（重要信息）的标注需要把握住两点：一是文字量不要太多，太多会喧宾夺主，分散读者的注意力，最好用词、短语或数字精练地概括所要表述的信息；二是标注的位置距离线段，特别是关键点不要太远，否则会让视线在关键点和标注之间长距离移动，影响读者集中精力来比较线段之间、关键点之间的关系。① 可以考虑在线段或关键点上直接标注的方法来解决问题，这种做法的优点是便于读者把注意力集中在线段所含信息的比较上，缺点是如果内容太多，会影响图表的美观。

（二）条柱图的设计规范

条柱图是柱状图与条形图的合称。柱形的宽度等于或略宽于相邻两个柱形之间的空白即可，这样的宽度在视觉上感觉舒服些。柱形之间过大的空白会吸引注意力，导致视线的停留，而空白之处却没有任何信息值得关注。在柱状图中，各个柱形所表示的变量属于同一类型，在色彩的使用上应该颜色、深浅一致。最好不要给柱形添加过多的装饰，过度装饰不能传达任何信息或数据，只会分散注意力，影响读者对柱形所包含数据的比较。在绘制柱状图时，零基线不能省略，否则会给受众理解数据带来误导。多组不同颜色或明暗的柱形放在一起难免引起视觉混乱，读者较难对数据进行有效的比较，这种情况可以考虑采用折线图。条形图是按照某一属性，对所有个体进行的排序，最好按照数值从大到小或从小到大的顺序进行排列。随机排列会导致图表参差不齐，使条形图失去原有的功能。如果需要突出某一条形，可以通过对色彩明度的调整来实现。打破从大到小或从小

---

① WONG D M. The wall street journal：guide to information graphics ［M］. NY：W. W. Norton&Company，2010：56－57.

到大的排序，仅见于按照拼音字母和时间进行排序。[①]

（三）饼图的设计规范

一幅饼图切分得越细致，部分越多，加上五颜六色的干扰，对比分析就越困难。一般情况下，切分的份数不要太多。如果份数过多，加上各种色彩和标注，就会扰乱视觉的专注程度。但是，“饼片”超过 5 份的情况并不少见，遇到这种情况可以考虑把占比重较小的几个部分合并组成新的一块“饼片”，定名“其他”。如果每一部分确实需要独立呈现，可以考虑进行再切分，即“大图加小图”。再切分后的小图在类型上最好还用饼图，以保持读者的惯性思维，把“小图”中每个“饼片”的数值或在原始“大图”中所占的百分比，以图例方式标注或直接标注出来，这种呈现方式条理更清晰，也方便读者计算和梳理其间的逻辑关系。饼图是以面积来呈现部分信息的。12 点位置是视线的起点，如果按照从小到大的顺序来排列，就会导致最不重要的信息放在了最重要的位置。从视觉考虑，最大部分（最重要）放在 12 点位置的右边，以突出其重要性。余下部分最好的呈现排序是把第二大部分放在 12 点位置的左边。剩下部分按照逆时针方向排序，这样的话，最小的部分（最不重要）就会落在饼图的底部。[②]

三、数据可视化中的色彩

色彩是极具表现力的视觉工具，几乎没有什么视觉元素能够像色彩那样具有强烈的表现力。色彩含有丰富的心理信息，可以影响内容的传达。色彩的心理特征与人的体验有着深度联系，色彩因波长的不同而对我们的神经系统产生不同的影响。波长较长的色彩需要更多的能量来处理，并增

---

① WONG D M. The wall street journal: guide to information graphics [M]. NY: W. W. Norton&Company, 2010: 70-71.

② WONG D M. The wall street journal: guide to information graphics [M]. NY: W. W. Norton&Company, 2010: 75.

加新陈代谢的速度，使人激动、兴奋；处理波长较短的色彩所耗费的能量较少，减缓新陈代谢的速度，使人镇静、情绪缓和。另外，色彩的心理特征还和文化背景有着密切关联。在以基督教为主流文化的西方，黑色往往与死亡或悲情联系在一起，而信仰印度教的人们则把白色与死亡相联系；印度教认为白色代表着死亡，基督教则认为白色代表着纯洁和清白。出于历史原因，西方人认为紫色代表高贵、权力和奢侈；而东方人则把黄色看作皇权、尊贵的标志。在许多文化环境中，人们常常把蓝色与生命联系在一起，与精神层面的事物相关联。如果在设计环节，图表编辑能够把色彩的心理联想效能与所要传达的信息联系起来考虑，就可以实现增添信息含义的目的。①

数据可视化在色彩的选择上要克制，不要在同一时间把调色板里的颜色用光了。在一幅图表里使用过多的颜色不仅令人困惑，而且显得俗气。不要使用多种颜色来呈现同一组数据，那样容易分散读者的注意力，而使用同一色彩来表示同一变量，有助于读者把注意力放在数据的比较上。② 对于核心信息，可以用不同颜色，或同一颜色中明度较暗的一种来强调。不要在有多个柱形的柱状图中使用不同的色彩，强烈的对比同样会分散读者的注意力，使用同一色彩的渐变明度或者同一色系的颜色，会使图表看起来干净利落，有助于读者把注意力放在解读数据上。需要注意的是，明度的过渡应该是渐变式的平滑过渡，不能有大幅度的转换。③ 视线在忽明忽暗的跳跃中无法对数据做出有意义的比较。采用什么色彩无所谓，关键是过渡转换的平缓很重要。

---

① 萨马拉．设计元素：平面设计样式［M］．齐际，何清新，译．南宁：广西美术出版社，2011：110－111.

② WONG D M. The wall street journal：guide to information graphics［M］. NY：W. W. Norton&Company，2010：40.

③ WONG D M. The wall street journal：guide to information graphics［M］. NY：W. W. Norton&Company，2010：41.

色盲是一种先天性色觉障碍，它不能分辨自然光谱中的某些颜色。解决色盲问题的方法有三个。一是对图表中的重要信息元素进行“双重强调”。对呈现数据信息的图形和数字文字进行强化处理，如加粗、放大或降低明度。二是调整色彩明度上的差异。平常说的色盲一般就是指红绿色盲，红绿色弱也较多见，患者对红、绿色感受力差，因为这两种颜色在色环中处于相对的位置，在明度上非常接近。深红与淡绿、深红与粉绿、墨绿与浅红等存在一个共同的特征——明度差，所以，可以通过调整色彩明度上的差异来帮助色盲、色弱者辨别颜色。三是对可视化中的数字、文字采用背景反衬的手法。一般情况下，黑色可以提供较强的对比度，浅背景黑字体，或深背景浅字体，都有助于提高辨识度。

四、数据可视化中的图例与图标

图例是集中在图表上的各种符号和颜色所代表内容与指标的说明，有助于更好地认识、理解图表。图例在绘图时是表示图表内容的准绳，在读图时是必不可少的阅读指南。图例有助于组织图表的内容，适用于读者仔细阅读图表，进而获得补充性信息。但是，图表的图例会让读者费两倍的力气来读懂图表，因为读者必须得前后对照地看图表与颜色示例，才能看懂一组组数据代表的含义。这样，眼睛会很累。作为清理图表的一部分，设计师应该尝试尽量减少读者的视线移动，以方便读者理解信息图的内容。[①]

图标指的是以动物、人物、植物、器物、建筑及自然景观等视觉元素，进行以写实为主的造型表现，是用具象思维设计制作的小图形，一目了然地指代某类事物，排列多个相同的具象标志使其具有数量意义。图标更直

---

① KRUM R. 可视化沟通：用信息图表设计让数据说话［M］. 唐沁，周优游，张璐露，译. 北京：电子工业出版社，2014：265.

观，往往比抽象类图形、字符类图形传递的信息更直接、更生动，也容易获得受众的理解。尽管图标直观、形象，在视觉吸引力上有较强的优势，但是，在呈现大容量数据方面却不如条柱图、折线图有效，图标仅限于传达较少的信息。另外，也不能以艺术的标准来要求具象标志，过多的细节也会分散读者的注意力。图标设计要尽可能简单，即使在大量使用的情况下，依然能够清晰易辨。其所代表的数值的增量单位也应该是大家所熟悉的，如 2、5、10、50、100 等。在排列时，最好是以 5、10 为单位，使读者一眼就能数出来。当图标使用数量较多时，附加对数值的标注，可以省去读者数数的麻烦。另外，在呈现同一事物的不同变量时，对具象标志进行变形处理可能会让读者产生疑惑。最好的方法是用同一具象标志的不同明暗效果来呈现变量，这种设计方法有助于读者把注意力集中在对比数据上。有时图表编辑为了表示数量的增大或缩减，会毫无根据地放大或拉长具象标志，这种以具象标志面积或高度的变化来呈现数量性信息的方法不科学，因为，人们的视觉对不规则图形的变化很难做出准确的判断。①

五、数据图表的版式设计

图表是数据可视化中应用比较多的呈现方式。为了使其看起来合乎规范，在给定的空间内，人们根据所要表达的主题和视觉要求，运用图形元素和设计规则，将数字、文字、图形、图片、色彩等视觉符号有机地组织起来，形成一个完整的画面。版式设计的核心问题是如何在一个平面中处理好高、宽、深之间的关系，以突出主题，增强艺术效果。图表的版式设计需要依据数据体量的大小来“量体裁衣”，但基本原则是均衡、对称、对比。设计图表的版式需要注意以下几点。

---

① WONG D M. The wall street journal: guide to information graphics [M]. NY: W. W. Norton&Company, 2010: 86 - 88.

（一）依据内容排列组合

信息量少但内容重要的图表，常常以主题图案为轴心，其他要素环顾四周形成向心力。信息量多的图表往往以各要素为主体，根据内容间的逻辑关系均匀分布。版面自然分割是实现构图均衡的方式之一。有时候还可以采用“品”字形构图，内容主次分明，图形与信息相得益彰。有饼图、有柱状图，各自独立又相互关联。还有些图表可以采用左右或左中右的水平布局方式，尊重人们从左至右的阅读习惯，其信息点之间要么是并列关系，要么是总分关系。

（二）灵活运用对称版式

采用对称版式的题材往往是有关双方的斗争、竞争、竞赛，或者事物在不同发展阶段的状况对比等，这种版式的优势是逻辑关系清晰明了，设计制作时省时省力；不足是过于平稳，缺乏变化。采用这种构图的图表往往有着明显的表格痕迹，所选用的图形也处于对称的位置。

（三）利用优先率引导阅读顺序

优先率指的是图表中各部分内容所占的尺寸比例。当媒体希望受众注意到某些内容，并遵循一定的读图顺序时，可以通过调整图像或文字的大小来引导受众。一般情况下，可以通过调整图形的大小，营造反“6”字形视线流，这种构图增强了版面的新颖性和变动感。有时也可以通过在页面中加入引导读者视线移动的元素，从而对视线流向进行预设。通过设置小图形，引导读者的视线按照“Z”字形移动。

（四）利用段组分割增强易读性

段组的作用就是保证图表易读、易懂。把关系密切的信息放在一起，并采用同一色彩作为标识，较容易和其他信息相区别。从版式布局来看，段组有时容易和对称结构混合使用。

（五）合理使用留白

犹如中国画讲究阴与阳、明与暗的平衡，图表构图需要考虑留白，像报纸版面一样，需要呼吸感，不能太拥挤，不要把每个空间都放上视觉元素，要通过留白给受众以视觉的缓冲，这样在视觉效果上才能更具有吸引力。在图表中留白的最简便方法是删除仅用于装饰的图形，或者缩小一些图形的尺寸，并不是所有的图形都要大小一致。当然，物极必反，过度留白也会降低信息图表的影响力，当受众看到大片的空白会认为这一部分不重要。

数据可视化有时过于强调视觉效果，经常采用图形的特效，其结果就是过度装饰。适可而止、懂得取舍和注意避让，以最简单的方式来呈现信息，站在艺术性和信息量的角度来制图才是实现最佳传播效果的捷径。

第四章　我国不同类型媒体的数据可视化

人对信息的获知能力不仅取决于逻辑思维，还取决于形象思维。数据可视化就是利用形象思维的表达形式，通过激发人们对图形快速识别和空间想象的能力，减少认知负载，吸引、帮助受众获悉数据之间的关系和规律，这也是近些年数据可视化在报纸、电视、网站及各类社交媒体被广泛应用的根本原因。

第一节　报纸媒体的数据可视化

在国内外的新闻传播发展史上，报纸使用数据图表（饼图、柱状图、折线图及表格等）来报道新闻由来已久，但是从数据体量来说，这些可视化作品多是依据小数据制作的。从发挥的作用来看，其只是作为文字报道的附属品，在报纸版面上充当的是配角。这种情形导致的后果是，如果脱离了文字叙述，读者无法从数据中理解新闻的纵深意义，无法揭示事物的发展趋势。此时的数据图表尚不能与当前的数据可视化相匹敌。

一、受众阅读境况的变化与报纸传播的特征

2017 年 4 月 18 日，中国新闻出版研究院发布的第十四次全国国民阅读调查成果显示：2016 年成年国民的数字化阅读（网络在线阅读、手机阅读、电子阅读器阅读、Pad 阅读等）方式的接触率为 68.2%，较 2015 年的 64.0%上升了 4.2 个百分点；报纸阅读率为 39.7%，比 2015 年的 45.7%下

降了 6 个百分点（如图 4－1 所示）。①

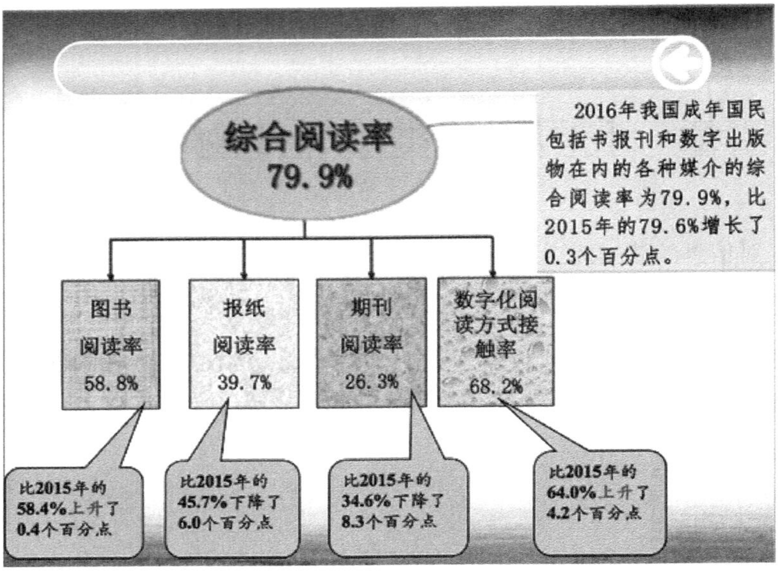

图 4－1　2016 年我国成年国民各媒介综合阅读率

移动互联网的飞速发展催生了各种社交媒体和阅读 APP，借助智能手机的屏幕，各种热点新闻被推送至受众的眼前，新鲜、便捷增加了受众对移动阅读的依赖性。可以说，新媒体在不断满足受众阅读需求的同时，也在改变、培育着公众的阅读习惯。阅读渠道的增多让受众有了更多的选择，报纸等纸媒由于其固有特性正在远离受众的注意力。

（一）碎片化成为阅读常态

一方面受众获取信息的时间相对短缺，另一方面移动互联网的发展推动"微媒体"（微信、微博、微视）成为人们获取信息的重要渠道。而这些"微媒体"在传播信息时的共同特点是内容的碎片化，篇幅较长的内容往往

① 第十四次全国国民阅读调查报告出炉：2016 年人均阅读 7.86 本书［EB/OL］.（2017－04－18）［2017－09－20］. http：//book. sina. com. cn/news/whxw/2017－04－18/doc-ifyeimqy2574493. shtml.

被拆散为只言片语或短内容，这种传播方式的优点在于阅读耗时短，受众在较短的时间内就能够快速获取信息。这种“微内容”传播与受众的阅读习惯相互影响，使得碎片化阅读越来越普遍。

（二）超文本阅读削弱了受众的思考力

超文本是用超链接的方法，将各种不同空间的文字信息组织在一起的网状文本。现时的超文本普遍以电子文档的方式存在，其中的文字可以链接到其他位置或者文档，允许从当前阅读位置直接切换到超文本链接所指向的位置。[①] 超文本的优点是使受众摆脱了线性文本的控制，可以任意在某个地方停下来，实现阅读内容的“跳转”，而进入另一个文本。但是，这种阅读行为的可选择性和自主性促使人们在阅读时会循着自己的兴趣与好奇心，从一个页面跳转至另一个页面，从而远离阅读的初衷，伴随着阅读的思考同样难以持久和深入。

（三）传播内容的可视化趋势

数字化阅读是建立在多媒体（multimedia）信息传播基础上的，一般包括文本、声音和图像等多种传播符号。认知心理学研究表明，人们在阅读文字和观察图形时所消耗的人脑机能是不同的：文字是抽象符号，处理时需要更多的思维能量；图形则直观形象，处理时需要的思维能量较少。从视觉设计的角度来看，尽管字体字号以及版式编排的不同，可以提高文字的辨识度，但与图形相比，文字仍然是识别感较弱的传播符号，因此，受众则更倾向于从图形中获取信息。

总之，为了提升报纸的传播活力，仅凭文字报道的深度是不够的，还要兼顾受众不断变化的阅读习惯，借助图形符号来对传递的内容进行强化

---

① 此处关于“超文本”的定义，来自百度百科（http：//baike. baidu. com/link? url＝KH-wLs-qJSwT-HW30BGT-qeUFGA2MVl9EEhDsxnYg _ yp5zTb7VoJOjzUuVelo9cWt9KPv BWdkvy-Hm- QapU2I2ChXLnxbwD0wHSsPRVfhX _ O2- ryVOn6YAE _ no1TIDAxrM）。

与补充。为此，图形化、可视化等版面设计理念的转型，成为应对新媒体冲击的对策。目前，报纸上刊载新闻信息主要应用的是文字语言符号和图形符号，图形符号主要包括照片、插图、图示表、标识（LOGO）等视觉元素，色彩也在其中发挥着较大作用。因此，可视化的理念和技术正逐渐深入报纸的生产环节，并延展到报纸在互联网上的衍生产品中。

二、数据新闻在我国报纸媒体上的实践

（一）选题类型的分布与呈现特点

目前，作为传统媒体的都市报尽管也处于受众流失、利润跳崖的境地，但在发展路径上依然在积极探索。相对于其他类型的纸媒，都市报能够较快地适应市场机制，在数据新闻兴起的大潮中，试图以数据可视化为转型的契机，走在各类报纸的前列，比较突出的有《新京报》、《南方都市报》和《华商报》等。虽然各级党报在数据可视化的应用上目前尚无大的动作，但其新闻资源丰富、采编流程规范，特别是具有政策和人才优势，为数据可视化提供了较大潜力和发展空间。从地域分布看，报纸的数据可视化实践程度有些像国内房价，京沪广等一线城市的报纸在数据可视化的使用率、成熟度等方面要远高于其他城市，地域发展的水平与地方经济水平、媒体发展程度、媒体创新意识等呈现正相关关系。

报纸在数据可视化的实践上存在各种局限，根据其数据新闻的生产模式和呈现状况，可以大致划分为两种类型。第一类，以专版或固定栏目作为呈现主体。自 2010 年《辽沈晚报》开辟《表述新闻》专版，大力倡导用可视化方式传播新闻信息以来，不少纸媒开辟专版刊载数据可视化新闻，如《钱江晚报》的《图视绘》、《新京报》的《新图纸》、《南方都市报》的《数说》等。这些纸媒发挥美编优势，在应用统计图表、三维仿真图的基础上，设置专版作为数据可视化的试验田。一般而言，这些数据可视化专版的刊载频率较为稳定，选题方面除了时政话题外，侧重生活服务类。采用

专版来刊发数据可视化产品，有助于保证制作的高品质和运作的独立性，这也是纸媒应对受众阅读模式转变的一种创新举措。第二类，以重要议题为表现主体。一些媒体从自身实际考虑没有设置专版来定期刊发数据可视化产品，但是，在一些重大事项上也同样采用了这种新颖的新闻传播方式。比如在世界杯、奥运会等重大体育赛事、重大突发事件、重大建设成就，以及全国两会、党代会等报道中，一些纸媒也采用了数据可视化的传播方式，顺应了可视化和浅阅读的趋势。

初步统计发现，大多数纸媒的数据可视化呈现出两个特点。

一是数据图表成为最常用的可视化呈现方式。“数据图表”也称“信息图表”，具体说就是“图形＋数据”，利用图形的寓意，色彩的深浅，以及图形的长短、大小等来代表数值。这种可视化形式是报纸常用的，国内也有学者称之为“文本解释性数据图表”，是将数值、文本和图形等信息图像化的一种呈现方式，其传播价值在于图解重点、整合信息、梳理变化与揭示关联。① 根据加拿大心理学家阿伦·佩维奥提出的双重编码理论（dual coding theory），人的认知系统是由两套编码组成的，分别为语言编码（verbal code）和非语言编码（nonverbal code）。图文信息分别对应着非语言和语言编码系统。当图文同步时，两个系统之间的联合式过程以及两个系统之间的参照式过程得以被同时激发，从而高效率地实现双编码系统的互动。② 诉诸不同感官的信息在同步处理时并不是相互竞争认知资源的关系，而是互为线索、互为支持的关系。③ 数据可视化中的“图形＋数据”的双重编码模式相互激发，有助于吸引受众的注意力，缩短受众的信息解码

① 张艳．论数据新闻的图像表意与审美转向［J］．编辑之友，2015（3）：85－88.

② 闫岩．双重编码理论及其传播学应用［J］．国际新闻界，2013（10）：43－52.

③ BAGGETT P，EHRENFEUCHT A. Encoding and retaining information in the visuals and verbals of an educational movie［J］. Educational Communication and Technology Journal，1983，31（1）：23－32.

时间，提高受众的认知水平。不过，“图形＋数据”的可视化模式虽图形元素丰富、表现形式美观，但由于载体属性的限制，仍很难摆脱传统信息图表的静态、单向叙事的束缚。随着传播技术的发展，纸媒势必会采用“报纸静态可视化传播＋网络动态可视化传播”的融合传播方式。

二是强调信息的全面整合。目前，文字依然是纸媒传播信息的主要符号，面对有限的报纸版面空间，如何在单位面积内高效率地传达新闻信息成为关键。因此，全面整合信息成为报纸数据可视化的生产原则。这里的“整合”主要指的是内容和形式两个方面，因为，过于杂乱的信息，势必增加内容的理解难度，降低受众的阅读兴趣。尽管被纳入可视化的信息都是精挑细选的，但这并不能说明它们同等重要。传播者要区分、确定信息、数据的重要级别，这样才能把重要的位置留给重要的信息，把次要的位置留给不重要的信息。总之，数据可视化通过文字、数字、图形、色彩等多种符号所重构的新闻叙事逻辑，有助于全面整合新闻信息，帮助受众更高效地阅读新闻。

（二）数据可视化推动了报道理念的转变

梳理近年报纸刊发的数据可视化报道发现，可视化方式的应用增强了传统媒体服务公众的意识，并且有效地打破了精英阶层对话语权的垄断，使新闻报道更为客观，同时，可视化呈现也大大提升了新闻内容的趣味性。

首先，数据可视化突出数据服务公共利益的报道宗旨。目前从事数据可视化实践的报纸多为都市报，选题范围从时政到民生，并聚焦本地新闻，议题呈现出多元化、多样化、人性化等特点。这反映出媒体在新闻价值取向上的接近性原则，不仅从地理和心理上拓宽了受众覆盖面，而且密切关注民众的切身利益，通过挖掘数据内容，帮助受众探寻个人与社会之间的联系，在提升受众阅读兴趣的同时，实现数据服务公共利益的宗旨。2014年11月3日，《南方都市报》的《数读》版刊登了采用数据可视化的方式制作的《珠海街区“安危录”：越是中心越难平安》（如彩色插图4－2所示）。

官方机构（珠海市平安办）发布的珠海平安指数，列举了珠海市 24 个街区的交通状况、治安情况，使用红橙黄蓝四种颜色进行数据对比，红色代表预警，蓝色则表示状况良好。通过数据对比发现，由于人口流动量大、交通状况复杂，珠海市中心及周边地区的安全状况居然达到严重预警水平，而人口较少的地区反而治安较好。媒体深入分析了人口流动性、人口密度、消防、交通等因素与安全状况之间的关系，并提醒受众不要疏于防范。

其次，打破精英话语的垄断，强化新闻的客观性。在传统新闻生产中，由于媒体采集信息的能力有限，不少事件中本是新闻人物的普通民众，其身影和声音是否在新闻中得到报道，在很大程度上取决于记者能否找到有影响力的政府官员或利益集团来传达公众的声音。[①] 相对而言，在大数据时代，大数据技术使得全样本的获取和分析有望实现，“沉默的大多数”的声音有机会被倾听、被分析。数据可视化的生产在新闻源上不再依赖社会精英，而是转向来自普通民众的庞大数据。可以说，数据可视化生产的信息采集环节，不仅能够突破传统的固定采集途径，甚至能够挖掘出精英分子刻意隐瞒或者不知的线索。更重要的是，以数据为主体的新闻报道强化了新闻的客观性，真正尊重了受众的知情权。

最后，采用可视化呈现提升新闻的趣味性日益重要。新闻价值的趣味性主要体现在受众普遍感兴趣的、有趣味的新闻事实本身和生动形象、引人入胜的表达方式上。数据可视化通过对海量数据的挖掘、分析来发现独特的报道选题，实现个体故事与宏观视野的交融，激发受众的阅读兴趣，并在社会动态发展中不断更新内容，保持故事与受众间的黏合度。可视化的呈现手法赋予了新闻传播新的生机。数据可视化的技术，可以通过图像在逻辑思维的基础上进一步激发人的形象思维和空间想象能力，吸引、帮

---

① 兰斯·班尼特．新闻：政治的幻象［M］．5 版．杨晓红，王家全，译．北京：当代中国出版社，2005：4.

助用户洞察数据之间隐藏的关系和规律。[①] 数据可视化的存在意义就在于让人们更为简单地理解数据及数据背后的深层价值。在实践中，能否揭示出重要的现象或问题，从单个事件凸显全局的重要性；能否将复杂的事件简单化，帮助受众理解问题；能否提升与受众的接近性，帮助受众认识到整体事件与个体故事间的相关性，正在成为新闻生产的价值标准。

虽然数据可视化推动了报道理念的某些转变，但是，我们也必须看到，图像表意的"直击目存"拉近了主体与对象之间的心理距离，消弭了审美想象中介，终止了符号所指到能指的思维过程，使感官接受变得简单快捷，但却让受众失去了品味文字表意那种隽永的韵味，解构了语言特性的体验化魅力，因为从审美功能上看，文字表意的内视性、想象性和彼岸性诗意体验是图像难以达到的。不过，图像表意并非意味着肤浅，读图亦非就是排斥理性和深度，倒有可能是人类的感知天性。[②]

（三）可视化突出内容的专题性

新闻生产的专题性主要体现为对具有典型意义和较高新闻价值的新闻人物、事件、问题、社会现象等，进行调查分析，深入系统而又生动地反映其发生发展和结果及影响的全过程，进而揭示主题的深刻意义。[③] 从内容上看，国内报纸的数据可视化产品就属于专题性报道，并且多集中于社会的热点事件或重大突发事件，包括两会报道、市政建设、民生话题和时政等，这些选题有利于发挥数据可视化的传播优势，提升新闻的报道价值。

在确定选题后，做数据可视化产品还要收集、处理数据，再加上较长的出版周期，报纸的数据可视化实践在初期较少与热点突发事件同步报道。如今，随着大数据技术的日渐成熟，特别是自有数据库的建设，报纸有了

---

① 涂子沛．大数据：正在到来的数据革命［M］．桂林：广西师范大学出版社，2015：102.

② 欧阳友权．新媒体的技术审美与视觉消费［J］．中州学刊，2013（2）：159.

③ 此处关于"专题报道"的定义，来自百度百科（https：//baike. baidu. com/item/%E4%B8%93%E9%A2%98%E6%8A%A5%E9%81%93）。

适合做专题报道（迅速收集即时信息、背景信息、相关信息）的条件。从2015年8月的天津滨海特大爆炸到2017年6月留美学生章莹颖的案件，报纸也在努力满足受众即时信息的需求。比如，赴美留学的中国女生章莹颖6月9日失踪后不见踪影，这让人想起近年来频频曝光的留学生在海外遭遇不幸的事件。《新京报》不仅在2017年6月14日第10版对章莹颖失踪事件进行了整版报道，而且在15日进行了持续关注，在焦点版刊发了《FBI介入调查中国留学生失踪案》（如图4-3所示），在版面之间配置了《近来被媒体关注的留学生安全事件》的信息图表，不仅回顾了2016年1月以来的留学生安全事件，而且将留学生安全事件放置在2012年以来的我国公民海外

焦点 A11

FBI介入调查中国留学生失踪案

警方已将嫌疑车辆信息处理并缩小搜索范围，家属正在办理赴美手续，事发校园曾发生枪击事件

焦点

校园内曾出现枪击案

FBI介入或因涉及刑事案件

“不上陌生人的车”

图4-3　《新京报》在章莹颖案报道中的可视化产品

领事保护和协助案件的大环境下进行比照。该报的电子版也同步推出新媒体产品《海外安全事件翻番，留学生如何保护自己?》，从家长和留学生本人的视角进行了数据可视化的呈现。

三、我国报纸数据可视化的发展策略

随着传播方式多媒体化趋势的增强，报纸的数据可视化产品显露出一些明显的缺陷。一是传播符号较少，缺乏趣味性。即使视觉设计再有创意，与多媒体的表达方式相比，也难以摆脱枯燥和平淡的劣势。二是缺乏传受互动，影响传播效果的提升。刊发于纸媒的可视化产品难以调动视觉之外的感官，导致受众参与的积极性较弱，进而影响了认知和兴趣度。那么，报纸在可视化上如何破解难题呢？笔者认为可以从四个方面入手。

（一）精编版面吸引受众

报纸上刊发的数据可视化产品，从语言符号的角度可以看作是一种较为复杂的图形语言，它和其他版面元素构成一个完整的版面，并共同承担版面语言的功能。数据可视化与传统编排方式的有机融合，不仅成为报纸版面设计的新课题，也成为报纸视觉设计的创新点和吸引受众的有效手段。在报纸版面上，可视化产品也是一种图形信息的呈现方式，其最大的优势是在一瞥之间抓住受众的注意力，因为受众在阅读报纸时，首先进行的是一种扫视，是在选择即将被阅读的文章，而此时若想使受众的眼光停在某处，并促使其进行解读（深阅读），关键要在版面上营造视觉的刺激物，在这方面，以色彩、图形见长的可视化产品具有得天独厚的优势。

（二）精选话题留住受众

吸引受众的注意力只是良好的开端，而要实现传播效果，还需要促使受众接受媒体意欲传播的信息，此时，选题的提炼以及内容制作则发挥着根本性作用。党报、都市报都有着丰富的数据来源和专业的新闻人才，“深耕”选题，在挖掘资源中实现原创，用敏锐的洞察力发现受众关心的话题，帮助受众从普遍问题中找到与个体的关联，从内容层面满足受众的信息需求十分重要。精心设计选题时，考虑的不仅要有受众欲知而未知的内容，还要顾及媒体的传播意愿，同时，要遵循形式服从功能的原则，选择理想的可视化呈现手法，为精选话题“锦上添花”，从而留住受众。

（三）引导读者触网，增强阅读黏性

我国有的媒体采取纸质版和网络版相互补充，共同传播新闻信息的有效形式，一方面扩大了报纸数据新闻的传播效果和影响力，另一方面与受众形成互动，体现了多媒体融合发展的良好态势。比如，在2016年两会期间，《人民日报》在纸质版上充分利用数据图表，结合传统美学艺术，尽展版面的魅力。在人民网上同步推出《两会特刊全息图》与之呼应，首页简单明了，导航栏分类明确：热点话题、代表委员说、省份扫描以及电子报刊的交互性在网络上得到充分体现。在热点话题分栏中，两会期间每一天的热点话题都由气泡图来呈现，气泡的大小代表话题的不同热度，当受众对某个话题感兴趣时，点击该话题气泡后就会链接到《人民日报》上的相关报道。可以说是一个题材多个形态，充分利用资源的理想方式。

（四）主动与大数据公司合作

术业有专攻，大数据的采集和挖掘是大数据公司所擅长的业务范畴。因此，对媒体而言，积极主动地与大数据公司合作可谓势在必行。一方面可以围绕社交网络上的热点话题，进行分析、排序，为选题决策做参考，增强选题的针对性、及时性；另一方面，直接使用数据公司提供的数据，可以增强媒体对社会现象的认识，提高新闻报道的深度和客观性。当然，媒体也会欢迎一些大数据公司自己主动地挖掘热点事件，把可视化产品发布在专业媒体上。如2014年10月25日，嘉兴的一对空巢老人被发现在家离世。数据公司“知微”数据实验室通过分析2014年10月28日0点至30日上午9点，微博上有关“空巢老人离世”话题的讨论内容发现，在28日20点到达第一个讨论峰值，观点集中在对悲剧的惋惜与悲伤，29日11点到达第二个峰值，开始集中反思悲剧产生的原因。同时，数据实验室还对参与者（转发、评论微博者）进行了属性分析，并将网友提出的建议和感受进行了总结，以《父母在，远游否?》为题，刊发在 10 月 31 日的《浙江日报》上（如图 4－4 所示）。

浙江日报
人文
CULTURE 13–16
ZHEJIANG DAILY

我国载人航天专家解密太空生活

飞天路，多不易

众里寻他千百度

干锤万凿出深山

衣食住行皆不同

新闻回放

太空中的中国味道

父母在，远游否？

第二届乌镇戏剧节开幕

水乡处处皆舞台

当代艺术有话说

图 4－4　右上为《浙江日报》刊发的可视化产品《父母在，远游否?》，由“知微”数据实验室制作

处于转型、融合探索阶段的报纸在数据挖掘、可视化处理等方面存在着技术难题，但是，作为媒体转型、报道创新的一个契机，许多报纸仍在努力探索。目前，传统媒体在数据新闻可视化生产中的优势在于何处，基本达成共识，那就是资源，以及与政府、知情者、受访者打交道的能力，对社会、城市、人际关系的观察能力等。更重要的是，在对资源的利用中实现原创，而不是搬运。[①] 总之，在充满机遇和挑战的媒介生态环境中，报纸同样需要掌握大数据技术，以实现可视化形式的创新，丰富传播渠道，使数据可视化成为媒体转型的“润滑剂”。

第二节　电视媒体的数据可视化

视频网站的出现为受众提供了更多的选择机会，电视的传统图像传播方式受到了挑战，而数据新闻的兴起，使得电视以现场画面为主要载体的表达方式有所改善，进一步实现了电视新闻表达的多样性，也提升了电视新闻报道的价值和传播效果。

一、电视媒体数据可视化的实践特点

由于传播渠道的限制，电视媒体的数据可视化实践虽然不能实现及时更新、传受交互和移动传播，但是，与以往以声画为主要形式的电视报道相比，电视媒体的数据可视化实践表现出一些较为鲜明的特点和优势。

（一）开发数据资源，强化内容的纵深性

真实与真相是新闻行业追求的目标和准则，但是，信息采集的不完全性，限制了报道者制作和传播新闻信息的完整性、客观性，造成了“有限

---

① 邹莹．可视化数据新闻如何由“作品”变“产品”？——《南方都市报》数据新闻工作室操作思路［J］．中国记者，2015（1）：93.

的新闻窗”，进而影响了受众对世界的认知。大数据时代的到来增加了新闻信息的来源，大数据技术帮助媒体和记者能够采集到更广泛的数据信息，其结果不仅仅是扩大了报道素材的范围，更重要的是，这些数据信息经过有效的挖掘、分析，弥补了传统新闻采集方式和宏观描述等方面的不足，使得新闻报道更接近于事物的真实原貌。央视等电视媒体的数据可视化产品，基本上是和大数据专业公司合作的产物。借助大数据技术，电视媒体可以获取关于报道客体的纵向与横向的信息，并且在信息类型上实现多元化，即获取报道客体的图片、声音、关系、空间位置乃至情感等多维信息。所谓的纵深性是指对一个问题的深入了解和挖掘。通过大数据的分析技术，对人、事、物有更加全面、深入、客观的认识，为深度揭示事物的发展规律、预测事物的发展趋势打下良好基础。从理论上讲，数据新闻有助于缩短现实环境和拟态环境之间的差距，使人们对社会的认知更接近于社会的真实状态。选取具有代表性、典型性的个案来以点带面、以小见大，加上对某些场景的描述，反映社会现状或公众的意见态度等，是电视新闻的常用手法。而如今，分析近乎全样本的大数据，不仅使电视媒体的报道视野更广阔，而且使所反映的事实更全面、更精准，得出的结论也更客观。

（二）把声画优势融入可视化产品，增加观赏性

在当前的移动互联网时代，三微（微博、微信、微视频）一端（移动端）已经成为发布新闻的重要平台和受众获取信息的主要渠道，但是，因其发布的内容碎片化，加之一些“微媒体”难以保证其所发布的新闻的真实性，这就给传统媒体，包括电视，留下了生存发展的空间和机会。电视媒体融合了文字、声音、画面等多种信息符号，可以对事实做多层次、多角度的客观报道，这种立体式传播有助于保持新闻素材的原始形态，发挥电视媒体在声音、画面上的优势。从《据说春运》《数说两会》到《数说命运共同体》等数据新闻节目，电视媒体的数据可视化充分利用了视听结合的优势，在单位时间内使信息传播的容量最大化。除了采用数据可视化常用的静态、动态的信息图表、Flash 动画外，为了丰富报道形式，让新闻信息更加形象化，使画面充满视觉美感，作为艺术创作与科技手段相结合的电视制作，把数据图表与画面进行了有机结合。比如央视在《数说命运共同体》中将航运贸易、能源交换、商品流通、基建工程等抽象数据转化为《全球航运 GPS 路线图》《挖掘机热力分布图》《茶叶的迁徙》等直观图像，将数据与气势磅礴的画面融为一体，极大地提升了数据可视化的传播效果。此外，电视画面所建构的现场感，消除了时空距离，让受众身临其境、耳闻其声，不仅有助于消减内容理解上的复杂性和难度，更有助于提升数据新闻节目的吸引力。数据可视化使电视节目富有科技感和时代感，从而增强了电视新闻的观赏性。

（三）突出内容的趣味性、主持人的亲和力

富于趣味的信息，能激发人的愉悦心理，而人越是处于愉悦的心理状态，人的大脑皮层就越清醒，从而对外界的感觉就越清晰，因而，反过来促进了人们对外界刺激物的注意。[①]“趣味性”是重要的新闻价值要素之一，在注意力经济盛行的时代，“趣味性”的商业价值日益凸显。目前，电视的开机率、电视新闻的收视率都处于急剧下滑阶段，陈旧的传播形式、枯燥乏味的内容无法抓住观众的眼睛和留住观众的心。虽然节目中专业性强的统计数据并不能提升内容的趣味性，但是，通过应用视听元素，以及视频的非线性编辑特点来包装数据新闻节目，特别是节目主持人将各种信息组合和串联在一起，与受众形成虚拟互动，能够加深受众的认知度。在央视的数据可视化新闻节目中，我们发现，主持人根据报道内容，采用“说新闻”的方式，运用口语化元素以及平民化、接地气的词语，营造出来的轻松愉快的交流氛围，不仅使新闻信息能够顺畅地传达到受众，而且增强了可视化节目的亲和力。另外，主持人在演播室中，一方面与动态图像互动

---

① 王勤平．形成电视专题节目趣味性的手段［J］．现代传播，1986（1）：88.

配合，解释原因、挖掘意义、总结规律和预测态势，在海量数据之间起到承上启下的作用；另一方面，主持人连线现场记者，把演播室画面过渡到现场画面，起到互动串联的作用。①

二、电视媒体数据可视化的发展与创新

数据可视化在电视新闻报道中的应用，拓展了传统媒体的发展空间。尽管互联网是公认的数据可视化呈现效果最好的媒体，但是，其他媒体也有其擅长的数据可视化呈现方式。梳理央视的数据可视化节目，发现电视媒体主要采用以下四种独特的创新方式。②

（一）数据观察员解疑释惑

“数据观察员”是央视《晚间新闻》在数据可视化节目中最先启用的概念，他（她）的主要任务是对节目中出现的大数据信息进行解读，帮助观众理解数据所反映的问题。在播发数据可视化节目时，无论是背景大屏幕上的动图，还是利用虚拟技术搭建的场景，如果缺少主持人的现场解说，不仅其内容难以被受众理解，而且节目的形式也会显得枯燥乏味。实际上，“数据观察员”就是这档节目的主持人，作为数据可视化在电视媒体的一种特殊呈现方式，“数据观察员”的独特风格、个人魅力，赋予了数据新闻节目新的吸引力。比如大家熟悉的欧阳夏丹就多次在央视的数据新闻节目中担当主持人，她在语言表述上更接近老百姓的表达方式，强化亲民色彩，拉近了与受众的距离。为了配合其播报，栏目组还制作了许多辅助性细节，如在播报中让欧阳夏丹与卡通动画人物打招呼、抓取虚拟物品、从屏幕中拉出数据图表以及用手指点破带有疑问号的气泡等。这些细微环节牵引着

---

① 李慧芳．电视数据新闻的可视化表达：以央视财经 2016 双十一特别报道为例［J］．新闻世界，2017（1）：71.

② 以下创新方式参考借鉴了易宇凤《中央电视台数据新闻研究》中的部分论述和案例。

受众的视线和思维，在轻松愉悦的状态下掌握了新闻的内涵。当然，是否需要“数据观察员”还要根据节目的定位和内容来做出判断。

（二）借助数据地图展示时空变化

数据地图就是将大量数据信息与地理信息结合的可视化方式，适用于呈现涉及交通、环境和地理定位等空间变化的数据，它比单纯使用数据或者文字报道更为明确和直观，能够增强报道的空间感，并且可以同时表现时空的变化。在央视数据新闻报道《据说春运》中，数据地图一经亮相即获得好评，在之后的《据说》或《数说》的可视化系列产品中，百度 LBS 地图和百度预测图成为产品的标配，从而有效地改变了以往地图应用于新闻报道中的呆板形象。痕迹线的明暗、粗细，加上流动感，动态十足的画面给人以强烈的视觉冲击力，帮助受众更直观、更全面地了解人口流动的情况。数据地图的功能不仅在于形象地呈现数据所蕴含的意义，而且也可以展示即将发生的事态。2014 年 4 月初，央视在晚间新闻节目中推出了《据说清明・盘点小长假》，该数据可视化报道借用百度预测系统，通过景区天气、日常旅客量、淡旺季以及景区内大事件，分析预测清明小长假期间国内各景区的游览人数、拥挤度和舒适度。该报道预测山东的泰山将成为最拥挤的旅游景点，后来的实际情况也验证了预测结果的正确性。

（三）搭建虚拟场景，增强叙事的生动性

所谓虚拟场景，实际上也就是虚构一个人文环境。随着虚拟网络技术的发展，虚拟场景也指计算机通过数字通信技术勾勒出的数字化场景。[①] 在报道中一时难以找到现实场景的情况下，可以借助技术搭建虚拟场景来辅助新闻报道。根据目前央视的数据可视化实践情况，主要有三种虚拟场景的应用方式。一是应用数字技术绘制静态场景以及与报道主题密切相关的

---

① 此处关于“虚拟场景”的定义，来自百度百科（https：//baike.baidu.com/item/%E8%99%9A%E6%8B%9F%E5%9C%BA%E6%99%AF/5557447? fr=aladdin）。

静态画面，有时是卡通式图画，来配合、辅助数据可视化报道。二是应用卡通动画生动地展现出节目要传达的数据信息。2014 年两会期间，央视在《两会大数据》的《百姓心愿单 政府施政单》节目中，主持人欧阳夏丹在提到 45 岁以上人群最关心食品安全时，屏幕上马上出现了一群正在餐桌旁吃饭聊天的卡通人物，主持人还能坐在餐桌旁与卡通人物们聊天，甚至还为他们上了一盘菜（如图 4 - 5 所示）。这种报道模式新颖、别致，是其他媒体所不具备的，因而更能吸引受众。三是应用虚拟衔接技术。央视《数字两会》节目中有一期《国家忙碌这一年 百姓怎么看?》，在谈到“反腐倡廉”话题时，除了挖掘、分析、可视化相关数据之外，在画面上，“反腐倡廉”四字如泰山压顶，坚固的笼子里囚禁一只“老虎”，还飞来一些“苍蝇”，主持人边拍苍蝇边讲“拍苍蝇也绝不能含糊”，苍蝇应声而落，给受众带来了全新的视觉体验。虚拟空间以及数据可视化技术使得枯燥乏味的政策解读变得生动活泼。

图 4 - 5 央视在《两会大数据》中应用卡通动画辅助大数据报道

（四）创造性地应用坐标图、气泡图，凸显数据关系

坐标图是最常用的一种可视化方法，通常以 X 轴为横轴，代表时间，Y 轴为纵轴，代表某种事物的数量，由分布在坐标图上的不同的点连接所构成的曲线，代表随着时间的推移，数值的变化情况。央视积极创新，将传统的坐标图与报道主题相关的图形元素有机地结合起来，构成新颖、直观的新型坐标图。气泡图是散点图的变体，散点图基于 X 轴 Y 轴表述两维数据，而气泡的大小以及色彩，则可以表现更多维度的数据信息。央视在气泡图的应用上常常以数据地图为背景，使气泡图悬浮在地图上方，有时为了激发受众的好奇心，央视还故意设置悬念，将原本一目了然的数据以带有问号的气泡的形式展现。例如，2014 年 3 月初，央视在《两会大数据》的《两会脉搏 全球跳动》节目中，当欧阳夏丹问起：我们来看看最关注两会的国家到底是哪个？即刻有 10 个大大小小的透明气泡悬浮在一幅世界地图上，其中 9 个已经标上了名称，只有最大的气泡却标上了问号，这立刻引起了受众的好奇（如图 4－6 所示）。

图 4－6　气泡图与数据地图相结合设置悬念

三、电视媒体数据可视化的选题决策

确定选题是实施报道的第一步，使报道主体与报道对象之间的关系得以建立，也为报道方案的设计、报道方式的选择等确定了方向。可以说，选题的确定是报道者的价值观在新闻实践中的一种体现，是在尊重客观事实的基础上，媒体的传播意图与受众的信息需求相互作用的结果。

（一）选题范围广泛

一般而言，媒体在选题决策时往往考虑的是选题的新闻价值和社会影响力，锁定的往往是重大事件和普遍性的社会现象。但具体到数据可视化产品，就需要额外考虑其产品制作的独特之处，即大数据的应用。不仅要考虑此选题是否能够获得足够的数据支撑，还需考虑能否用数据表达得恰当、清楚和形象。从央视的数据新闻报道的实践案例看，数据新闻可视化的呈现多用于综合性强、地域范围广的报道，最关键的是能通过挖掘数据来使核心信息呈现得更清晰和直观。经过统计发现，央视的数据可视化产品主要集中在以下几类：时政类，如《据说两会》和《数字两会》等；财经类，如《据说 APEC》和《数说命运共同体》等；民生类，如《据说春运》、《据说就业》和《数说 3·15》等；社会类，如《据说过年》、《据说清明》和《据说睡眠》等。这些选题不仅有大体量的数据可供挖掘，并且也易于采用可视化的呈现方式（如表 4-1 所示）。

表 4-1　央视部分数据可视化产品统计表

播出时间	报道题目	播出期数	可视化方式	合作方
2014.1.25—29	据说春运	5	数据地图，静态统计图	百度
2014.2.1—6	据说春节	6	动态图，静态统计图	百度、微信
2014.3.3—13	据说两会	10	动态图，静态统计图	百度、新浪、360 搜索
2014.3.15	数说 3·15	1	动态图，静态统计图	百度
2014.3.21	据说睡眠	1	静态统计图	百度搜索，腾讯大数据

续前表

播出时间	报道题目	播出期数	可视化方式	合作方
2014.3.24	据说就业	1	Flash 动画	百度搜索，智联招聘
2014.4.4—7	据说清明	3	热力图	百度
2014.11.9—12	据说 APEC	4	数据地图，动态图表，Flash 动画	亿赞普
2015.2.11—18	据说过年	7	动态图，Flash 动画	百度，360
2015.3.3—15	数字两会	13	动态图，Flash 动画，虚拟场景	亿赞普、百度
2015.10.3—9	数说命运共同体	7	动态图，虚拟场景	国家统计局、海关总署等
2016.1.24—26	你不知道的春运	3	热力图，迁徙图，虚拟场景	腾讯大数据

资料来源：赵培．大数据背景下电视数据新闻发展策略研究［D］．济南：山东大学，2016：28.

从选题内容上看，很多数据可视化产品属于“旧题新解”，即采用新的叙事方式、新的视角扫视了往年常规报道的旧领域。这些选题不仅具有阶段性热度，而且从内容的贴近性、形式呈现的愉悦度两个方面来衡量，电视媒体的可视化产品更接地气，更易于被观众所关注和接受。

（二）选题新鲜、数据来源多元化

与门户网站的数据可视化产品相比，央视更注重产品的新闻时效性。这不仅体现了大数据的瞬息万变，也反映了人们对信息获取的时效要求与日俱增。无论是春运、春节还是两会，央视都有相应的数据可视化产品推出，就连《据说睡眠》也选在了 3 月 21 日——世界睡眠日。高度的时效性充分体现出电视媒体在数据可视化产品的生产上，不仅能够“慢工出细活”，也可以打好“短平快”。甚至在某些情况下，还可以实现同步直播。如 2016 年的“双十一”时，央视财经频道推出直播节目《聚焦“双十一”网购狂欢节》。在《京东：网购大数据》和《淘宝：网购大数据》两档节目中，动态图表以分秒实时显示最新数据（如图 4－7 所示），在可视化产品中把时新要素表现到了极致。

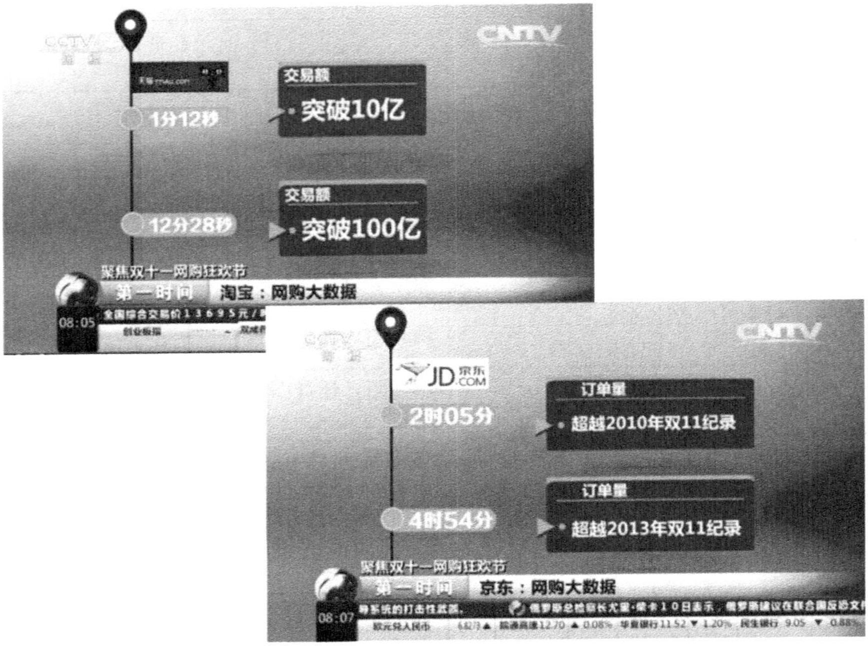

图 4－7　数据可视化报道同样也注重信息传播的时效性

选题来自线索，线索经过报道者的反复思考、加工提炼和升华才能成为选题，所以，发现线索是找到选题的前提。在传统的新闻生产过程中，找线索的方法主要有新闻线人和各行业通讯员提供、自己查阅资料等，随着互联网的发展，从各类网络论坛、社交媒体中寻找新闻线索逐渐司空见惯。如今社会进入了生产大数据、消费大数据的时代，政府、企业乃至各类社会化媒体都在时时刻刻地产生海量的数据，它们也成为获取数据的主要渠道。对于专业媒体而言，数据来源的多元化有助于保证信息的客观和公正。近几年央视数据可视化产品的数据大多来源于专业的互联网企业或数据公司，因而有效保障了信息制作的完整性，使新闻报道更接近于事实的原貌。

传统电视新闻多报道已经发生或正在发生的事实，而与大数据的结合，使其报道重点转向了即将发生的事实。因为，大数据的核心是预测，也只有具备了预测功能，通过挖掘大数据，预测新闻事件的发展趋势和走向，才能为政府或受众提供判断、决策的依据性信息。尽管预测新闻的生产在现实中有着较多的未知因素和风险性，电视媒体在探索数据可视化的过程中也暴露了一些不足，但是，不能否认，电视媒体在实践中也在不断完善和进步，稳步推进预测性的数据可视化产品的生产将是电视新闻发展趋势之一。

第三节　网络媒体的数据可视化

我国大多数门户模式的网站如新浪、搜狐、网易等由于不具备采访权，限制了其新闻报道应有的原创性，往往被动地转载其他媒体，包括通讯社、报纸、电视等传统媒体及其网络平台的新闻产品。如今将大数据技术应用于新闻生产，无疑给门户网站在新闻报道上带来了契机。

一、网络媒体数据可视化产品的选题特征

选择题材依然是数据新闻可视化的生产开端，选题确定了，也就明确了报道方向和基调。另外，选题的侧重也能够反映该媒体或该栏目的关注点，折射出新闻产品生产的倾向性和某种传播意愿。

梳理国内外的数据新闻可视化栏目和产品，发现当下的可视化产品主要有如下四类：一是以地域来划分的，分为国内新闻的数据可视化和国际新闻的数据可视化；二是依据主题涉及的领域，分为时政类、财经类、文化类、科技类、体育类、环境类等数据可视化；三是考虑题材、数据量、制作时间等因素，分为一般简单型数据可视化和调查复杂型数据可视化；四是依据呈现方式，分为静态式、一般动态式和交互式可视化。

国内的几家门户网站如新浪、搜狐、网易等都有数据可视化栏目，其

产品所涵盖的领域和划分类别也和《卫报》的《数据博客》较为相似，选题类目繁多、领域广泛，体现出一定的综合性。与《卫报》的《数据博客》在选题类别上时政、经济、文化和社会近乎均分的情况不同的是，我国门户网站的数据可视化产品在侧重于事件类和社会服务类选题的基础上，表现出如下特点：时政新闻类图表，以综合性总结和历史性回顾为主，内容经过精心策划和筛选；科普知识性图表则类目清晰、面面俱到、细致入微；民生娱乐类图表视角新颖、时尚健康、生动幽默。各门户网站也分别表现出自己的选题倾向性，如搜狐的《数字之道》在内容上多涉及当前的新闻人物，社会上的热点焦点，有趣味、知识性强的话题。新浪《图解新闻》的选题中新闻人物较多，擅长分析人物之间的关系，同时也关注民生话题、国际时事。腾讯《新闻百科》的选题较为广泛，涉及时政、社会、娱乐、生活等。网易《数读》的选题较分明，主要集中于民生、社会、环境及时政，时效性不强。

相对而言，国内财新网由于定位于原创财经新媒体，其可视化栏目《数字说》则表现出专业性特征，近半数的可视化产品集中在国内外财经领域，尤其是聚焦于房地产、股市、投资和银行等。《数字说》同样也关注社会和民生、灾险事故，食品安全和反腐也时常为该栏目所关注。在追求热点事件的时效性方面，《数字说》的灾难性选题尤为明显。在青岛中石化管道爆炸、天津港仓库连环爆炸等突发事件发生 24 小时后，《数字说》就发布了数据可视化产品。

以新华网为代表的新闻网站的数据新闻栏目在选题的筛选上，更注重体现新闻的特质，突出时效性，选题更倾向于近期发生的社会热点，以及与广大群众的生活密切相关的社会问题等。2017 年 11 月 19 日，国家旅游局发布了《全国旅游厕所建设管理新三年行动计划》，新华网在其《数据新闻》栏目即发表了《数读“厕所革命”：看得见的民生实惠》的信息图。2012 年 12 月 4 日中共中央政治局审议通过关于改进工作作风、密切联系群众的“八项规定”。2017 年的 12 月 4 日，该栏目即在“八项规定”出台 5 周年之际，发表《五周年，八项规定这样改变中国》长图表，包括对“八项规定”的回顾、部分地区的举措、问责查处情况的汇总和国家统计局对民情民意的调查结果。2016 年澎湃新闻在其《数据说两会》栏目中，统计了近十一年的政府工作报告中的热词，通过数据分析来反映国民所关注的热点问题的变化。该可视化作品不是简单地罗列数据，而是在分析、整理数据的基础上，根据数据的特点，呈现一种规律和趋势，受众既可以看到这十一年纵向的趋势比较，又能看到各个热词之间横向的对比，有助于受众全面清晰地了解政府工作报告。一件优秀的可视化作品不是简单地罗列数值，而应该有好的数据分析，并且实现“用数字讲故事”的终极目标。

二、互动信息图的类型与应用特征

互联网、手机等新媒体的互动功能让传统媒体望尘莫及，借鉴和更好地发挥这种双向的传播模式，有助于增强新闻传播的吸引力和效能，一些网络媒体把互动作为一种生产理念和技术将其应用于数据可视化的实践中，并取得了良好的传播效果。

（一）互动信息图的类型

根据数据体量、交互的复杂程度以及受众参与的深度等因素，互动信息图可以划分为初级别、中级别和高级别三类。

第一类是初级别互动信息图。这种类型的最大特点是操作简单，获取信息的路径明确清晰，往往只需用鼠标点击按钮或拖拽滑块，即刻有数据图形、音频或视频予以回应，受众通过预设好的叙事框架获取传播者意欲传达的信息。在初级别的互动中，受众几乎不参与信息的生产过程。

第二类是中级别互动信息图。这类信息图除了挖掘的数据体量大之外，传受之间的交互更为密切，传播者预设了一系列的选项，受众选择特定的路径或结构来获取信息，不同的选择意味着不同的结果。这种类型的最大特点是通过互动来实现信息生产的个性化。

第三类是高级别互动信息图。这类信息图的最大优势是赋予了受众更大的参与权，即与传播者一起参与可视化生产过程。当然，实现高级别的互动需要传播者开放数据，可能还要提供探索数据的工具和展示平台，也只有这样才能加大开发用户价值的力度，这样的传受互动才更具现实意义。

（二）互动信息图的应用特征

互动信息图的精髓在于“互动、对话”。为了使互动顺畅，传播者往往为其匹配了各种信息资源，依据设计框架和操作手法，互动信息图具有如下四种较为鲜明的应用特征。

首先是明显的时间线索。事件性新闻往往是按照时间顺序发生发展且环环相扣的。此类互动式图表首先梳理事件发生过程中的关键环节，然后在每一个重要的时间点，链接已经采集并加工好的素材（包括文字报道和相关的图片、视频、音频报道，以及现场效果图、Flash 模拟动画等），受众通过点击时间按钮，便能够了解各个时间点发生的事情。新华网数据新闻部在 2015 年为了纪念世界反法西斯战争胜利 70 周年，制作了数据可视化作品《双城记》，以柏林和莫斯科为欧洲战场的两个核心，以时间为轴，推演了苏德战争中苏军和德军之间的攻防战，左侧为德军进攻地图，右侧为苏军反攻地图，左图的右下角和右图的左下角各有一幅小坐标图，横轴为战争时间，纵轴为推进距离，随着时间的变化，左右主图可显示战线的进退变化（如彩色插图 4－8 所示）。

其次是具有很强的地理特点。通常情况下，事件发生的地点和时间是如影相随的，但有时，地点的特性比时间还强。通过地点贯穿事件，同样使内容条理清晰。英国人罗宾・休斯顿（Robin Houston）和邓肯・克拉克（Duncan Clark）依据伦敦大学学院能源研究所提供的 2012 年全年的全球商业航运数据，制作了一幅互动《航运地图》。通过这张地图，我们可以查阅到在特定时间内正在海上航行的船只类型、航运路线，以及运行过程中的海洋深度、这些船只所产生的二氧化碳排放量等等。精美、新奇的设计使得《航运地图》在2016年“信息之美”比赛中获得交互可视化类金奖（如图4-9所示）。

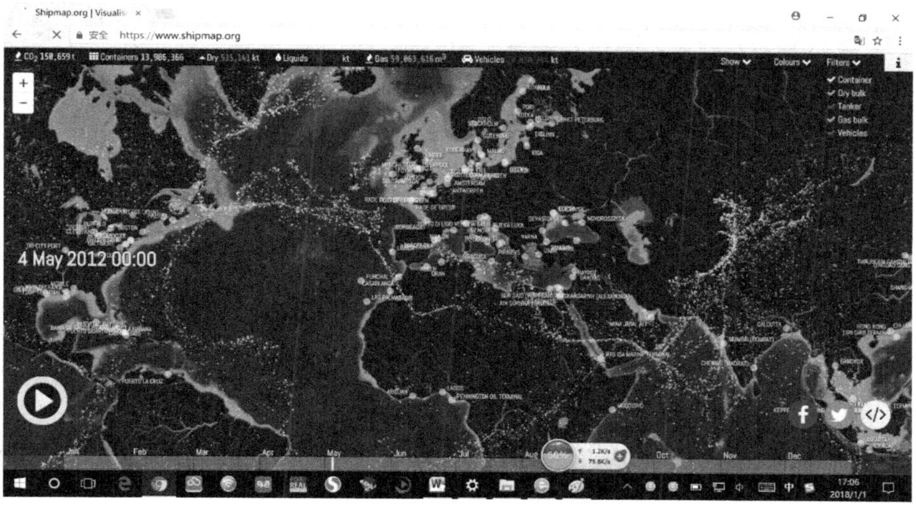

图4-9 获得2016年“信息之美”金奖的《航运地图》

再次是具有一定的逻辑关系。这类图表大多是关于当前某一社会问题或者热门话题的讨论，对某种社会现象的阐释等，体现信息的深度和广度及各类信息之间的逻辑性是其特色。图4-10是2014年世界杯的赛前预测信息图，该图采用D3.js软件绘制而成。在右下角的世界地图中，圆圈越大，夺冠率越高。左侧大图显示的是依据数据运算预测的32支球队的出线率。8个小组共32支球队进行小组赛，两两比赛，各小组三场，最后根据胜负平的积分进行前两名晋级淘汰赛（16强），胜得3分，平得1分，负得0分。第一轮淘汰赛，A组第一对阵B组第二，A组第二对阵B组第一。以巴西队为例，其获得小组第一的概率是63.5%，小组第二的概率是24.2%，所以小组出线的总概率就是87.7%。如果以小组第一出线参加淘汰赛第一轮，胜率是45.4%，以小组第二出线参加淘汰赛第一轮，胜率是16.8%，所以，巴西晋级 8 强的概率是 62.2%。依此类推，巴西队晋级四强（半决赛）概率是 43.6%，晋级决赛的概率是 31.1%，最后夺冠的概率是 21%。事实上，巴西队最后在首场半决赛时以 1∶7 惨败给了德国队。

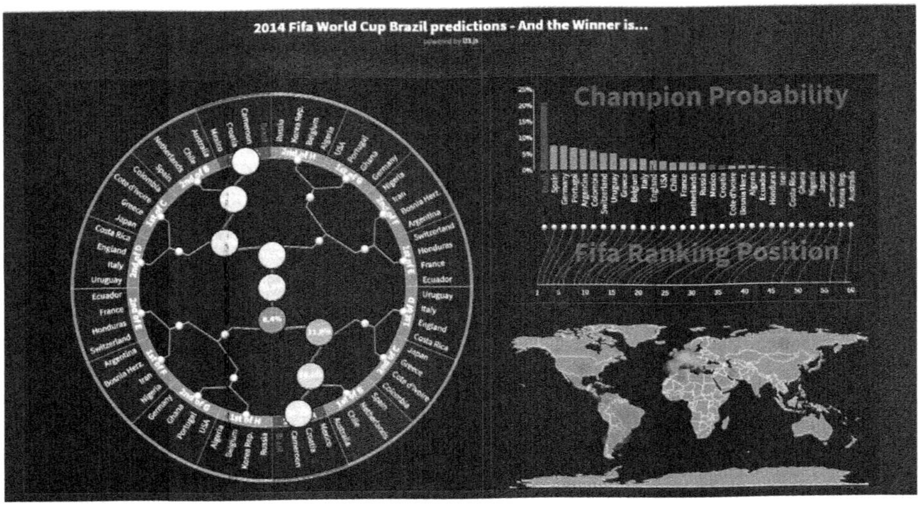

图 4-10　2014 年巴西世界杯赛前预测图

最后是遵从认知规律和用户阅读体验。在数据可视化生产中加入互动交流功能，有助于提升受众的阅读兴趣和用户体验，进一步增强传播的效能。为了更好地实现这些目标，人性化在设计中得到了充分体现，并且非常遵循认知规律。互动信息图在制作中首先采用新闻地图或三维仿真图，来还原事件发生的场景、展示事物的结构，即便是抽象的数据图，也是抓住重点信息以强势手段刺激视觉。等受众对事件有了清楚的了解后，再用时间轴的方式梳理事件发生前后的关键点，进而分析事件发生的原因。有时以时间线、数据地图或者依据事物本身的逻辑性来集纳相关信息，为报道提供背景知识，进一步拓展报道的深度和广度。

尽管互动信息图有初级、中级和高级的区分，但是在设计制作时，简捷实用依然是首要原则，即受众在互动中能够不费力地找到获得信息的路径。互动形式是为了更精巧和有趣地呈现内容，并且让受众因此在内容上停留更长的时间，对信息有更充分的掌握。[①] 这才是互动信息图的最终目标。

三、移动终端上的数据可视化

（一）可视化在移动平台的应用

依据中国互联网络信息中心的报告，2014 年我国网民使用手机上网的比例首次超过 PC 机上网比例，这意味着作为移动终端的智能手机开始占有更大的受众份额。近年来智能手机的软硬件发展，其滑动功能、触屏功能、缩放功能、定位功能等得到进一步的开发。另外，相比 PC 端，手机端的浏览器相对统一，可以较好地解决网页兼容性问题。微信等社交媒体的流行，使得 HTML5 作品可以轻易地通过社交平台进行分享，形成几何级增长的传播效应。随着移动端的快速发展，人们开始在 APP 上花费更多的时间，从中获得更多的信息。在众多的 APP 中，数据可视化不只是为了传达信息，更是窄屏上有效的“调味品”。在窄屏上阅读文字、数字比较费力，缺乏流畅感，与 PC 端相比较，其用户体验相对较差。将可视化数据与动画效果结合起来，可以增强界面效果，提升用户体验。[②]

数据可视化的兴起为重大纪念活动报道提供了新方式，比如以数据可视化的方式呈现香港回归祖国 20 周年的变化更具说服力和吸引力，并且能够为受众带来不一样的阅读体验。央视《数说香港》（如图 4 - 11 所示）从小视角切入，记者化身数据观察员，配合在实景中植入 AR 和动画的表现方式，生动解读香港经济、社会的发展和活力，以及香港与内地交流互动、互联互通的实况。新华网推出系列数据新闻产品《这些地方共同见证》，结

① 马忠君．走进纽约时报互动新闻报道部［J］．新闻战线，2011（11）：92.

② 孟苏文．数据可视化在 APP 的应用［J］．科技与创新，2015（5）：109.

合香港地图，通过地点讲述新闻，点击不同的地标，即可显示在该地区香港与内地共同经历的大事；《港剧是什么味儿?》利用大数据分析，将香港有代表性的文化名片之一“TVB 电视剧”从台词到收视率进行了分门别类的分析，角度新颖，全方位展现了香港回归祖国 20 周年来的变化，并通过巧妙运用网络热词和翔实数据，以动感声效配合生动画面，从受众喜闻乐见的民生视角，系统呈现香港社会的多彩风貌。

图 4-11　基于移动端的央视《数说香港》节目

在移动互联网时代，相对于静态的可视化数据，动态的可视化数据处理对用户而言，更符合其心理需求，也更具视觉牵引力。只有愉快的体验才能够引起用户的兴趣，他们才愿意付出更多的阅读时间，因此，通过动态效果把用户的注意力引导到界面中的重要信息，并使用户体验更加流畅，是整个可视化过程的关键环节。把数据与动态效果有机地结合起来，使可视化成为讲述新闻故事的“动画”，用户在观赏“动画”时了解数据的含义，在交互中感受数据的变化，能够提高用户的体验感。数据可视化不仅仅是对数据的美化艺术，更重要的是要处理好信息功能与外观之间的平衡关系。

（二）可视化在移动终端的局限与突破

移动端的阅读是基于小屏幕的阅读，在多数情况下，一屏是难以承载较大的信息量的，为此，受众为了获取完整信息，不得不用手指上下滑动屏幕，如果篇幅过长，前后屏所包含的内容在阅读上的间隔时间就长，而此时翻屏又导致受众容易忘记前面的图形和数据，甚至由于要查询图例等而反复上下滑动，这就容易打断阅读时的思维连贯性，阅读体验的不顺畅最终使可视化产品所蕴含的概念和意义不能准确、完整地呈现和被受众所理解，造成这种阅读障碍的根源是移动终端物理属性上的局限性。如何改进这种不顺畅的小屏阅读，关系到可视化产品在移动端的传播效果，通过观察和分析发现，当下常用的方法有两种。

第一，使用 GIF 动图实现多帧切换。[①] 依据屏幕大小和辨识度，将长图表切分为一组满屏的图表。在内容上，对原设计进行重新梳理，使得各屏内容的逻辑关系更加简洁、明确；在技术上，将这些信息图制作成 GIF 格式的动图，实现一屏内的多帧切换。这种做法的关键是逻辑关系的梳理，而 GIF 动图需要设置自动播放时间，虽说避免了受众的多次滑动，但是个体在观看和理解上存在差异，会有不同的等待时间要求，难免出现众口难调的窘境。另外，每幅小屏中的信息量、数据组不能太多，过多的动态展示反而会造成视觉混乱。

第二，使用 H5 交互实现页面切换。[②] 按照一定的逻辑关系对内容进行切分，受众通过翻页来查看、阅读不同页面所对应的内容。H5 的优势是受众自己可以把控阅读页面的时间，在充分理解所看信息之后通过事先设定好的阅读顺序来进行持续性阅读。但是，这种方式的局限性也在于不能翻页过多，频繁的翻页也不利于受众记忆已经阅读的信息，反而会增加阅读

---

① 许秋理，王丹宁．数据新闻在移动端如何突破页面限制［J］．中国传媒科技，2015（8）：63.

② 许秋理，王丹宁．数据新闻在移动端如何突破页面限制［J］．中国传媒科技，2015（8）：63.

时的心智成本。

在移动端进行数据新闻可视化的展示需要有一个长时间的探索，与基于 PC 端的数据可视化呈现所不同的是，移动端的可视化更需要对原有数据信息进行“重构”，并在考虑人们小屏阅读时的视觉心理和记忆特征的基础上，使移动端的数据可视化产品不仅内容有内涵，而且具有更好的阅读体验。

第五章　数据新闻可视化的传播效果研究

近些年对数据新闻与数据可视化的研究主要是从生产实践、人才培养的维度出发，更多地关注于数据采集、数据挖掘、数据呈现以及数据素养的培养等问题，即使有关数据可视化的研究，也主要集中在可视化实践的现状、特点、问题和发展趋势等话题，而对数据可视化的传播效果的研究甚少。从受众的阅读体验出发，考察受众收受数据可视化产品时的接受度、理解度与参与度和记忆度，更具理论价值和现实指导性。毕竟，用户的需求是数据新闻可视化不断提升的方向，加强对用户阅读体验和满意度方面的研究能够更好地推动数据新闻可视化的发展与实践。

第一节　数据可视化传播效果的问卷调查

心理学的有限容量模式认为，脑容量资源的分配可以是无意识的，也可以是有意识的，也可以是两者兼有的。究竟采取哪一种分配形式取决于信息载体、信息本身和阅读者三个变量各自的属性以及变量间的关系。在信息内容和阅读者自身特质一定的情况下，媒体的形式越丰富，越容易引发无意识分配，导致过多资源消耗在编码阶段，引发存储和回忆的下降曲线。[①] 众所周知，数据可视化产品比单一的文字报道更具生动、直观、易读、易懂等优势，确实能够适应与满足信息社会注意力稀缺、生活节奏加

---

① 王爱伟．媒介形式与受众认知理论综览［J］．现代视听，2010（9）：78－79.

快和浏览式浅阅读的需要。但是，我们也应该注意到，数据可视化是将众多的媒体传播形式集中于一个产品中，过多的视觉元素可能会适得其反，反而会增加受众理解信息、记忆信息的难度，让受众把有限的时间和精力耗费在解码（理解、消化和吸收信息）阶段，从而影响了传播效果。

美国宾夕法尼亚大学教授桑达（Sundar）在 2000 年的时候针对媒介形式和传播效果做过一个实验，让 5 组被试者分别浏览了纯文字、文字加图片、文字加音频、文字加图片加视频和文字加图片加音频的网页之后，测试了实验对象的辨识和记忆情况，以及对信息内容和网站的评价。实验证明，在各项测试指标中，文字加图片的效果最好。但是，研究也发现，过于花哨的媒介形式反而阻碍了被试者对信息内容的记忆，同时带来了对信息和网站的负面评价。[①] 据此，桑达教授提出了"门槛效应"，该效应指的是自变量和因变量之间并非呈现线性的正相关关系，而是倒 U 形关系。"门槛效应"的现实意义就在于它挑战了一些想当然的假设。

当前的数据可视化产品，综合应用了文字、照片、图形、视频、音频等多种静态、动态的传播符号，它对受众的理解度、记忆度甚至参与度等的影响是否一定比纯文字的传播效果更好？这就是本研究力图探讨的问题。

一、研究样本

本问卷调查选取的可视化作品为中央纪委监察部网站发布的《一图读懂：红色通缉令上的 100 名外逃人员名单》[②]（如图 5－1 所示，本图原为长图表，为排版需要裁剪为 3 组图）。

文字稿样本来自网易转载山西新闻网《三晋都市报》的《天网行动全

---

① 闫岩．媒介形式与受众认知：门槛效应及其中观理论综览［J］．国际新闻界，2010（12）：24－25.

② 中央纪委监察部网站客户端．一图读懂：红色通缉令上的 100 名外逃人员名单［EB/OL］．(2015－04－22)［2016－06－01］．http：//m. ccdi. gov. cn/content/df/a2/2852. html.

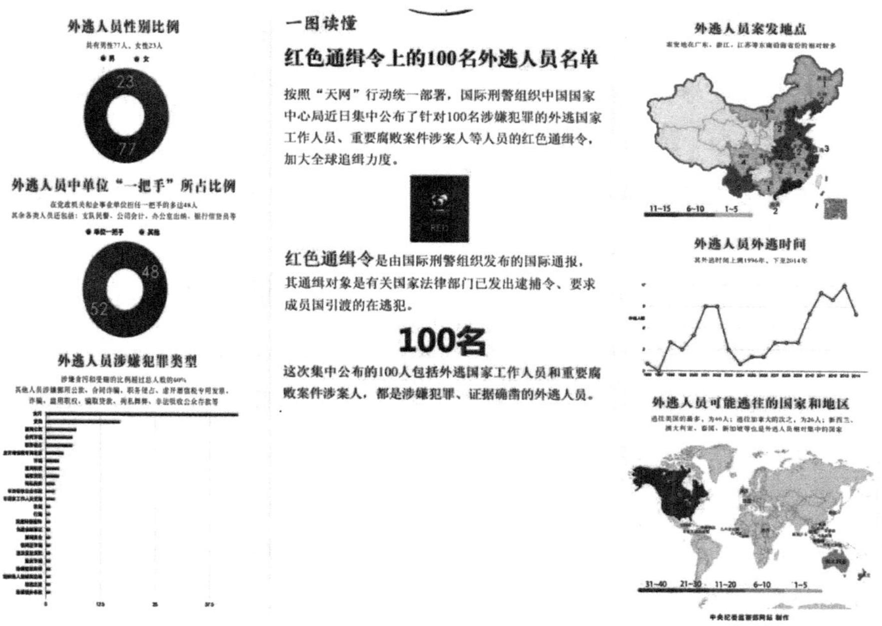

图 5-1　中央纪委监察部网站发布的数据可视化作品

球通缉百名外逃人员》。具体内容如下。

> **天网行动全球通缉百名外逃人员**①
>
> **据新华社电**　国际刑警组织中国国家中心局集中公布了针对100名涉嫌犯罪的外逃国家工作人员、重要腐败案件涉案人等人员的红色通缉令。中央纪委监察部网站披露了上述外逃人员基本信息并分析指出，百名外逃人员近半数曾在党政机关和企事业单位担任“一把手”，六成以上涉嫌贪污受贿。

① 天网行动全球通缉百名外逃人员［EB/OL］.（2015-04-22）［2016-06-01］. http://news.163.com/15/0423/04/ANS1MVAS00014Q4P.html.

这次集中公布的100人包括外逃国家工作人员和重要腐败案件涉案人，都是涉嫌犯罪、证据确凿的外逃人员，已经由国际刑警组织发布红色通缉令，正在全球范围内追捕。其中，77人为男性，23人为女性；48人曾在党政机关和企事业单位担任“一把手”，其他人员包括民警、会计、出纳、银行信贷员等。

从涉嫌犯罪类型看，60%以上为贪污和受贿，此外还有挪用公款、合同诈骗、职务侵占、虚开增值税专用发票、诈骗、滥用职权、骗取贷款、徇私舞弊、非法吸收公众存款等。从案发地看，广东、浙江、江苏等东南沿海省份相对较多。从可能逃往的国家和地区看，最多的是美国，有40人；其次为加拿大，有26人；此外，新西兰、澳大利亚、泰国、新加坡等国家和地区也较多。按照天网行动统一部署，国际刑警组织中国国家中心局近日集中公布了针对100名涉嫌犯罪的外逃国家工作人员、重要腐败案件涉案人等人员的红色通缉令，加大全球追缉力度。

红色通缉令是由国际刑警组织发布的国际通报，其通缉对象是有关国家法律部门已发出逮捕令、要求成员国引渡的在逃犯。国际刑警组织中国国家中心局十分重视同成员国执法机构的合作，多次通过国际刑警组织发布红色通缉令。中国通过国际刑警组织等渠道提请有关国家执法机构加强合作，协助将有关嫌疑人缉拿归案，并表示这次公布的只是其中一部分，今后对于涉嫌犯罪的外逃人员，依然要发现一起、通缉一起。

二、调查对象与调查安排

研究者从中国人民大学本科生中抽取100名同学作为问卷的调查对象，

发放“天网行动”的纯文字报道问卷 50 份，收回有效问卷 50 份；发放“天网行动”的可视化报道问卷 50 份，收回有效问卷 50 份。

被试者分为两组，一组被调查对象阅读“天网行动”的可视化作品，另一组被调查对象阅读“天网行动”的文字报道。阅读之后，填写相应的问卷。

问卷调查分为两次：第一次测量被调查对象对于文字报道和可视化作品的理解程度和参与程度；一周之后，第二次测量被调查对象对于文字报道和可视化作品的记忆程度。

三、研究假设

假设 1：可视化作品虽然视觉效果好，但就获取的信息质量（广度和深度）而言，效果未必好于文字材料。

假设 2：阅读数据图表所产生的浅层参与行为（点赞、下载）和阅读文字材料没有实质性差别；阅读数据图表所产生的深层参与行为（转发、评论）要高于阅读文字材料。

假设 3：根据艾宾浩斯（H. Ebbinghaus）遗忘曲线规律，一周达到记忆的稳定期，阅读数据图表和文字材料，就记忆程度而言，两者没有实质性差别。

四、考察指标与问卷设计

把受众对数据可视化的阅读效果分解为理解度、参与度和记忆度 3 个维度的指标，选择同一报道主题的信息图表和文字报道，被试者进行阅读后，进行问卷测试，将问卷结果导入 SPSS 统计软件进行量化研究。

调查问卷采用闭合式与开放式相结合的设计方式，闭合式选项按照李克特五级量表来设计。在第一次测试中，把理解度细化为被试者对材料中主要信息的感受，对报道主题、关键新闻点等细节内容的掌握情况。如红色通缉令是由哪个机构发布的、此次红色通缉令针对的人群、涉案人员的罪名和涉案人员逃往最多的三个国家等。根据参与程度的不同，参与度的考察指标可细化为点赞、保存、转发、评论等，以及对能否引发读者延展性阅读的考量。一周后的记忆度考查主要集中在读者对报道主题、发布媒体以及重复理解度考查中的若干指标上，为了使记忆度考查更准确，采用开放式，没有设置备选项。

五、问卷编码、分析逻辑与加权

为了对问卷进行量化，主要采取的编码方式如下：

第一次问卷调查的编码：第 1 到 3 题按照选项从 1 到 5 进行打分；第 4 题凡答出“天网行动”、“红色通缉令”及“外逃”三个点赋 1 分，反之 0 分；第 5 题选择正确赋 1 分，反之 0 分；第 6 题答出“涉嫌犯罪的外逃国家工作人员、重要腐败案件涉案人员”给 1 分，反之 0 分；第 7 题涉案罪名，在“贪污、受贿、诈骗、挪用公款、职务侵占”中答出 5 项及以上赋 5 分，依次递减；第 8 题出逃地点，在“美国、加拿大、新西兰”中答出 3 项赋 3 分，依次递减（顺序改变不得分）；第 9 到 14 题按照选项从 1 到 5 进行打分。

第二次问卷调查的编码：第 1 题凡答出“天网行动”、“红色通缉令”及“外逃”三个点赋 1 分，反之 0 分；第 2 题答对 1 分，反之 0 分；第 3 题考察主要信息点，在“国家工作人员、外逃、贪污腐败、通缉、国际合作”中任意答出 3 个点且都答对算 3 分，依次递减；第 4 题答对 1 分，反之 0 分；第 5 题答出“涉嫌犯罪的外逃国家工作人员、重要腐败案件涉案人员”给 1 分，反之 0 分；第 6 题涉案罪名，在“贪污、受贿、诈骗、挪用公款、职务侵占”中答出 5 项及以上赋 5 分，依次递减；第 7 题出逃地点，在“美国、加拿大、新西兰”中答出 3 项赋 3 分，依次递减（允许改变答案的顺序），若有答出其他国家者可视情况加分，满分不得超过 3 分。

本次受众问卷调查的分析逻辑如下：将问卷中的所有问题按照理解度、参与度和记忆度进行划分，其中理解度对应问卷（文字和图表）的 1 到 8 题，参与度对应问卷的 9 到 13 题（文字和图表），而记忆度则对应 14 题以及单独的记忆问卷（文字和图表）。在搜集问卷数据进行继续处理时，笔者使用层次分析法（analytic hierarchy process，简称 AHP）对问卷中的各个问题进行了加权求和。按照问题的重要性和与研究目的的相关性对各个选项赋以不同权重。

本次受众问卷调查的加权方法如下：

第一次问卷调查的加权方法如下。该问卷的理解度考查对应 1 到 8 题，其中前 3 题为被试者对理解度的自测，4 到 8 题属于客观测量，考虑到自测对于理解度的评价可能不够准确，故客观测量所占比例略高，共占 55%，自测占 45%，每道题占 15%。而在客观测量中，第 4 题考查主题内容，其余 4 道题均为细节考察，故第 4 题占 15%，5 到 8 题各占 10%。该问卷的参与度考查对应 9 到 13 题，其中第 9 题、第 10 题、第 12 题对应浅层的点赞、下载保存、评论行为，属于人内传播，故每道题占 20%；第 11 题考察的是转发、分享，属于人际传播，涉及更高的参与度，故占 30%；第 13 题考察的是相关阅读意愿，这一点与个人对话题的感兴趣程度相关，故占 10%。

第二次问卷调查的加权方法如下。该问卷的记忆度对应第一次考查时的第 14 题及记忆问卷。其中第 14 题属于记忆的自我估计情况，占 10%。一周后发放的记忆问卷共 7 道题，第 1 题考查主题内容，占 30%。第 2 题到第 7 题考查的均为细节内容，各占 10%。

六、研究结论

对“天网行动”的纯文字报道调查结果的统计分析发现，理解度的平均得分为 2.31，参与度的平均得分为 2.55，记忆度的平均得分为 1.34。对“天网行动”的可视化产品调查结果的统计分析发现，理解度的平均得分为

2.66，参与度的平均得分为 3，记忆度的平均得分为 1.36。

将文字和图表的平均值数据进行对比，我们可以得到如下结果：

从理解度角度来看，可视化作品的理解度得分均值高于纯文字报道的理解度得分均值，即被试者对于可视化作品的平均理解程度高于对纯文字的平均理解程度。二者的方差都不大，说明在理解程度方面，被试者存在的极端情况较少。因此我们可以推断，相较纯文字报道，可视化作品更容易被读者所理解（如图 5－2 所示）。

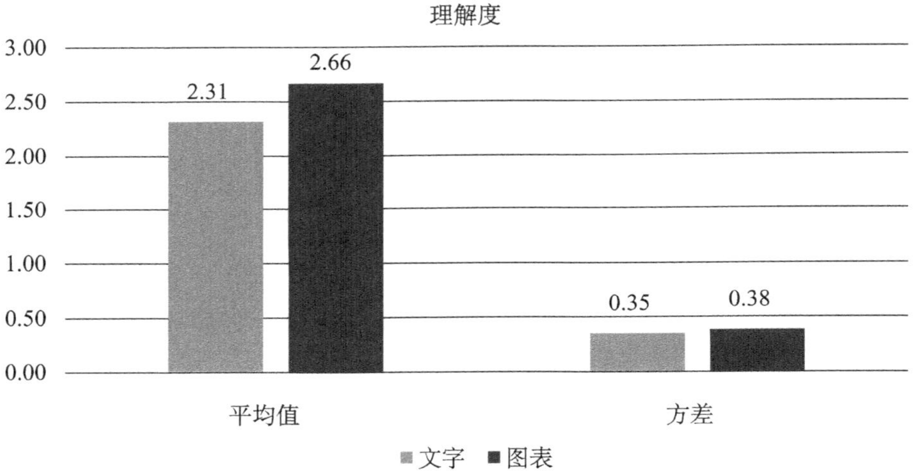

图 5－2 “天网行动”纯文字报道和可视化作品的理解度分析

从参与度角度来看，受众对可视化作品的参与度均值高于纯文字报道的参与度均值，即被试者对于可视化作品的平均参与程度高于对纯文字报道的平均参与程度。二者的方差相差不大，说明在参与程度方面，被试者的分布较为平均。由此我们可以推断，相较纯文字报道，受众对可视化作品的参与程度更高（如图 5－3 所示）。

从记忆度角度来看，可视化作品的记忆度均值与纯文字报道的记忆度均值相差不大，说明被试者对于可视化作品和纯文字报道所传达的信息在记忆程度上类似。二者的方差相差不大，说明在参与程度方面，被试者的

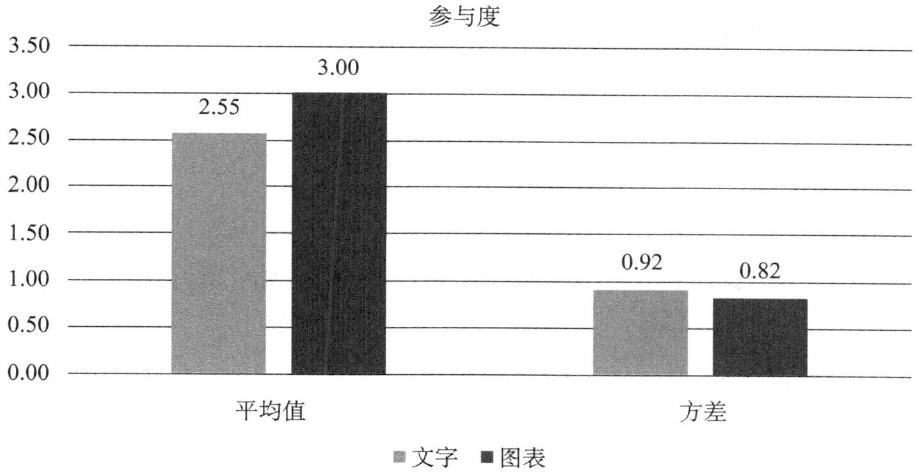

图 5-3 "天网行动"纯文字报道和可视化作品的参与度分析

分布较为平均。由此我们可以得出结论，无论是纯文字报道还是可视化作品，受众在记忆信息时与该信息的表达形式关系不大（如图 5-4 所示）。

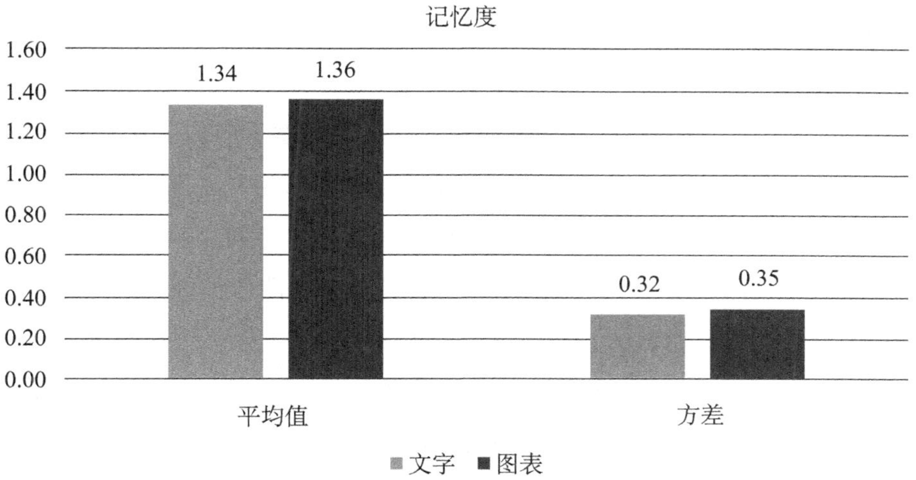

图 5-4 "天网行动"纯文字报道和可视化作品的记忆度分析

通过问卷调查和分析，基本可以推翻研究假设 1 和研究假设 2 的前半部分，优越的视觉效果确实有助于受众获取更广泛的信息，包括掌握核心信息。在引发受众的浅层参与行为（点赞、下载）和深层参与行为（转发、评论）方面，也确实好于纯文字报道。在研究假设3，记忆程度的考察上，纯文字报道和可视化作品的效果没有实质性差别，这也再次印证了桑达教授提出的“门槛效应”的正确性。

第二节 数据可视化传播效果的眼动实验研究

众所周知，我们对信息的获取80%～90%依靠视觉，它是我们认识世界的主要途径。而同时，传统媒体与各种网络新媒体也都离不开受众的视觉感官来完成传播过程。心理学家发现眼球的移动情况能够反映相应的心理活动，考察眼球运动的特征和规律、眼球对视觉元素的刺激和反应，有助于揭示认知心理的加工机制和视觉信息的选择模式。摄像技术、红外技术、微电子技术以及计算机技术的发展，推动了高精度眼动仪的研发。眼动仪通过对眼动轨迹的记录，并从中提取诸如注视点记录长度、注视点计数、观察时间长度、注视次数计数等数据，进而研究人的认知和行为。进入21世纪之后，眼动仪的应用领域从医学、心理学延展到了新闻传播学。检索中国期刊网2000年以来的有关眼动实验的学术论文发现，眼动仪在新闻传播领域的应用涉及报纸、网站、电视等媒体的版面、插图、网页、广告和照片等范围，主要考察阅读心理、传播效果、阅读偏好和用户体验内容等。

近几年，数据可视化不仅在西方媒体盛行不衰，在中国传媒界也是方兴未艾，成为当前新闻传播实践与研究中的热点话题。通过梳理中外文献发现，国内外学者们的关注点主要集中在四个方面：数据可视化的呈现类型与应用价值、数据可视化工具的选择与应用、数据可视化的媒体实践及发展趋势、数据可视化的不足与改进措施。这些方面的研究基本上采用的都是文献研究和案例研究的方法。学者们的研究已经在广度和深度上有了较大的拓展，取得了丰硕的成果，但遗憾的是对数据可视化传播效果的研究甚少，尤其是采用实证的研究方法则更为缺乏。检测数据可视化作品的传播效果，除了问卷调查法外，还可以采用心理学实验法，以客观数据来佐证并探究受众对可视化作品的理解、记忆、信任、喜爱和再传播情况。因此，通过眼动实验来研究数据可视化的传播效果既有学术价值，也有现实意义。

此次眼动实验所使用的为瑞典 Tobii 公司自主研发的 Tobii Studio 眼动仪及其配套软件，记录被试者在阅读纯文字材料和数据可视化材料时的眼动数据，进而展开数据可视化的传播效果研究。

一、眼动的基本方式与眼动实验的主要数据性指标

在实验前，笔者参阅了大量文献，对眼动的概念和参数指标给出了明确的界定。

人在观察事物时的眼动主要有三种基本方式。

- 注视。是指将眼睛的中央窝对准某一物体的时间超过 100 毫秒，在此期间被注视的物体成像在中央窝上，获得更充分的加工而形成清晰的像。
- 眼跳。是注视点或注视方位的突然改变，这种改变往往是个体意识不到的。眼跳可以实现对视野的快速搜索和对刺激信息的选择。
- 追随移动。当被观察物体与眼睛存在相对运动时，为了保证眼睛总是注视这个物体，眼球会追随物体移动。

上述三种眼动方式经常交错在一起，目的均在于选择信息、将要注意的刺激物成像于中央窝区域，以形成清晰的像。①

以下为本次眼动实验测试时记录的主要项目。

- 注视时长。这是眼动实验中一项重要的数据指标。注视时长不仅与

① 邓铸．眼动心理学的理论、技术及应用研究［J］．南京师大学报（社会科学版），2005（1）：90－91.

被试者对测试材料的兴趣度有关，也和被试者提取测试材料中信息的难易程度有关。

- 注视计数。是区域重要程度的标志。注视次数越多，说明被试者对这个区域越关注。
- 注视点序列。指的是注视点在兴趣区之间的转换。这里涉及第一注视点及其停留时间、视觉运动轨迹，主要测量被试者的视觉选择，进而考察关注度、兴趣度。
- 眼跳距离。指的是被试者在阅读材料时在注视点之间的跳动，反映了阅读的知觉广度。
- 回视次数。指的是被试者的注视点重新回到刚才注视的地方，进行再次阅读。回视可能是对阅读内容感兴趣，也可能是提取信息有难度。

本次实验导出的注视点轨迹图及热点图以及下载的数据，基本涵盖了上述主要指标。轨迹图中的序列号反映了第一注视点、注视点序列、次数，序列号圆圈的大小反映了注视点停留时间长短（圆圈越大停留时间越长），而连线反映了回试和眼跳距离；热点图中的区域块颜色（由初始颜色绿色到最终颜色红色）反映了注视点的范围及停留时间，区域块颜色深度越深，表明停留时间越长。

二、实验设计

（一）被试者

被试者自身情况不同可能会影响实验结果，所以本次实验的被试者为在校本科生、硕士生，年龄、学科背景近似，以减少被试者变量的影响。实验一共有 40 名被试者，裸眼或矫正视力均在 1.0 以上，无色盲色弱症状，身体健康，无眼睛散光或失明者。实验采用对照实验法，将被试者随机分为两组，每组 20 人，分别测试不同内容。一组被试者阅读纯文字材料，另一组被试者阅读可视化材料。

（二）实验材料

本次实验的材料来自2017年9月12日网易新闻《数读》栏目，作品题目为《我们分析了中国哪里传销最严重，结果大跌眼镜》。本实验选取了同一报道内容的两种不同的呈现方式：文字报道和静态图表报道。数据来源于OpenLaw网站上各级法院发布的有关“组织、领导传销活动罪”的一审判决书，统计数据的年份在2010年至2017年间。报道内容主要是通过一审判决书的数量、案件当事人的个人资料分析中国传销活动的地区分布、职业分布、文化水平分布情况，从而得出哪一地区的传销活动最严重以及从事传销活动的人中哪种职业和学历最多。原作品的静态图表一共有3张，第一张属于坐标图，以年份为横坐标，以省区为纵坐标，反映的是2010年至2017年间一审判决书中“组织、领导传销活动罪”的数量变化情况。第二张为数据地图，为了清晰展示，将其分为两幅：全国地图反映的是各省区的“组织、领导传销活动罪”的一审判决书数量对比，第二张图反映的是排名前三位的3个省区内，各地市的一审判决书数量分布情况。第三张则是传销活动案件当事人的职业分布和学历分布统计情况，图中还标注了数据来源、报道媒体以及相关图例。由于眼动仪接收的实验材料主要以图片为主，所以本次实验将文字材料也做成图片，便于实验操作。

文字报道实验材料如下。

我们分析了中国哪里传销最严重，结果大跌眼镜

传销年年有，今年似乎特别多。2017年7月14日，东北大学毕业生李文星身陷传销组织，被发现溺亡于天津静海区的水坑内；不到一个月时间，女大学生林华蓉在湖北被传销组织控制，后跳河死亡。

更准确地说，传销屡禁不止，只是今年得到关注的案件特别多。除了大学生的身份备受关注之外，被骗进传销组织的受害人的最终死亡才让这些事件变成了社会热点。

公众视野之外，还有多少传销案件被宣判定罪呢？为了解答这个问题，我们通过 OpenLaw 网站上各级法院发布的“组织、领导传销活动罪”一审判决书资料，分析了 2010 年至今中国各省市的传销情况。

国务院在 1998 年、2005 年依次出台了两条禁止传销的行政条例，并于 2009 年正式在《中华人民共和国刑法修正案（七）》中立法禁止传销。2010 年中国“组织、领导传销活动罪”一审判决书数量仅为 26 件，在 2014 年飙升至 359 件。2015 年有所下降后，又在 2016 年达到 478 件的峰值。

考虑到立案调查、提起诉讼和案件审判所需时长，自 2009 年传销立法开始，针对传销的打击力度有所加强，相关判决数量逐渐增多。

可以看到的是，传销活动在中国分布极广，没有哪个省份能逃过传销的魔爪。与此同时，省份间的传销活动分布差异也非常大，传销案件发生较多的省份多位于沿海及南部地区，以大中型城市居多。2010 年至今，江苏、广西和浙江三省区的“组织、领导传销活动罪”一审判决书数量均过百份，合计 371 份，占全国的 29.3%。

江苏省以 163 份判决书位列榜首，其中南京市、无锡市和南通市的传销案件数量分列省内前三，三市六年来发生的传销案件数量占全省总数的三分之二以上。广西壮族自治区的南宁市、北海市、桂林市和梧州市，以及浙江省宁波市、金华市、台州市和杭州市发生的传销案件数量也在各自省份“名列前茅”。

这并不意味着江苏、广西和浙江就成了中国的传销之都，只能说这些省份对传销的打击力度较大，还有很多地方对传销活动仍然睁一只眼闭一只眼。

> 那么都是什么人在从事传销活动呢？在分析了 1 810 份“组织、领导传销活动罪”一审判决书后，我们筛选出 422 名不同文化水平、描述清晰的传销人员，以及 369 名职业背景明确的传销人员。
>
> 结果显示，422 名传销人员中六分之一的人只有小学学历；近半数的传销人员具有初中学历；超过五分之一的传销人员完成了高中教育；只有少数具有大专及本科以上学历。

（三）实验过程

本次实验地点为中国人民大学新闻学院实验中心眼动实验室，实验时间分为上午和下午两个时间段，每个时间段有 20 名被试者参与实验。为避免被试者之间的相互干扰，实验室被分隔为三个区域：眼动仪所在的实验区、实验结束后的问卷填写区以及被试者等候区。第一组 20 名被试者阅读文字材料，第二组 20 名被试者阅读数据可视化材料（四幅信息图表）。为了让被试者有足够的时间阅读完实验材料中的内容，每幅图片的切换不设置时间，而是由被试者在阅读后，示意实验操作者切换图片。眼动实验开始前，被试者会听一段实验指导语：“您将要看到一幅文字材料的图片或四幅可视化材料的图片，请按照您平时的阅读习惯来进行阅读，不要刻意记忆图片中的内容。阅读完成后，请示意操作者切换到下一张，但视线不要离开屏幕。”在被试者阅读实验材料之前，实验操作者先对被试者的眼球进行定标，校对无误后，开始阅读实验材料，眼动仪同时进行眼动记录。被试者实验完成后，到问卷填写区填写问卷，问卷内容紧扣实验材料，测量被试者分别对文字材料或可视化材料的理解程度、信任程度、喜爱程度、参与程度和记忆程度。

（四）实验假设

根据前人研究提出如下研究假设。

假设 1：与文字报道相比，可视化作品更容易让受众注意到关键信息。

假设 2：与文字报道相比，受众更容易记住数据可视化作品中的关键信息。

假设 3：与文字报道相比，可视化作品所包含的信息更容易让受众理解。

假设 4：与文字报道相比，受众对可视化作品的信任程度更低。

假设 5：与文字报道相比，受众对可视化作品的喜爱程度更高。

假设 6：与文字报道相比，受众阅读可视化作品后所产生的参与程度更高。

三、研究结果及分析

（一）眼动实验的结果与分析

眼动实验主要考察的是受众在阅读材料时的注意力分配，被试者是否注意到了关键信息，而后将问卷作为眼动实验的补充和完善，以量化方法测量被试者在阅读文字材料和可视化材料之后，在记忆度、理解度、信任度、喜爱度和参与度方面是否存在差异，以及差异的程度。

眼动实验中轨迹图的分析如下。

被试者在阅读纯文字报道时基本按照文章的顺序，依次从标题到正文，从左至右，从上至下，但也存在若干次回视，视线停留长的地方往往位于段首附近。

在阅读可视化作品时，大多数被试者的视线从标题到极大值到图例再到其他内容。在四幅可视化图表中，被试对于每幅图的标题都给予了较长的停留时间，有的还是视线的第一落点，这证明了标题对于可视化作品的重要性。被试者在阅读《2010—2017 年“组织、领导传销活动罪”各省一审判决书数量》的图表时，视线较集中的区域首先是右侧的各省区 8 年的合计数、最后一行的每年各省区的合计数；其次为 2016 年和 2017 年各省区的合计数，几个较大的数值以及与之对应的省区（广西、湖北、江苏）。2010 年至 2014 年各省区的数值，尤其是处于图表左侧中下部的区域，视线落点较少。《“组织、领导传销活动罪”一审判决书数量》为便于展示切分为两幅图（一幅为全国地图，一幅为江苏、广西、浙江的省区地图），它们均通过灰度的变化（颜色越深，判决书数量越多）来呈现数值的大小。在全国地图上，视点集中于华中、华南和华东（明度较深），且视点面积较大（表明视线停留时间长）。这个现象同样表现在了江苏、广西、浙江的省区地图上。在《传销人员的文化程度和从事职业》的轨迹图中，视点较集中的地方除了标题外，依次为“文化程度”中的“初中”、数据源“OpenLaw”和“从事职业”中的“无业”。“网易新闻｜数读”由于字号较大也吸引了部分视点。在可视化图表中，视点主要集中于经过强势处理的极大值上（使用色彩、面积、位置等对核心信息进行强调），不仅较早为被试者所注视，而且视觉停留的时间也比其他区域的停留时间长。数据源“OpenLaw”和“网易新闻｜数读”均在可视化图表中出现了 3 次，但在轨迹图中，有不少被试者将更多的注视点落在了字号较大、颜色较深的“网易新闻｜数读”上，由此证明，字号大小与字体颜色的深浅影响着被注视的概率。

眼动实验中热点图的分析如下。

本实验中的热点图采用颜色的深浅（浅绿、深绿、浅黄、深黄、橙色、浅红、深红）来标注受关注程度的不同。注视点停留时间长，既能够反映被试者对此处信息感兴趣，也可以证明此处信息的提取有难度。

在纯文字材料的热点图上（如彩色插图 5－5 所示），黄色和红色大多位于标题、段落的开头部分和整个文本的上半部分。说明被试者的视线在这些地方停留的时间较长，在后半部分停留时间较短，尤其是文尾部分则经常被忽略不看。

在可视化材料的热点图上（如彩色插图 5－6 所示），黄色和红色大多位于标题、极大值、深色地区（以明度映射数值大小）和图例、数据源。其中，标题和极大值附近多为红色，证明被试者的视线在此停留的时间最长，深色地区停留的时间次之，图例等内容停留时间较短。由此推断，被试者阅读纯文字材料和可视化材料的方式不同。阅读文字材料是顺序阅读，阅读可视化材料时，视觉更多地受到刺激点的影响。色彩、面积等视觉元素，甚至标题（字体、字号被强势处理）都会成为视觉的引爆点。

（二）眼动与问卷结果的方差分析

本研究将后测问卷中的所有问题按照记忆度、理解度、信任度、喜爱度和参与度进行了划分，其中记忆度对应问卷的 1 到 12 题，如材料中传销案件数量最多的省份、大部分传销人员文化程度等；理解度对应问卷的 13 题；信任度对应问卷的 14 题到 20 题，如材料是否准确、全面地呈现了事实，数据来源是否可信等；喜爱度对应问卷的 21 题到 23 题；参与度对应问卷的 24 题，提问被试者是否愿意在社交媒体上分享这篇报道。

为了对问卷进行量化，主要采取的编码方式如下：第 1 题到第 10 题选项正确赋 1 分，反之 0 分；第 11 题正确答案有两个，答对任何一个赋 1 分，答对两个赋 2 分（不分先后顺序），反之 0 分；第 12 题回答正确赋 1 分，反之 0 分；第 13 题到第 24 题的选项从“非常同意”到“非常不同意”按 5 分到 1 分进行赋分。40 名被试者的每一项指标得分相加，最后将数据导入 SPSS 软件进行分析。根据阅读材料的差别，阅读文字材料的为被试者一组，阅读数据可视化材料的为被试者二组。比较这两组被试者在记忆度、理解度、信任度、喜爱度、参与度，以及眼动实验的指标——注视记录长度和注视点个数的均值上是否存在显著差异。分析结果如表 5－1 和表 5－2 所示。

表 5－1　组统计量

组别		N	均值	标准差	均值的标准误差
记忆度	1	20	3.750 0	2.074 28	.463 82
	2	20	5.600 0	1.667 02	.372 76

续前表

组别		N	均值	标准差	均值的标准误差
理解度	1	20	4.250 0	.716 53	.160 18
	2	20	4.200 0	.695 85	.155 60
信任度	1	20	25.500 0	3.220 00	.720 01
	2	20	26.650 0	3.030 98	.677 75
喜爱度	1	20	9.100 0	2.314 71	.517 59
	2	20	11.600 0	1.667 02	.372 76
参与度	1	20	2.350 0	.988 09	.220 94
	2	20	2.850 0	.745 16	.166 62
注视记录长度	1	20	64.187 0	23.788 19	5.319 20
	2	20	88.2035	37.563 36	8.399 42
注视点计数	1	20	236.350 0	75.470 65	16.875 75
	2	20	283.700 0	100.187 77	22.402 67

表 5-2　独立样本检验

		方差方程的Levene检验		均值方程的 t 检验						
									差分的95%置信区间	
		F	Sig.	t	df	Sig.(双侧)	均值差值	标准误差值	下限	上限
记忆度	假设方差相等	.826	.369	−3.109	38	.004	−1.850 00	.595 05	−3.054 61	−.645 39
	假设方差不相等			−3.109	36.319	.004	−1.850 00	.595 05	−3.056 44	−.643 56
理解度	假设方差相等	.087	.769	.224	38	.824	.050 00	.223 31	−.402 07	.502 07
	假设方差不相等			.224	37.968	.824	.050 00	.223 31	−.402 08	.502 08
信任度	假设方差相等	.006	.940	−1.163	38	.252	−1.150 00	.988 82	−3.151 76	.851 76
	假设方差不相等			−1.163	37.862	.252	−1.150 00	.988 82	−3.152 00	.852 00

续前表

		方差方程的 Levene 检验		均值方程的 t 检验						
									差分的 95%置信区间	
		F	Sig.	t	df	Sig.（双侧）	均值差值	标准误差值	下限	上限
喜爱度	假设方差相等	2.806	.102	−3.919	38	.000	−2.500 00	.637 84	−3.791 24	−1.208 76
	假设方差不相等			−3.919	34.531	.000	−2.500 00	.637 84	−3.795 52	−1.204 48
参与度	假设方差相等	3.261	.079	−1.807	38	.079	−50 000	.276 73	−1.060 21	.060 21
	假设方差不相等			−1.807	35.330	.079	−50 000	.276 73	−1.061 60	.061 60
注视记录长度	假设方差相等	1.045	.313	−2.416	38	.021	−24.016 50	9.942 04	−44.143 11	−3.889 89
	假设方差不相等			−2.416	32.128	.022	−24.016 50	9.942 04	−44.264 61	−3.768 39
注视点计数	假设方差相等	.019	.891	−1.688	38	.100	−47.350 00	28.047 65	−104.129 49	9.429 49
	假设方差不相等			−1.688	35.311	.100	−47.350 00	28.047 65	−104.271 83	9.571 83

被试者一组的记忆度、信任度、喜爱度和参与度的均值都低于被试者二组（如表 5-1 所示），仅理解度略高于被试者二组，说明与文字报道相比，受众对于可视化作品的记忆度、信任度、喜爱度和参与度更高。

由表 5-2 可见，两组被试者在记忆度和喜爱度上均存在显著差异（$ps < 0.05$），数据可视化阅读组的效果好于文字材料阅读组。在参与度上，两

组差异是边缘显著的（$p<0.1$），数据可视化阅读组的效果好于文字材料阅读组。从眼动结果的比较上看，两组在注视记录长度上也有显著差异，数据可视化阅读组多于文字材料阅读组（$p<0.05$）。在理解度、信任度和注视点计数上两组不存在显著差异（$ps>0.05$）。

通过对两种阅读方式记忆度的量化统计分析发现，被试者对于可视化材料的平均记忆程度高于对文字材料的平均记忆程度。此结果说明：信息的表达形式会影响受众记忆信息的效度，可视化材料比纯文字材料的效果要好，记忆的稳定性高。结合之前的轨迹图和热点图可以看出，可视化图表将关键信息和极值突出显示，受众给予了这些关键信息更多的关注度和更长的停留时间，自然印象更深刻，而文字报道的关键信息则“淹没”在一般信息中而没有得到强势处理，特别是在形式上，核心信息和一般信息没有明显的区分。因此，受众在阅读文字材料的过程中，注意力通常会被均匀分配，导致在后测问卷中文字材料的得分低于可视化材料，记忆度也不如可视化材料。

通过对两种阅读方式理解度的量化统计分析发现，被试者对可视化材料的理解度均值与纯文字材料的理解度均值相差不大，说明被试者对两种不同类型的材料所传达的信息在理解程度上类似。此结果说明：无论是文字材料还是可视化作品，受众在理解信息时与该信息的表达形式关系不大。一般看来，可视化作品似乎应该比文字报道更容易让受众理解。但实际上，数据可视化过程也是对所要传递信息的再结构化过程，需要对信息以一种特殊的方式进行编码。受众在阅读可视化作品时则需要解码。这就存在两种截然相反的可能性：一是可视化作品设计科学合理，实现了信息传达的易读性；二是可视化作品设计不合理，无法实现信息的顺畅传达，反而增加了受众从中提取信息的难度。这两种情况同样适用于文字报道。另外，信息内容的复杂性也会影响理解程度。如果所要传达的信息具有较强的专业性，而阅读者又是普通群众，那么，就理解效果而言，纯文字表述和可视化呈现恐怕很难有明显的差别。

通过对两种阅读方式信任度的量化统计分析发现，可视化作品的信任度均值与纯文字报道的信任度均值相差不大，说明被试者对于可视化材料和纯文字材料所传达的信息在信任度上较接近。此结果说明：受众对信息的信任度与该信息的表达形式关系不大。针对信任度的研究假设考虑到文字报道一般都标明消息来源，而可视化作品中的图形、图表等对视线更具牵引力，造成受众对数据来源的忽视；或者由于数据结果出乎意料，与受众的已有认知不符，导致受众对数据来源产生怀疑。另外，可视化作品往往突出强调的是部分信息，给人信息不完整的感觉，再加上以图形来表达信息也容易让人感觉不够严谨，造成受众对可视化作品的信任度较低。眼动实验中的轨迹图和热点图表明，受众会注意到图表中的数据来源，而问卷结果也显示，信息呈现方式并不影响信任度，综合各种因素，关于信任度的研究假设虽然没有得到验证，但也是合理的。

通过对两种阅读方式喜爱度的量化统计分析发现，受众对可视化作品的喜爱度均值明显高于对纯文字报道的喜爱度均值。此结果说明：信息的表达形式会影响受众对信息的喜爱度，可视化作品比纯文字报道更让受众喜爱，而且喜爱的稳定性高。文字是一种严密、抽象、规范的语言符号，传播信息精准但阅读速度慢，对阅读者有一定的文化知识的要求；相比而言，可视化作品则显得形象直观、一目了然，阅读门槛低。在信息剧增而阅读时间短缺的时代，经过可视化处理的信息产品能够满足快速消费信息的需求。美国传播学者施拉姆的信息选择或然率公式中作为分母的“费力程度”，不仅仅指的是内容和传播途径，也包括信息的呈现方式。

通过对两种阅读方式参与度的量化统计分析发现，受众对可视化作品的参与度均值高于纯文字报道的参与度均值。此结果说明：信息的表达形式会影响受众的参与度，可视化作品比纯文字报道更容易让受众有参与的冲动，参与度的稳定性高。问卷中对于参与度的考察主要是看受众在阅读完之后是否会产生分享的意愿，传播效果的行为层面是建立在认知和态度两个层面基础上的，只有受众理解并喜爱作品才能产生深层次的效果，即行为，即便可视化作品在理解度上与文字报道并无差别，但受众更喜爱这种表达样式，更愿意分享，也是合情合理的。互联网环境中的受众参与行为还包括收藏、点赞、评论等方式，因此，本实验的后测内容还不够细致，对可视化作品在参与行为层面的考察还可做进一步的探索。

综上所述，分析从眼动实验导出的轨迹图和热点图，可以验证研究假设 1 的正确性，即可视化作品更容易让受众注意到关键信息。通过分析问卷的量化统计结果，基本验证了研究假设 2、假设 5 和假设 6 的正确。假设 3 和假设 4 由于存在较多的干扰因素，导致假设没有得到验证。优越的视觉效果确实能够让受众喜爱并参与进来，受众对于可视化作品的记忆度会更高，但在信息的理解以及信任度方面，可视化作品的效果和纯文字报道是没有实质性差别的。

（三）眼动实验数据与问卷数据的相关分析

将眼动实验的数据与问卷量化指标进行相关性分析发现：注视点计数与记忆度之间、注视记录长度和喜爱度之间、注视记录长度和注视点计数之间存在着正相关关系（如表 5－3 所示）。注视点计数越多，说明被试者视线所观察到的信息越多。在后测问卷中，记忆度的测量方法主要考察被试者对于实验材料中的关键信息的记忆情况，关注到的信息越多，记忆度得分越高，所以注视点计数与记忆度之间存在着相关关系，即被试者对信息的注视范围越广，其对材料的记忆效果越好。注视记录长度可以反映被试者对于实验材料的兴趣度，所以注视记录长度和喜爱度之间存在相关关系，即被试者对材料的注视时间越长，说明其对材料的喜爱程度越高。而注视记录长度越长，说明被试者的视线在实验材料上的停留时间越长，注视点计数的数值因此也就越大。

表 5-3 相关分析结果

		记忆度	理解度	信任度	喜爱度	参与度	注视记录长度	注视点计数
记忆度	Pearson 相关性	1	-.160	-.055	.353*	.189	.289	.387*
	显著性（双侧）		.323	.736	.026	.243	.071	.014
	N	40	40	40	40	40	40	40
理解度	Pearson 相关性	-.160	1	.144	.263	.025	.111	.152
	显著性（双侧）	.323		.375	.102	.881	.496	.349
	N	40	40	40	40	40	40	40
信任度	Pearson 相关性	-.055	.144	1	.201	.355*	.066	.083
	显著性（双侧）	.736	.375		.215	.024	.686	.611
	N	40	40	40	40	40	40	40
喜爱度	Pearson 相关性	.353*	.263	.201	1	.418**	.317*	.295
	显著性（双侧）	.026	.102	.215		.007	.046	.046
	N	40	40	40	40	40	40	40
参与度	Pearson 相关性	.189	.025	.355*	.418**	1	.202	.251
	显著性（双侧）	.243	.881	.024	.007		.211	.118
	N	40	40	40	40	40	40	40
注视记录长度	Pearson 相关性	.289	.111	.066	.317*	.202	1	.888**
	显著性（双侧）	.071	.496	.686	.046	.211		.000
	N	40	40	40	40	40	40	40
注视点计数	Pearson 相关性	.387*	.152	.083	.295	.251	.888**	1
	显著性（双侧）	.014	.349	.611	.064	.118	.000	
	N	40	40	40	40	40	40	40

注：*. 在 0.05 水平（双侧）上显著相关；**. 在 0.01 水平（双侧）上显著相关。

（四）本研究的局限性

本次眼动实验的局限性主要表现在两个方面：一是被试者的选择，为了降低因个人因素对实验结果的干扰，被试者全部选择了在校大学生，这就与现实生活中数据可视化作品的阅读者存在一定的差别，所以，研究结论在推至全体时需要慎重；二是实验材料中的可视化作品原本是穿插着文字内容的三张图，第二张图完整展示将会降低清晰度，为此研究者将该图裁切为两幅，虽然调整后的四张图按照顺序依次显示，但与浏览三张图还是存在差异的，至于这种差异在多大程度上影响测试，尚有待进一步验证。

此外，现在很多数据可视化产品是交互式的，需要被试者自己操作键盘、鼠标来完成阅读，但目前的眼动仪尚不具备这种功能，实验仪器的功能限制了实验材料的选择，因此，此次眼动实验的个别结果和结论能否适用于交互式数据可视化作品有待进一步的验证。

四、本研究的主要结论

本项研究可以得出以下主要结论。

人们在阅读文字报道和数据可视化作品时的视线轨迹有明显差别，前者遵循自上而下、从左到右的顺序轨迹，后者的第一落点则倾向于放在被突出强调的极大值附近，且视线在若干个被强势处理的数值之间流动和停留。

无论是文字报道还是数据可视化作品，标题的重要性再次得到验证。不仅看文先看“题”，而且看图也是先看“题”。大字号的标题和关键信息都利于捕捉阅读者的视线。

相比于阅读文字材料，受众对数据可视化作品的喜爱度、记忆度和参与度更高，但在理解度、信任度上差异不显著。这再次表明，数据可视化作品可以取得更好的传播效果。

信息的表达形式与受众阅读信息时的喜爱度、记忆度和参与度存在相关关系，可视化的叙事方式不仅降低了受众的获知成本，而且提高了受众对信息要点的记忆效率和分享欲，这就为新闻信息的广泛传播和再传播提供了参考。

受众阅读信息时的理解度和信任度与信息的表达形式关联不大，这就证明，理解与信任主要来自受众对内容层面的感受。无论是文字符号还是图形符号，编码时的易读易懂和明确标注信息源是任何新闻生产方式的专业规范。

注视记录长度与喜爱度之间存在显著相关。以视觉元素快速抓取受众的眼球，营造不同的兴趣点，来实现“悦读”，进而延长信息消费的过程，已然成为当下各类媒体争取受众的制胜之策。

注视点计数与记忆度之间是正相关关系。看的范围广、内容多，自然就要耗费较长的阅读时间（注视点计数与注视记录长度之间也是显著相关的），自然也就记得牢。因此，为新闻作品营造较多的看点（新闻点），有助于提高受众的记忆效果。

第三节　数据可视化产品在社交媒体上的再传播

移动互联网的快速发展，为社交媒体成为人们获取信息、交流沟通的重要平台打下了技术基础。数据可视化产品作为一种精练、有趣、高效的信息载体，为社交媒体的广大用户所认可和青睐。数据可视化产品在社交媒体上的广泛传播，既为社交媒体吸引了受众，扩大了影响力，也为数据可视化产品的发布和再传播提供了便利。

一、数据新闻在移动互联网时代的新趋势

数据新闻自兴起以来，在国内外诸多传媒实践中得到快速发展，在数据的采集、处理、发布等方面，随着传播技术的进步和传媒生态环境的影响，表现出一些新的发展趋势。

（一）日益重视使用自采数据

尽管开放数据运动为数据可视化实践提供了便利，但是，数据犹如新闻线索，属于公共资源，各家媒体都可以开发利用，加上数据挖掘工具的开源性，使得报道者的主观能动性发挥的余地受到了一定程度的限制。如此一来，数据所蕴含的新闻、知识、经济等价值要素也就成为共有的东西，一味地依赖相同的公共数据就很难生产出独具特性的数据可视化产品。因此，要想使自己的报道与众不同，挖掘出不可复制、无法取代的有价值的

新闻信息，必须创建自己的数据库，有时候为了某一专项报道，还需要创建自己独特的数据集。2017 年 11 月英国的《金融时报》刊登了一篇《熊猫如何成为中国的外交武器》的文章，文中使用了两幅数据图表《圈养大熊猫的兴旺》和《中国主要的贸易伙伴拥有最多的熊猫》来佐证观点。同时，《金融时报》在其网站上还刊发了《熊猫外交：中国和谁分享了国宝熊猫》的数据可视化报道（如图 5－7 所示）。报道介绍了从 20 世纪 30 年代至 2014 年的中国熊猫对外输出的情况，5 种图例分别代表了出生的、捕获的、转移或作为礼物赠送的、死亡和尚存活的熊猫数，纵向排列着近 20 个拥有熊猫的国家。读者可以轻松地从信息图中了解哪些国家在什么时间以何种方式获得了中国的大熊猫，这些大熊猫现在的状况如何。这两篇报道中的数据来源均是金融时报研究所的有关大熊猫血统的文件。

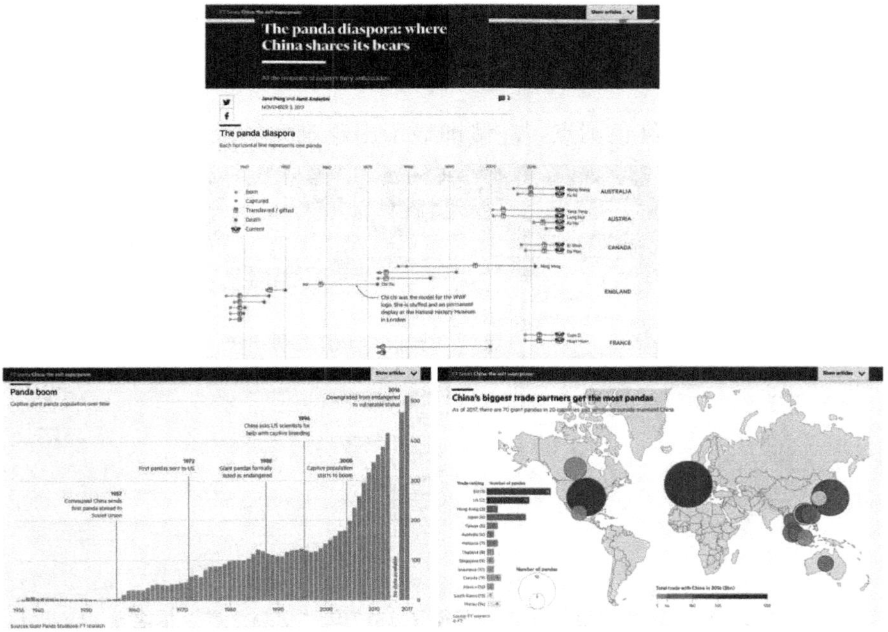

图 5－7　《金融时报》关于《熊猫外交：中国和谁分享了国宝熊猫》的信息图

（二）挖掘数据中的情感因素以感染受众

应用分析软件从毫无生机的数据中挖掘信息，似乎很难和情感因素联系在一起。实际上，我们从数据挖掘中获取的有关报道客体的信息是多维的，不仅有关系、空间位置、时间等，也包含了情感信息。数据可视化分析的不仅仅是数据，给予受众的不仅仅是定量认识，也同样可以唤起受众的情感。我们都知道情感因素在新闻报道中更具感染力和震撼力，易于引发受众的思想共鸣，提升报道效果。但是，不容忽视的是，情感因素较为抽象，需要通过图形、音频或视频等元素呈现出来，需要借助故事化的手法展现出来。2017 年的“信息之美”提名奖中有一篇《路线背后的故事》（The Stories Behind a Line）（如图 5－8 所示），报道者通过数据讲述了六名避难者从家乡历经磨难来到意大利的故事。这些数据（包括旅行公里、小时和交通工具等）塑造了他们的个人旅行路线。这些数据简单而有力：它们代表着珍贵的记忆，描绘了那些正在寻找更好生活的人疲累和危险的经历。[1] 点击路线中的红色圆点，左侧即显示出避难者的艰辛历程，如“他在

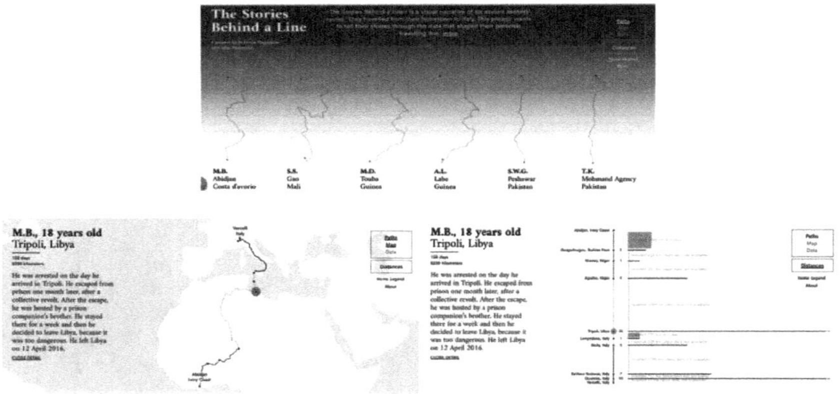

图 5－8 《路线背后的故事》获得了 2017 年“信息之美”提名奖

① FRAGAPANE F. The stories behind a line [EB/OL]. (2017－03－02) [2018－01－02]. https: //www.informationisbeautifulawards.com/showcase/2497-the-stories-behind-a-line.

到达的黎波里的那天被捕了。一个月后，他经历了一次集体起义出了监狱。他被一个监狱同伴的兄弟收留了一个星期，然后决定离开利比亚，因为那里太危险了"，"为了到达利比亚，他和他的一群人在沙漠中行走，他们没有食物和水。他看见许多人在旅行中死去。他失去了很多朋友"。点击右侧的按钮"Distances"，路线图便转换为含有更多行程细节的信息图，令读者深切感受到避难者所经历的惶恐与挣扎。

（三）动画短视频助力可视化效果

数据可视化是向公众展现数据的重要工具，其所采用的表达形式包括信息图、交互性图表和动画视频等。[①] 动画视频融合了音频和视频两种传播符号，能够同时对视觉和听觉产生感官刺激，根据需要还可以添加人物形象，赋予受众身临其境的代入感，如果制作软件应用得当，还可以在手机端和 PC 端同时阅读。数据可视化生产中主要应用的是动画短视频，这是一种介于平面设计和动画片之间的产品，它融合了图形设计和电影的镜头语言，基于时间线制作，在视觉表现上使用的是源于平面设计的规则，在技术上使用的是动画制作手段。与传统意义上的动画所不同的是，传统动画展现故事情节，重点表现人物动作；而数据可视化中的动画短视频则是传递信息，重点表现的是知识和数据。[②] 新华社数据新闻部在 2016 年、2017 年两会期间，解读政府工作报告时两次使用了动画短视频，尤其是 2017 年的政府工作报告解读还使用了无人机拍摄的视频，让枯燥乏味的数字"活"起来、"动"起来，使受众在获取信息的同时，感受到其中的乐趣（如图 5-9 所示）。动画短视频是数据可视化发展到一定阶段的产物，但因其交互性不足，在应用过程中还需要和信息图、交互性图表等可视化形式配合使用。

---

① 黄芯芯，陈为．数据新闻与可视化［M］//新京报传媒研究院．新京报传媒研究：第四卷（数据新闻）．北京：新世界出版社，2014：52-53.

② 李强．壹读视频：核心在于信息的解释能力［J］．传媒评论，2015（4）：13.

图 5-9　新华网在数据可视化产品中对动画短视频的应用

二、数据可视化产品在社交媒体上的传播特点

当前，欧美与我国都有一些在数据可视化方面有所专长的新锐媒体，这些媒体除了在主流媒体上（报纸、电视或网站）刊发数据可视化产品之外，也在微博或推特等社交媒体上进行延展性传播，在社交媒体的再传播中所表现出的差别和特点值得我们研究和探索。

（一）微博和推特上的数据可视化产品

尽管受到微信的影响，微博依然是当前我国新闻机构及个人经常使用的信息分享和交流平台。通过考察几家国内网站的数据可视化产品在微博上的发布情况发现，网易的《数读》较为规范和成熟，而其他媒体在社交媒体上的推送还有待改进和完善。

● 新华网《数据新闻》

该栏目没有单独建微博账号，一般都是由该部门的编辑筛选出一些作品推送到“新华网”的微博账号（ weibo. com/newsxh ）上，受众只能在微博里根据标题来搜索，这就不如直接进其数据新闻部的官网来查看，如果想分享的话，也可以通过可视化产品下方的微博小图标来实现一键分享。

● 财新网《数字说》

虽然在微博里有专门的《数字说》栏目，就是“#数字说#”，但是，呈现在微博里的不是直接的可视化产品，而是网页链接，链接到网页版的数字说频道。目前一些产品需要付费才能看内容。好在链接进来的网页的右侧有个“数据新闻与可视化作品”的按钮，点击之后可以看到许多免费的数据可视化产品。这种层层递进的链接方式，增加了阅读过程的复杂性，不如把“数据新闻与可视化作品”的按钮直接放在微博“#数字说#”的显著位置上，这样有助于提升受众阅读时的顺畅感。

● 搜狐《数字之道》

《数字之道》没有专门的微博账号。在微博搜索栏中搜索《数字之道》，显示的是所有的带“#数字之道#”标签的微博。但是，只有找到搜狐图标右侧标注的“搜狐新闻”，并以“#搜狐新闻-数字之道#”开头的博文，点击该文章最后的“网页链接”，才能链接到《数字之道》的网页。这类微博往往只呈现了整个可视化产品的若干部分，报道中的文字部分都被简略化之后放在博文中了。也有个人账户传播《数字之道》的作品，要么是放一张长图表，要么是选取若干图片，排放在一起，有的有链接，有的没有链接。

● 网易《数读》

相比以上几家媒体的微博，《数读》有专门的微博账号。《数读》已经突破了140个字的限制，点击博文中的浅蓝色标题，就可以链接到网页版阅读完整的报道，也可以点击微博中的图片来实现完整阅读。从发布的时间上看，《数读》微博的推送和分享，与网页版是同步的，即从两个渠道来实现可视化产品的传播。《数读》微博页面的最右侧，有一个纵向的时间轴，从2012年1月13日，《数读》发出第一篇微博《Hello World!》直至今日，点击某年某月的数字，即会显示某年某月《数读》所推送的可视化产品的微博。如果点击“热门”，可视化产品的排列则打破时间顺序，按照转发量自上而下排列（如图 5-10 所示）。

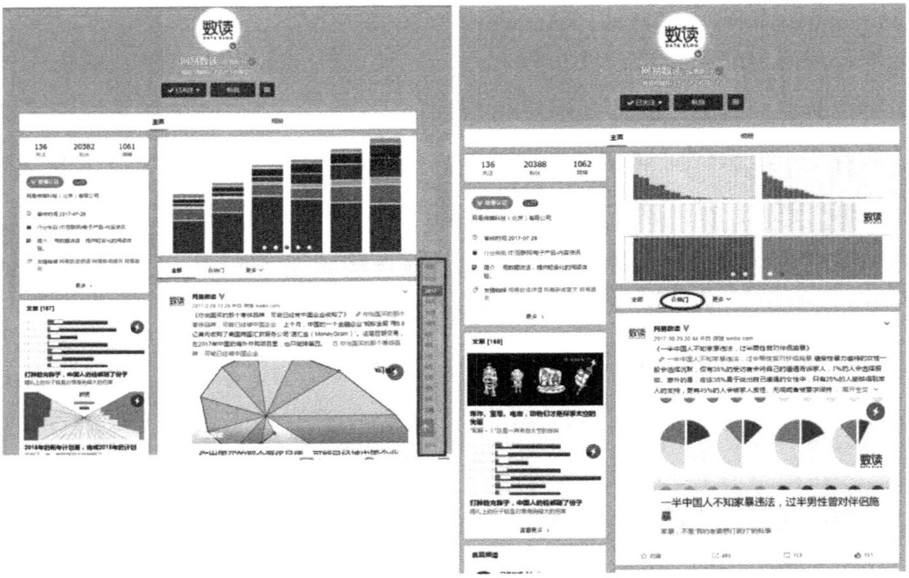

图 5-10 《数读》微博的数据可视化产品排序方式

推特是流行于国外的一种社交网络及微博客服务。笔者通过研究《纽约时报》的《The Upshot》、《卫报》的《Guardian Data》和路透社的《Reuters Graphics》等在推特上的推送情况发现，这些数据可视化的新锐媒体非常重视社交平台的使用，有许多值得我们借鉴的地方。

- 《纽约时报》的《The Upshot》

点击“媒体”按钮之后，就会按时间顺序自近及远地列出《The Upshot》在推特上的推文，从时间上看，推特上的报道和《纽约时报》网站上的报道是同步的。推文一般都很简短，用一两句话介绍一下报道的核心信息，推文之后都有一个链接，点击链接即可转跳到相关网页查看详细报道，点击图片看到的依然是这幅图片的放大版，所以，要看完整报道只能点击推文后的链接。图片下方有 4 个按钮，分别是回复、转推、喜欢和私信，为受众转发、评论或向媒体反馈意见提供方便。

● 路透社的《Reuters Graphics》

路透社的图表也是按照时间顺序由近及远来安排推送次序的。与《The Upshot》稍微不同的是，除了简短的推文结尾处有跳转完整报道的链接之外，推文中也有对报道中的核心词的链接，点击该链接可以转接到另一个与该词语相关的推特页面。一些推文为了引起读者的关注，所配的图片是 GIF 动态图，但也有缺陷——点击图片时无法放大。静态图可以点击放大后保存，但 GIF 图则无法保存。

●《卫报》的《Guardian Data》

与《The Upshot》和《Reuters Graphics》不同的是，《Guardian Data》在推文之后除了有链接可以转换到完整报道外，还有这篇可视化产品的数据记者和可视化记者的推特账号，也就是说，《Guardian Data》为受众能够联系到作者提供了机会。此外，《Guardian Data》的推文所配的图片大多为数据图表，有时还配置一些自动播放的小视频，而其他媒体主要以配置照片或插图为主。

（二）数据可视化产品在微博与推特上的差别分析

微博和推特虽说都属于社交媒体，但二者之间还是有所不同的。第一，推特对字数的限制非常严格，图片和视频也要折算在正文字数之中，占用 24 个字符，而微博则不然，图片和视频是不计算在常规所要求的 140 字之内的，并且现在发长微博也日渐常态化了。第二，在图片的使用上，推特上基本上都是配图，并且多是一张图，而微博除了可以用一张图外，还时常把若干张图片拼在一起使用，按照模板把图片缩略修改成正方形，最多可以拼接 9 张图。第三，无论原图是静态还是动态的，在微博上呈现的都是静态图，必须点击后才能放大或播放；而推特上可以配置自动播放的小视频和 GIF 动图，视觉效果远胜于微博。不容忽视的是，微博与推特的这些差别也体现在了数据可视化产品在两者的推送上。一方面，微博的博文很多是超出了 140 字的限制的，文字量大，配置的信息图多，有时足以把新闻事件完整地报道出来，这就使得在微博中并不是每个博文后面都附有相关详细报道的网页链接。推特则不然，推文的文字量大多简短，文字之后都附有网页链接。另一方面，国内媒体在微博上刊发图片的方法不一，有的是截取可视化作品中的一部分，有的是可视化产品的缩略图，点击放大即可浏览，无须链接相关网页，缩略图就是详细报道本身。而推特上的图片基本上均为详细报道的一部分，由于不能完整呈现新闻事件，所以这唯一的图片需要精心选择，以吸引受众点击链接去阅读详细报道。

（三）社交媒体上数据可视化产品的类型及其发布策略

数据可视化产品在微博和推特上的不同不仅表现在推送的文字和配置的图片上，也表现在所推送作品的可视化类型以及发布的方式方法上。

网易《数读》为博文所配置的图片（可视化产品中的一部分）大多数是具有统计学意义的数据图表（包括条柱图、折线图、饼图、雷达图、散点图等），偶尔有词频图、卡通漫画以及与报道主题相关的照片等。如 2017 年 12 月 21 日的微博《这可能是全中国最靠谱的星座指南》配的就是词频图，2017 年 12 月 1 日的微博《贫穷限制了我的想象，明代皇帝居然这么能吃》则使用了一些食物的卡通漫画。《数读》的微博中很少使用地图，在 2017 年 9 月 29 日的《世界奇葩交规，老司机看了都紧张》的报道推送中，笔者才少见地看到为报道所配置的地图。尽管立体仿真图较数据图表有更好的视觉效果，更易于吸引受众的注意，但遗憾的是，浏览了整个 2017 年的《数读》微博没有发现一例立体仿真图。《数读》为推文所配的图片，往往是截取了的可视化作品的一部分，较难表达完整的信息，似乎只是为了不让这片区域空着，甚至有时都看不出来要说明什么问题，导致表述可视化作品的核心信息依然要依靠推文中的文字，而不是配图，因此，无论是从视觉效果还是从信息传达的完整性来考量，这都是值得关注和需要改进的。

财新网的《数字说》没有专门的微博账户，发布《数字说》博文的以财新网和《财新周刊》的官方微博为主，也有胡舒立等个人推送一些《数字说》的优秀作品，这就难免容易产生官方微博和个人微博同时推送某一可视化产品的现象。博文的配图以缩略图的方式，嵌入完整作品的情况比较少，很多时候配置的都是与主题相关的照片或插图，由于都是缩略图，使用的数据图表也少，导致配图的信息指向性模糊，信息含量低。但是，《数字说》的博文中有时配置一些GIF动图，如2017年10月25日财新网官微推送的动态地图《一张图揭示区域间发展不均衡》，采用的是GIF动图，显示中国地图上的东南沿海几个省区在不断扩大，形象而生动。

《纽约时报》的《The Upshot》在推特上所推送的可视化作品类型比较丰富，有包括条柱图、折线图、饼图、气泡图、散点图等在内的信息图，还有数据地图、热力图及与报道主题相关的漫画、照片等。由于推特上可以嵌入GIF动图，因此具有自动播放功能的交互图表也比较常见。笔者发现，一般情况下，微博上媒体对某一可视化作品的推送仅有一次，而在推特上，《The Upshot》一旦认为某个数据可视化作品重要，就会不厌其烦地多次推送。2017年12月17日，《The Upshot》在推特上先后3次推送了同一篇数据可视化报道《税收账单计算器：你的税会上升还是下降?》（Tax Bill Calculator：Will Your Taxes Go Up or Down?），第一次是上午7：31，推文是："我们的交互式税务计算器可以让你估计新税制对你的影响。"第二次推送是在10：32，推文是："新税制将如何影响人们取决于几个关键变量。有一种方法可以估计。"第三次推送是在中午12：55，推文为："有一种方法可以计算出你的税收会发生什么。"多次反复的推送，证明了《纽约时报》的一种传播理念，即推文发布的次数越多，推文被阅读的可能性就越大，原文的访问量也随之增大，起到聚沙成塔的作用。笔者在考察中还发现，同一篇报道的推文在配置信息图时，有时是静态的，有时是动态的，分别呈现报道中的几个新闻要点并前后呼应、相互配合。

《卫报》的《Guardian Data》在推特上的可视化作品类型主要为信息图，其中条柱图和折线图居多。与《The Upshot》不同的是，《Guardian Data》经常采用一幅主图加两到三幅缩略图的组拼方式，而这些图都是可视化报道中的一部分（如图 5－11 所示）。组拼后的图片具有局部链接的功能，想看哪个图片的放大版就点击哪个。对同一篇报道，《Guardian Data》也是多次重复推送的，如 2017 年 3 月 20 日推出了一篇数据可视化报道《如何完成一本小说：追踪一本书的进展，从构思到完成》（How to Finish a Novel：Tracking a Book's Progress from Idea to Completion）。在 3 月 20 日这一天，《Guardian Data》在早晨 4：13、6：07，和下午 2：17 共推送了 3 次，每次的推文和所配置的 GIF 图也都不一样。这种做法和《The Upshot》如出一辙。

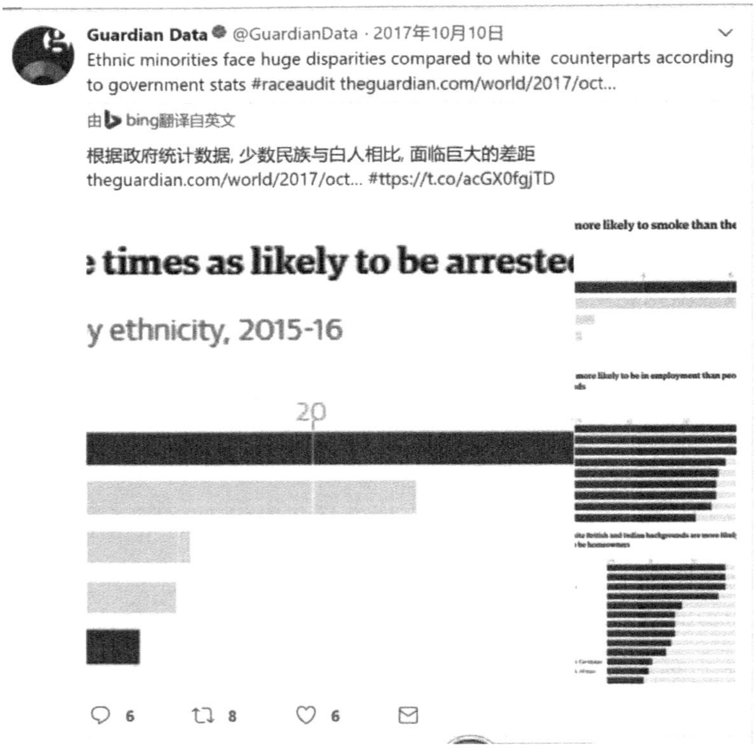

图 5－11 《Guardian Data》推特上的拼图

路透社的《Reuters Graphics》在推特上的可视化作品类型较为丰富，尤其是地图和 GIF 动图的使用明显多于《The Upshot》和《Guardian Data》，尽管只使用了一张图，但其视觉效果不错。在发布频率上，《Reuters Graphics》也采用重复推送的方式，所不同的是，《Reuters Graphics》的推送间隔时间更长，基本上是一天推送一次，连续推送几天，而《The Upshot》和《Guardian Data》则是一天之内反复多次推送。如 2017 年 10 月 2 日中午 12：11，《Reuters Graphics》推出了《诺贝尔奖获得者》（Nobel Laureates）的交互信息图。之后在 10 月 3 日早上 6：08、10 月 4 日早上 5：08、10 月 5 日早上 5：07、10 月 6 日中午 11：48 又连续 4 次推送，推文的配图都采用了相同的 GIF 动图。不过，《Reuters Graphics》偶尔也采用基于内容切分的“总-分-总”的方式进行推送。2017 年 9 月 28 日，《Reuters Graphics》针对美国总统特朗普的移民政策推出了数据可视化作品《特朗普的效果——跟踪总统政策的影响》（The Trump Effect——Tracking the Impact of the President's Policies），这是一个结构复杂的复合型数据可视化产品。推文发出之后的当天和次日，《Reuters Graphics》又先后推送了 4 个推文：《收紧边境》（Tightening Borders）、《限制难民》（Limiting Refugees）、《结束 DACA 保护》（Ending DACA Protections）和《制定一个旅行禁令》（Enacting a Travel Ban），笔者打开这 4 篇推文发现，其实都是《特朗普的效果》中的不同部分的内容（9 月 29 日两次推送的内容相同，仅配图不同）。2017 年 10 月 2 日，《Reuters Graphics》在推特上再次推送了完整版的《特朗普的效果》（如图 5－12 所示）。虽然几家媒体在数据可视化作品上的推送方式略有不同，但目的是相同的，相对而言，《Reuters Graphics》的每天推送和内容切分更易于满足受众自主阅读的需要。

三、社交媒体用户与数据可视化产品

社交媒体的用户不仅指通过社交媒体收受信息的受众，也包括利用社

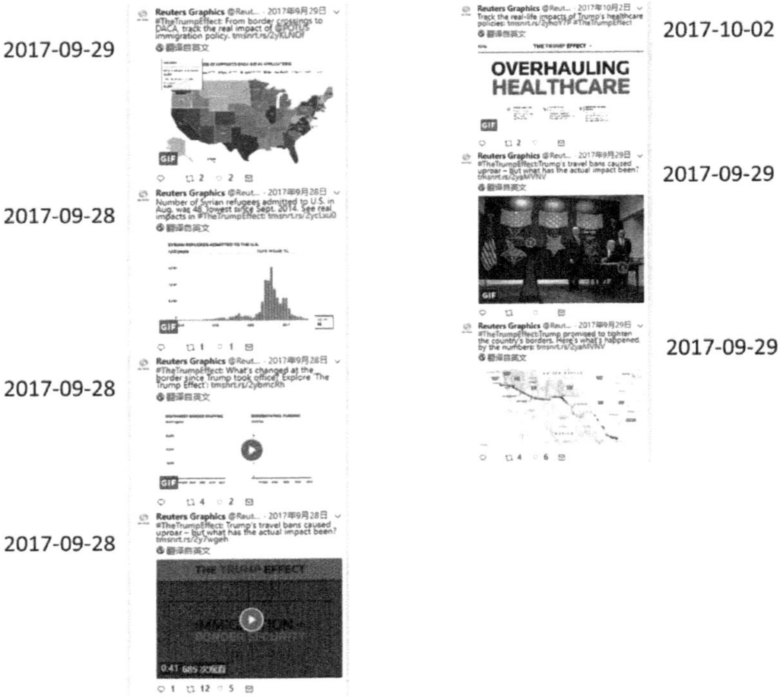

图 5-12 《Reuters Graphics》对《特朗普的效果》的多次推送

交媒体再传播信息的传播者。传播技术的发展，使得原本泾渭分明的传播边界日渐消失，在社交媒体上，传者与受者已经融合为一体。

(一) 社交媒体用户的类型与特征

社交媒体上的用户大致有三类，一是组织机构，二是意见领袖，三是普通个人。对于数据可视化产品的再传播而言，组织机构和意见领袖在其中所扮演的角色更为重要，二者在可视化产品的发布媒体与普通个人之间充当着桥梁的作用，通过转发、评论、点赞等行为延展了可视化产品的传播范围。通过考察数据可视化产品在微博上的认证情况发现，与发布媒体具有同类属性特征的组织机构占转发者的多数，其选择转发数据可视化产品的主要原因在于，在满足这些组织机构的用户信息需求的基础上，来扩大自己的被关注度和影响力。因微博实名认证的缘故，一些意见领袖确实是传媒领域的领军人物，有的是出于对同行的支持进行的转发，更多情况是出于对优秀作品的欣赏，根据自身对该可视化产品的价值判断和兴趣爱好来决定是否接受和再传播，在这个决策过程中感性因素和理性判断都在发挥着作用。笔者研究了西蒙·罗杰斯（Simon Rogers）的推特，作为数据可视化的领军人物，他所转推的数据可视化作品多来自《卫报》的数据博客、Google trend、ProPublica 以及类似 Air Now① 等发布数据可视化产品的媒体，另外他也转推了相当多的个人作品。保罗·布拉德肖（Paul Bradshaw）作为数据可视化的研究者在推文中转推的主要是个人的数据可视化作品，有些作品仅是个人用来在业内人士之间相互交流和学习的。可见，意见领袖在转推时，专业背景因素也在发挥着作用。由于数据可视化产品的理解和欣赏需要一定的认知水平、某些领域的专业知识，作为普通个人用户评论和转发可视化作品，除了对某作品的欣赏和认同外，还有相当的动机是通过在社交媒体上的转发、评论等行为来实现与他人的互动、交流，进而完成自我的建构。

（二）社交媒体用户对可视化产品的参与行为分析

除了收藏外，微博在博文下方为用户设置了转发、评论和点赞。从参与程度来看，点赞属于轻度参与，转发属于中度参与，评论由于需要用户组织思路、输入文字，属于深度参与。《数读》的微博里有“热门”设置，点击之后所呈现的博文是按照转发量、评论量和点赞数的综合情况排序的（如表 5－4 所示），以便于对这三种参与方式、可视化类型及其与可视化选题之间的关系进行考察。

① 此处关于“Air Now”的定义，来自百度百科（https：//baike. baidu. com/item/Air%20Now/17666004? fr=aladdin）。Air Now 是一款基于近实时空气质量信息采集技术以对周边空气污染物浓度进行检测的软件，其数据来源于欧洲环境署（EEA）下辖各成员国相关机构及美国国家环境保护局（EPA）。

表 5-4　网易《数读》微博推送情况统计表（取材时间：2018 年 1 月 6 日）

排名	作品题目	转发量	评论量	点赞量	可视化类型	选题类型
1	《一半中国人不知家暴违法，过半男性曾对伴侣施暴》	485	113	151	饼图、面积图	民生、法律
2	《七成中国人自认世界公民，最担心战争和环境破坏》	95	85	13	面积图、表格	社会
3	《这可能是全中国最靠谱的星座指南》	60	30	51	词频图、关系网络图、柱状图	娱乐
4	《我们分析了近五年的新闻，发现山东人最爱闹婚》	23	29	8	地图、面积图	民生
5	《他自愿被蜜蜂蜇了四个月，终于知道人体哪里最痛》	19	6	14	解剖图、坐标图	社会
6	《我们分析了 54 069 个楼盘，发现了中国房产取名的套路》	17	7	8	面积图	社会
7	《中国的女科学家，淹死在了社会的歧视里》	9	6	15	表格、面积图、柱状图	科技
8	《我们分析了整本〈三国志〉，发现战争狂魔原来是他》	12	6	9	地图、表格	历史
9	《每十个中国奶奶，就有一个抑郁症》	16	5	6	面积图、折线图	医疗卫生
10	《健康活到 68 岁，你就领先了一半中国人》	14	3	2	面积图、折线图	医疗卫生

对表 5-4 的分析发现，可视化类型的复杂程度、选题的类型都与受众的参与行为有着相关性。可视化类型相对简单，易于理解是受众参与的关键，《数读》排名前 10 的作品中，大多使用的是饼图、面积图、折线图、表格等，这些可视化类型易于受众比较数值的大小、发现数据的变化和理解数据之间的关系。从选题类型上看，民生、社会和医疗卫生因其话题与我们的日常生活具有较高的贴近性，最为微博用户所关注，高居前列。《数读》网页版中的时政、经济、国际等选题则鲜为用户所关注。

《The Upshot》、《Guardian Data》和《Reuters Graphics》等推特账号中的

用户参与行为主要有回复、私信、转推和喜欢四种。前两种没有统计数据，后两种则有数据可供参考。研究发现，使用 GIF 动图的可视化产品转推率最高，尤其是那些与用户的经济生活密切相关的选题，如 2017 年 12 月 17 日《The Upshot》推送的《税单计算器》（如图 5 - 13 所示）的转推次数累计达 186 次。

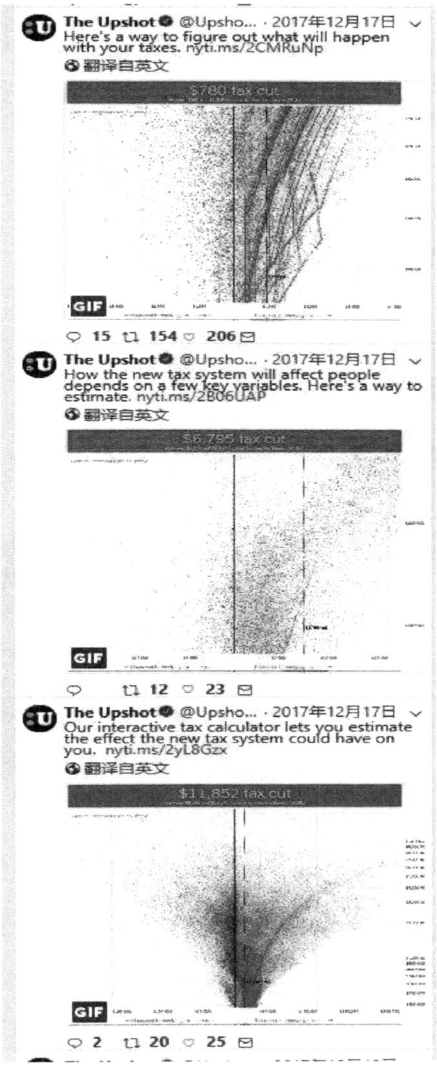

图 5 - 13　《The Upshot》推送的《税单计算器》

从选题的角度看，国际新闻类选题，尤其是反映灾难、冲突、难民的内容，辅助以制作精美的数据地图，往往被转推的次数比较多。比如《Reuters Graphics》在2017年12月和2018年1月先后围绕“罗兴亚族人的危机”推出了两篇报道《营地生活》（Life in Camps）和《夷为平地》（Burned to the Ground）（如图5－14所示），讲述的是2017年8月，缅甸西部若开邦的罗兴亚激进分子发动了一场军事打击，导致大部分地区被烧毁，大约有66.5万人被迫逃往孟加拉国。报道的冲突性、人物命运的跌宕起伏，加上动态数据地图的使用，有力地提升了转推率。

图5－14 《Reuters Graphics》推送的《营地生活》和《夷为平地》

另外，体育类选题以及与名人有关的故事都有助于提高转推率。比如2017年10月《Reuters Graphics》对泰国国王拉玛九世火化葬礼过程的报道（如图5－15所示）。从可视化类型分析，推特经常使用的为动态信息图、数据地图、交互图表等，复杂程度远超我国媒体的数据可视化产品，也许正因为如此，即使在社交媒体上，其依然保持了较高的阅读率和受众的参与热度。

图 5-15 《Reuters Graphics》对泰国国王拉玛九世葬礼报道的推送

综上所述，数据可视化产品自身所具有的吸引力和信息价值是促使社交媒体用户对其转发、评论的原动力。选题的接近性、所承载的信息量、样式的视觉愉悦度等是激发社交媒体用户再传播的外在因素。而数据可视化产品对用户心理需求的满足、价值上的认同，以及社交媒体用户的自我建构，则是激发再传播行为的内在因素。对新闻媒体而言，通过在微博、推特等社交平台上发布、转发能够激发社交媒体用户兴趣的数据可视化产品，其意义不仅仅在于增强数据可视化产品的用户黏性，扩充用户数量，更在于把这些用户引导至主媒体平台上，使其成为长期的潜在的受众。

第六章　构建数据新闻可视化的产品评价指标体系

数据可视化在新闻实践中日渐成熟，为了更好地适应传播环境的变化和满足受众的阅读需求，也为了体现新闻产品的品质，亟须确定数据可视化的专业规范和产品标准。在这方面，延续 6 年的全球数据新闻奖的评选活动，以及国内外新闻领域的优秀作品，为构建数据可视化的产品评价指标体系提供了丰富的研究样本和可靠的依据。

第一节　全球数据新闻奖中的数据可视化

数据新闻奖（Data Journalism Awards，DJA）是由全球编辑网（Global Editors Network）在 2012 年发起和组织、谷歌公司赞助的，旨在评选、表彰数据新闻领域的优秀作品。数据新闻奖向媒体机构、非营利组织及自由职业者或个人开放，其目的是在数据新闻方面设定高标准和展示最佳实践，启发记者的数据新闻创意，向媒体编辑和媒体高管彰显数据新闻的价值，强化记者、开发者、设计师和有关专家间的合作。[①] 考察数据新闻奖的获奖作品，可以对数据可视化的专业规范、发展趋势有个大致的判断和了解。

① 王斌．大数据与新闻理念创新：以全球首届“数据新闻奖”为例［J］．编辑之友，2013（6）：16.

一、数据新闻奖奖项设置上的变化

从 2012 年到 2017 年，数据新闻奖经历了六届评选，在奖项的设置上经历了一个不断探索的过程，其间呈现出奖项设置逐渐丰富、传统新闻价值观被强调、开放数据的理念被深化等特点。

在 2012 年，数据新闻奖仅对数据新闻的内容（数据驱动调查报道）、呈现形式（数据可视化）、数据表达途径（数据驱动应用）进行了评选，三大类奖项按照国家和地方两个层次进行分类，共设置六个奖项。在接下来的五年这三大类奖项也都进行了评选，但是评选的层次由按照国家、地方的划分变成了按照编辑室的人数来区别，分为大型编辑室和小型编辑室，评奖关注的重点由报道的内容范围转为制作团队的人数。

到了 2013 年，数据新闻奖的奖项中新增了年度数据新闻网站奖，该奖项着重考察新闻网站的内容质量、更新频率等[①]，这个奖项的增设体现了数据新闻界对网络媒体的重视，这一奖项在接下来的 4 年中都在连续进行评选。

2014 年开始，数据新闻奖的评选从只对数据新闻本身进行评选到开始关注对数据新闻制作过程中人员和团队的嘉奖，新增了最佳团队作品展示奖、最佳个人作品奖、评委选择奖、最佳单一选题报道奖和小型编辑室新人奖。

2015 年的奖项设置体现了开放数据理念的逐渐深化（增加开放数据奖），以及对传受互动的关注（增加公众选择奖）。鉴于一些数据的非公开性，记者在报道时要花大量时间查阅相关资料梳理数据，既降低了工作效率，又影响了数据来源的权威性和准确性这一现实，况且，大数据行业和

---

① 安东．国际数据新闻的发展态势与方向：以 2017 年数据新闻奖为例［J］．传媒，2017（22）：58.

传媒行业一直呼吁政府部门和企业组织能够开放数据，建立开放的数据库，因此，开放数据奖的设立就是对在这方面做出贡献的组织机构进行的鼓励和表彰。

有研究显示，数据新闻制作团队平均由 9.6 人构成，人数最多时能够达到 30 人，每一项报道平均耗时从 8 小时到 7 年不等，平均则需要 5 个多月。比如 2012 年获得“数据驱动调查”奖项荣誉的报道，由阿根廷《民族报》（*La Nacion*）记者制作的《公交系统补贴调查》（Subsidies for the Bus Transportation System），就耗时长达 13 个月。[①] 在这种情况下，2015 年增设的最佳突发新闻数据使用奖，要求制作者能够同时快速收集相关数据，总结分析并且运用可视化手段进行快速呈现。2015 年虽然设置了突发新闻数据使用奖却没有评选出获奖作品，在 2016 年的评选中半岛电视台美国频道的《脱轨美铁列车：死亡曲线上的飞驰》获得了此奖项（如图 6－1 所示）。制作者在事发一年前就开始调查美铁列车，设计了追踪其行驶的地图，实现了每隔 5 分钟收集和存储一次数据，使得制作团队可以知晓美国国内每列火车的实时定位和行驶速度。脱轨发生后，制作团队通过对火车行驶轨迹的定位，分析了从同一弯道驶过的几百辆火车的行驶数据，发现火车在脱轨前的速度已超过该路段限速的两倍以上。

2017 年数据新闻奖新设了小型新闻编辑室奖和年度在校及青年数据新闻工作者奖两个奖项。小型新闻编辑室奖从 30 人以下的小型新闻组织中评选，年度在校及青年数据新闻工作者奖主要授予在学生时期或者工作生涯早期完成出色数据新闻项目者。这一调整既是对新人和小型组织参与数据新闻生产、参与比赛的鼓励，更体现了数据新闻实践过程中一个新的发展

---

① 刘彤．2012—2016 年数据新闻奖获奖作品可视化叙事研究［D］．重庆：西南大学，2017.

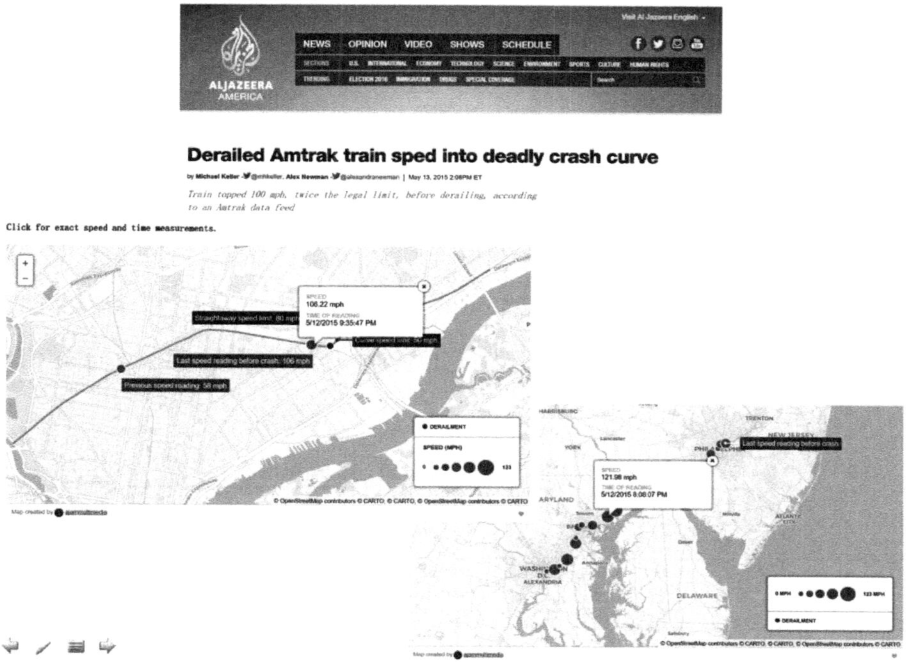

图 6-1　《脱轨美铁列车：死亡曲线上的飞驰》获得了 2016 年的突发新闻数据使用奖

趋势，即参与人员的年轻化和机构的轻量化①。

二、数据新闻奖获奖作品的特点分析

（一）获奖作品的媒体类型分析

刊发获奖作品的媒体以传统媒体为主，如《西雅图时报》、《卫报》和《华盛顿邮报》、BBC 新闻等老牌权威媒体。在 2012 年至 2017 年的数据新闻奖获奖作品中，有 62.2%的数据新闻作品刊发在传统媒体上。除此之外，数据新闻作品还刊发在非营利性新闻机构的官网上，如 ProPublica、世界资源研究所、西班牙非营利性新闻机构等，还有作品刊发在数据可视化工作

① 安东．国际数据新闻的发展态势与方向：以 2017 年数据新闻奖为例［J］．传媒，2017（22）：57.

室的网站上，如 Journalism＋＋、WeDoData 等。非新闻机构制作的数据新闻作品往往会发布在单独建立的网页上。如莫雷蒂自由大学（意大利）的利玛窦组织团队创作的《博尔扎诺人民共和国》（获得 2015 年最佳数据可视化-小型新闻编辑室奖），就是把作品发布在自己单独建立的网页上的。

（二）选题（主题）的分布特点

根据主题和内容，笔者将 2012 年至 2017 年的数据新闻奖获奖作品主要分成了政治、政府、社会、医疗、环保等 16 类（对个人、团队和网站的嘉奖没有计算在内），使用语料库在线中的字词频率统计来计算每个主题出现的次数，结论如表 6－1 所示。

表 6－1　数据新闻奖报道选题（主题）的分布情况

序号	字词	频次	频率（%）
1	政府	7	17.073 2
2	政治	6	14.634 1
3	社会	5	12.195 1
4	医疗	5	12.195 1
5	环保	2	4.878
6	教育	2	4.878
7	人口	2	4.878
8	事故	2	4.878
9	战争	2	4.878
10	犯罪	1	2.439
11	经济	1	2.439
12	恐怖主义	1	2.439
13	体育	1	2.439
14	移民	1	2.439
15	艺术	1	2.439
16	音乐	1	2.439

通过对数据新闻奖 6 年作品主题的分类并进行词频统计发现，政府、政治类是获奖作品的选题重点，政府主题主要包括对本国政府官员的监督和信息的公开。政治主题主要指政治人物的竞争、国际形象的输入输出。纵观 6 年来的报道主题，排在前 12 位的均为严肃的“硬新闻”，体育、艺术等

娱乐轻松性质的话题则是选题中的少数。报道主题的波动受国际国内大事件的影响，2016 年美国总统的换届选举，导致美国大选成为 2016 年和 2017 年数据新闻奖参选作品的热门主题，2016 年的预测型新闻网站 FiveThirtyEight 对美国大选的结果进行预测，其作品《什么左右着选举?》（What Would It Take to Turn States?）获得了新闻数据应用-大型新闻编辑室奖。2017 年美国国家公共广播电台（National Public Radio）的《事实核查：特朗普和希拉里第一次辩论》（Fact Check：Trump and Clinton Debate for the First Time）也获得了突发新闻数据使用奖。

(三) 数据来源分析

梳理 2012 年到 2017 年的数据新闻奖获奖作品发现，数据来源主要有三种类型。

第一种是对公众开放的数据。各种在线数据库、政府公开的数据以及社交媒体信息都是数据新闻记者获取信息使用最多的方式，特别是政府公开信息。据统计政府信息涵盖全社会信息的 80%，记者可以从政府公开的数据中挖掘政治、经济、文化等故事。① 阿根廷《民族报》的《2004—2012 年阿根廷参议院费用调查》曾获 2013 年数据驱动调查性新闻奖，该报道的数据来源主要是阿根廷参议院网站上公开的三万多份 PDF 文件，《民族报》招募志愿者手动将三万多份文件归纳总结，并转换为可以搜索的数据，该作品挖掘出了阿根廷副总统滥用公款消费的丑闻，起到对政府进行有力监督的作用。另外，各个企业、产业的数据库也是数据可视化作品的重要数据来源。2016 年最佳新闻数据应用-小型新闻编辑室奖的获奖作品《未被惩罚的放肆》就是秘鲁媒体 Convoca 根据油气和电力部门涉及环境监管的上千则报告建立了一个数据库，找出了那些自身盈利却使百姓受损的企业。

---

① 唐诗卉．大数据时代的信息可视化呈现：数据新闻研究［D］．武汉：华中科技大学，2014.

第二种是媒体记者自采的数据。采访是新闻记者的基本功，而这一项基本功也被应用在数据可视化产品的制作中。2013 年获得数据驱动性应用-大型新闻编辑室奖的英国广播公司（BBC）网站的《英国社会阶层计算器》（Great British Class Calculator）就是一个典型案例。2011 年 1 月，BBC 通过问卷的方式调查了英国市民的收入、房屋、存款等“经济资本”、参与文化和娱乐活动的“文化资本”以及他们的“社交资本”（如图 6 - 2 所示）。经过对 16 万份调查问卷的分析，报道者研究出了英国新型的阶层结构，借此制作新的阶层模型，并用交互手段帮助受众来参与新型的英国社会阶层测试。

图 6 - 2　BBC 为制作《英国社会阶层计算器》所做的社会调查

第三种是意外泄露的数据。收集和挖掘意外泄露的数据，是数据可视化生产中可遇不可求的事情。最典型的案例是2015年获得最佳调查新闻-大型新闻编辑室奖的《瑞典泄密》（Swiss Leaks），它就是根据瑞士汇丰银行前雇员窃取的机密资料（6万份文件包含了203个国家近10万名客户的账户资料，金额超过1 000亿美元）制作的。国际调查记者联盟（ICIJ）在获取该资料后，与45个国家的140多名记者合作，对所有泄露的文件进行了结构分析，建立了自己的数据库，通过深度挖掘，曝出汇丰银行瑞士分行协助客户避税及隐藏巨额资产的特大新闻，引发国际社会的关注。

（四）可视化特点

在数据新闻奖的获奖作品中，并不乏以文本为主要表现形式的作品，如前面提到的2017年美国国家公共广播电台获得的突发新闻数据使用奖《事实核查：特朗普和希拉里第一次辩论》。在这个报道中，该媒体安排了13位记者和编辑，包括负责能源、环境、科学、国家安全、外交、政治、商业、国际问题、司法等领域的记者，以及高级商业编辑、主导编辑和白宫记者等。他们的任务就是快速寻找相关的数据和事实来辨别、核实两位候选人在辩论中所述事实的真假，呈现谎言和真相。虽然该作品没有运用信息图，也没有利用交互功能，但其最大亮点就是在保证时效性的前提下帮助受众辨别新闻事件的真假。尽管如此，信息图和数据地图仍然是多数获奖作品的选择，大多数获奖作品都采用了信息图的表现形式，当涉及地理位置和区域时，数据地图则成了首选。此外，其他视觉元素还有时间线、图片、图表、幻灯片、动画、视频、搜索框和流程图等。为了更好地分析获奖作品的可视化特点，笔者研究了每种可视化类型的使用率和不同可视化类型的组合情况，以及交互功能在可视化中的应用情况。

第一，关于可视化类型的使用情况。数据新闻奖获奖作品所用的可视化类型主要有数据地图、时间轴和信息图表三种。81％的获奖作品运用了可视化手段，其中有40％的作品仅用了一种可视化手段，其余60％运用了两种及以上的可视化类型。信息图表在可视化类型中的使用率最高，达

81%；数据地图的使用率为 21.6%；时间轴的使用率为 8.1%。

第二，不同可视化类型的组合情况（见表 6－2）。在 30 篇数据可视化作品中，有 12 篇仅采用了一种可视化手段，且都是交互图表。其余的 18 篇采用了两种及两种以上的可视化类型的组合。获奖作品的可视化类型主要有信息图表、数据地图和时间轴三大类，每一个大类还可以划分为若干种小类别。信息图表可以细化为动态图、静态图和交互图；数据地图可以分为圆点地图、路线地图和热力地图。18 篇采用两种及以上可视化类型的作品，有单独在一个大类中组合可视化方式的，比如有的作品采用的是静态图和交互图、动态图和交互图的组合形式。而有的作品采用的是不同大类之间的组合，如时间轴与信息图表大类下的静态图的组合，数据地图大类下的原点地图与信息图表大类下的静态图、交互图的组合。统计发现，运用静态图和交互图组合呈现的作品数量最多，为 6 篇。

表 6－2　2012—2017 年数据新闻奖获奖作品不同可视化类型的组合情况

可视化类型	可视化细分类型搭配	篇数
信息图表	交互图	12
	静态图＋交互图	6
	动态图＋交互图	2
时间轴＋信息图表	时间轴＋交互图	1
	时间轴＋静态图＋交互图	1
数据地图＋信息图表	圆点地图＋静态图	3
	圆点地图＋交互图	2
	静态图＋交互图＋热力地图	1
	圆点地图＋静态图＋交互图＋动态图	1
时间轴＋数据地图＋信息图表	时间轴＋热力地图＋圆点地图＋静态图＋交互图	1

第三，交互功能在可视化中的应用。交互图在可视化作品中的利用率最高，有 90%的作品使用交互图来呈现新闻，其中有 3 篇还使用了个性化

表单的呈现方式，即受众根据自己的实际情况与数据可视化作品进行互动，并得到个性化反馈。如BBC制作的《英国社会阶层计算器》，受众将自己的个人情况，如工资、年龄、工作类型等内容填写到个性化表单中，该作品便会计算出填表人在现代英国社会中所处的阶层。

（五）产品更新和维护

在持续六届的数据新闻奖获奖作品中，只有较少作品进行了数据的更新和维护。2013年《卫报》的《美国各州同性恋群体权利》获得了数据可视化报道奖，该作品的数据更新至2015年6月26日。2014年获得最佳单一选题报道奖的《移民档案》也于2016年6月24日在网站首页上宣布：该报道的支出已经超过了项目收到的17 000欧元的赠款。更重要的是，该报道设定的目标已经达到。自2014年作品上线以来，国际移民组织和其他组织开始了自己的数据收集工作，现在有大量的媒体经常使用这些数字。有的甚至更进一步，不再以绝对数字来强调死亡率，这正是媒体希望通过《移民档案》来实现的。至此，《移民档案》停止了数据更新。对数据进行更新和维护的目的是使数据可视化产品产生更长远的社会效益。调查发现，其他的数据可视化作品基本上都是在评奖结束的当年就停止了数据的更新和维护。其实，数据可视化作品中有一些并不需要进行数据的更新和维护，比如对突发性事件的报道，对音乐、绘画等艺术作品的分析等，此类作品或具有突发性或具有长期有效性，即使不进行数据更新依然不影响理解。比如，2017年获最佳数据可视化奖的《汉密尔顿的韵律》就是《华尔街日报》对百老汇轰动一时的音乐剧《汉密尔顿》的复杂押韵结构所进行的识别和可视化处理。这一可视化方法完全以一种原始的方式帮助受众清楚地看到，是什么使得《汉密尔顿》的歌词如此令人难忘。对艺术类题材进行分析的可视化作品不强调时效性，并且具有长时间的稳定性，所以并不需要对其数据进行更新。

三、数据新闻奖中的可视化叙事符号与叙事设计

数据可视化在叙事中不是不使用文字，而是更倾向于将新闻素材视觉化，以可视化的方式来讲述新闻故事。文字依然是其叙事中不可缺少的符号，只是比重有所降低而已。在可视化叙事过程中，所使用的叙事元素主要集中于图形、色彩、视频和音频。所采用的叙事设计也主要有具象形态设计、抽象形态设计和混合设计。

（一）可视化叙事元素

可视化叙事不同于传统的文字叙事，它是一种视觉叙事，集合了多种符号的传播特性。不容忽略的是，在可视化叙事中所营造出来的美观，不过是与“呈现事实”之间的平衡，数据可视化叙事依然是为“用事实说话”服务的。那么，探索视觉元素在可视化叙事中的作用与影响，对数据可视化实践具有一定的现实意义。

首先，色彩元素的应用。不同的色彩在每一种文化中都有着特定的意义。在可视化设计中，不表达含义的色彩是多余的。色彩除了具有组织信息、渲染氛围的功能之外，对受众的认知还有“唤起”作用。比如获得2015年最佳数据可视化奖项的《博尔扎诺人民共和国》，该作品的初衷是回应意大利北部城市博尔扎诺市民对中国移民的负面看法。作品以“中国红”为主色调来凸显作品的民族特色。众所周知，1917年俄国十月革命之后，红色被赋予了较强的政治色彩，而在该作品中，红色又与新闻主题相契合，强化了阅读体验。

其次，图形符号的应用。视觉不仅是大脑接收信息的途径，也是传达信息的主要途径。在这一过程中，图形符号对视觉生理系统有着较高的刺激度和辨识度。如圆形，这是获奖作品中使用最多的图形，它被赋予不同的色彩、不同的面积用于表示不同的量值或属性方面的差别。地图作为较复杂的一种信息图形，在获奖作品中被大量使用，当被加入了点、线以及

色彩等元素后，数据地图为受众提供的不仅仅是空间信息，也有数据间的关系比较等。如2015年获得特别引荐奖的《柏林晨邮报》的作品《新、老柏林人：谁来过，谁离开，今天谁生活在这里》就是将地图、色彩、数据融合在一起的典范。制作团队在柏林墙倒塌后的25年内，针对人口的流入、流出情况进行了调查和分析，以柏林地图为基础，采用冷暖色调的不同饱和度的层次，来对应数值的变化。受众移动鼠标指针，滑动到某一街区，浮动窗口就显示出柏林不同区域的人口流动数据（如图6-3所示）。

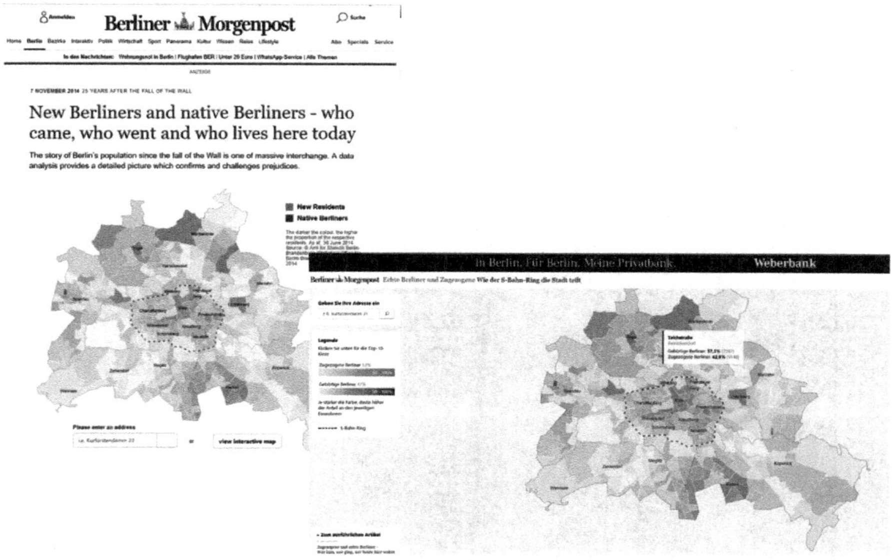

图6-3 2015年《柏林晨邮报》制作的数据地图

再次，视频符号的应用。国内外一些电视台运用大数据挖掘做调查性数据新闻报道已有不少经典案例。在数据新闻奖获奖作品中，也有一些以网页形式呈现的数据可视化作品，嵌入了视频资料，其目的是更好地为新闻报道提供生动、翔实的背景信息。国际调查记者联盟的作品《巴拿马文件》（The Panama Papers）获得了2016年的调查报道奖。该作品就嵌入了一段4分钟的视频《巴拿马文件：一年的调查、影响和愤怒》（如图6-4所示)。也有作品在受众浏览页面时，随着浏览页面的进度，自动播放拍摄自事件现场的视频录像。如 2017 年获得年度在校及青年数据新闻工作者奖的作品，就是随着页面翻到一定位置，以满屏来自动播放暴乱现场的录像。

图 6－4　2016 年调查报道奖作品《巴拿马文件》中的视频

最后，音频符号的应用。音频符号是广播媒体的主要传播符号，在数据可视化生产中较少使用。但是，每一种符号都有其独特的地方，即便不能直接传达信息，也可以作为传播信息的辅助手段而发挥作用。2015 年的最佳新人奖作品《二氧化碳的过去（排放）、现在（预算）和未来》是一则科普性的数据可视化报道，它以动画视频的方式向受众呈现了 1860 年至

2013 年每年 20 个碳排放量最多的国家的顺序变化，直观地呈现了这些国家的碳排放情况。在播放动画视频的同时，辅助以欢快流畅的音乐背景，强化了视听效果。2017 年数据新闻奖的最佳数据可视化奖颁给了《华尔街日报》，其作品《汉密尔顿的韵律》通过分析热门音乐剧《汉密尔顿》的押韵结构，开发了一种捕捉词句复杂程度的算法，并用可视化的形式将这些韵律呈现出来。点击按钮之后，在钻石状图形依次跳跃显示的同时也播放演员歌唱的片段（如图 6－5 所示），将声音和视觉有机地融为一体，展示了音频符号的潜能，数据可视化产品不仅“可视”，而且“可听”。

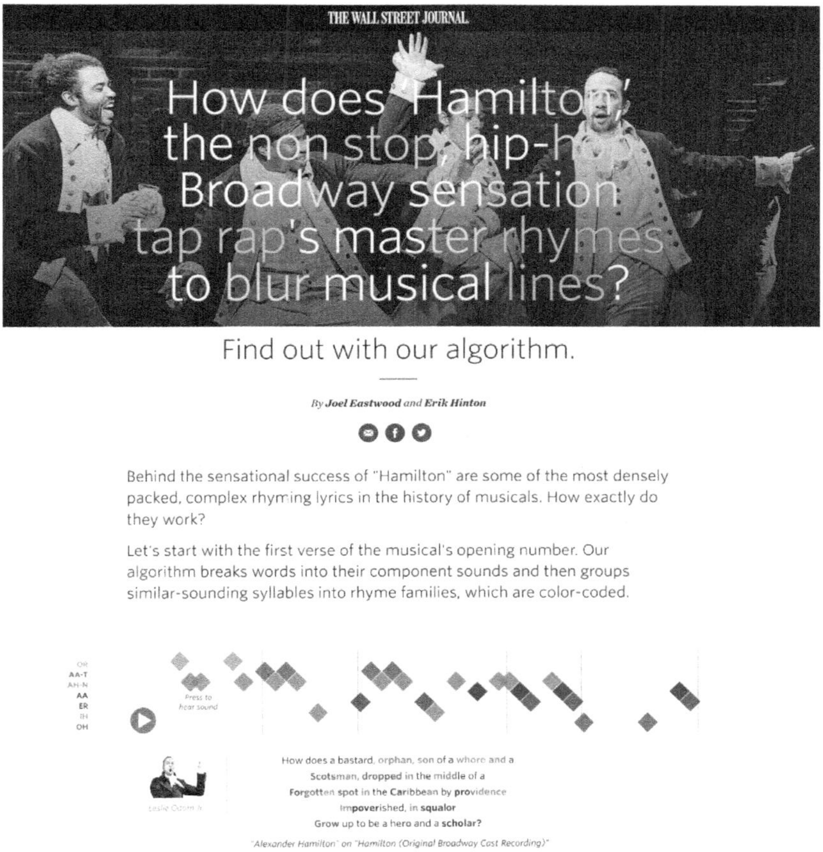

图 6－5　2017 年最佳数据可视化奖获奖作品《汉密尔顿的韵律》将声音与视觉融合应用

（二）可视化叙事设计

通过考察发布于各类媒体平台的数据可视化产品发现，常用的可视化叙事设计主要集中于3种类别。第一类是具象形态设计。具象形态就是指依照客观物象的本来面貌构造的写实，其形态与实际形态相近，反映物象的细节真实和典型性的本质真实。① 具象形态设计采用写实手法，开门见山，直指主题。因为依据的是具体而又实在的创意要素，常常借用照片，或夸张的动漫图像等作为创意元素，所以受众不需要联想。如果说抽象形态设计是思考之后的豁然开朗，那么具象形态设计则是一目了然。比如地图的使用，就是为了营造空间概念，突出事件的地理属性而采用的具象形态设计方式。第二类是抽象形态设计。抽象形态是指在形象上大幅度偏离或完全抛弃自然对象的外观，舍弃了事物的非本质因素，抽取了本质因素的做法。抽象形态设计借助抽象的符号、图形，帮助、暗示或者引导受众产生一定指向性的联想，以抽象来表现意境和精神。比如在获得2015年最佳数据可视化奖的作品《博尔扎诺人民共和国》中，为了呈现在意大利博尔扎诺生活的中国移民的生存状况，报道者采用抽象形态设计的理念，以大米米粒的数量来说明华人企业在当地企业总量中的比重，用青花瓷盘和叉子（均为动态GIF图）来说明华人酒吧和华人餐馆的占比情况（如图6－6所示）。第三类是混合设计。就是把具象形态设计和抽象形态设计结合在一起的设计方法。

数据可视化的设计要点在于无论采用何种设计方式，在选用图形元素、传播符号的时候，应当优先考虑与报道主题、传播内容密切相关的元素和易于呈现新闻价值和事实意义的设计方式。

---

① 此处关于“具象形态”的定义，来自百度百科（https://baike.baidu.com/item/%E5%85%B7%E8%B1%A1%E5%BD%A2%E6%80%81/4757555）。

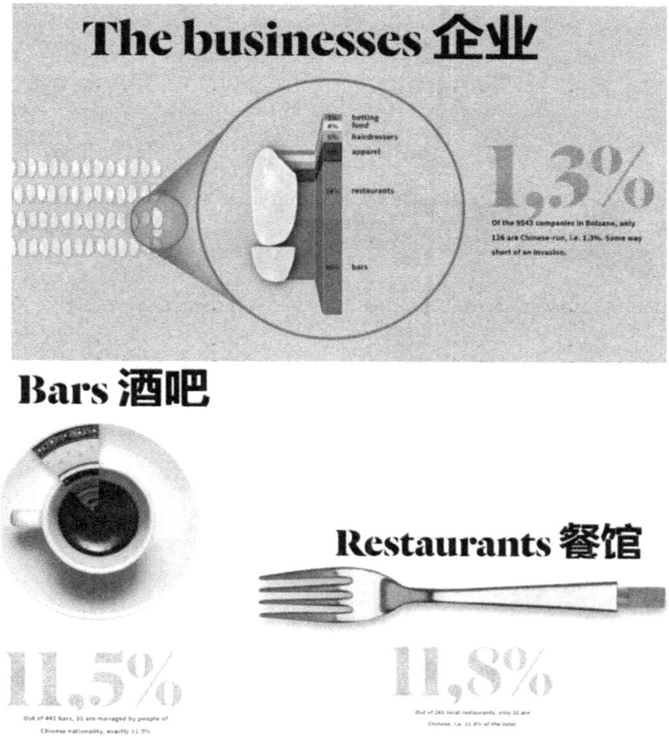

图 6－6　《博尔扎诺人民共和国》中所用的抽象形态设计

第二节　构建数据可视化的生产规范与产品评价指标体系

纵览国内外新闻行业的发展历程，构建以职业共识为基础的职业规范由来已久，这既是社会公众对新闻行业的要求，也是新闻界确保自身健康成长、凸显职业特性的保障。对于新兴的数据可视化而言，什么样的数据可视化才是优质的数据可视化，一直是近几年新闻业界和学界所关注的话题。

一、新闻业的生产规范与职业操守

现代意义上的新闻业成熟于 20 世纪初的欧美国家，为了使报业、通讯社与其他行业有所区别，突出自己的专业价值，新闻业开始制定具有普适性的新闻采编规范。比如，大家比较容易达成共识的“新闻真实”“新闻客观”“采编独立”等成为新闻生产的专业标准与职业规范。1923 年，为了回应公众对当时报业的不满，美国报纸编辑协会（ASNE）采纳了包括“责任意识”“新闻自由”“独立精神”“准确性”“公正、公平”等在内的新闻准则。①

生产规范不仅仅是约束与限制，更要为专业化生产提供指南和标准，在新闻报道中具有较高的操作性。西方三大通讯社为新闻专业生产所制定的规范体现出系统性和实用性。无论是叫“采编手册”还是“写作指南”，都是针对新闻生产的主要方面而言的，微观层面主要包括采访技术、编辑方法、体裁要求、措辞用语等，宏观层面主要是行为规范和职业道德等。比如，《路透社采编人员手册》为了确保新闻报道的准确性，提出记者在搜集材料时必须核对每项事实。编辑必须对报道中前后不一或未注明出处的有争议的说法提出质疑。《法新社工作人员手册》则要求一切消息都必须有来源。如果消息来源不清或不准，首先应求准而不求快；记者要在核实来源后再发消息。在语言符号的使用上，《美联社新闻写作指南》有这样的条文：并不是每个名词都需要有个形容词；并不是每个形容词都需要一个副词；文章的力量来自名词和动词，只要名词和动词选择得当，是不需要多少修饰语的；修饰语应当用来把意思表达清楚，而不是事后想起来做点缀用的。②

上述的新闻生产规范虽然时过境迁，并主要针对的是传统媒体，但是，作为中西方新闻界普遍认可的通用规则，在现代的传媒环境中依然有其合

---

① 常江，杨奇光．新媒体新闻生产的编辑标准与伦理规范：基于对 BuzzFeed 和搜狐新闻的观察［J］．青年记者，2015（7 月上）：44.

② 筱棠．新闻业务与规范化：西方通讯社采编工作规范简介［J］．中国记者，2002（9）：20－21.

理性和适用性的一面。对于信息源的标注、采集和呈现信息时所应该秉持的专业理念，都有值得数据新闻可视化生产学习和借鉴的地方。

二、数据可视化生产流程的规范性要求

尽管数据可视化产品的生产流程在中外媒体中存在着一些不尽相同的地方，但是，这些不同之处并没有影响新闻传播规律对数据可视化生产流程的基本要求：

第一，生产环节的完整性。新闻生产过程包括信息采集、加工、整合、刊发等环节。数据新闻生产同样包括了数据采集、数据分析、数据可视化、产品发布以及后期数据维护等。任何环节的缺失都将导致生产的中断，或者降低产品的质量而无法实现数据价值的最大化。

第二，生产次序的合理性。次序强调的是先后顺序。按照生产工序依次递进，先做什么后做什么，不能次序颠倒。数据新闻的生产自然是围绕着数据展开的，采集数据在前，整理分析数据在后，最后把所挖掘出来的关系、价值等以可视化方式呈现给受众，整个生产流程体现出明显的线性结构。

第三，生产运行的高效性。在实践中，新闻产品没有取得预期效果并非都是策划、设计的问题，有时是对核心生产环节的监管与调控不到位所致。数据新闻生产涉及的部门、工种比较多，找到生产流程的节点，将其作为生产控制的关键环节，关系到数据新闻实践的成效。

三、数据可视化生产中的失范行为分析

数据新闻可视化生产也属于新闻产品的生产，有着新闻传播领域的共性规则，在生产或发布过程中，违背了这些原则，必然会出现失范行为，而失范的表现也并不都是技术上的问题，也有生产者工作经验或者专业理念上的认识误区。

（一）对数据可视化的概念性误读

1943 年 9 月 1 日，延安《解放日报》发表了陆定一的文章《我们对于新闻学的基本观点》，该文主要论述了新闻的本源问题，即先有事实，后有新闻；事实是第一性的，新闻是第二性的。坚持正确的新闻本源观是对新闻从业者的基本要求，也是坚持新闻真实性，获得受众信任的前提。对于数据可视化而言，数据就是事实，数据是第一性的，数据可视化则是第二性的，先有数据后有数据可视化。无论是选题还是新闻故事，都要源于数据。但是在实践中，媒体经常会出现一些对数据可视化的错误性理解。一是简单化理解数据可视化，忽视数据的作用。在政策报告中摘出一些关键词、关键句或数字，配以重要人物照片或一些与关键词相关的图形，便称之为数据可视化。这种新闻生产并没有实现信息的增量，只能说是将新闻图形化、文字图形化或数字图形化。新闻传播领域的数据可视化归根结底是新闻叙事方式的变化，是用数据讲述新闻故事，而不是对文字报道裁切后提取关键信息所进行的可视化再创作。二是选题先行，忽视生产流程的次序性。新闻选题来自报道者对新闻线索的提炼和升华，线索是指那些事实性的零散的信号。报道者也同样可以在对数据的提炼和探索中发现有价值的新闻。按照正常的次序则是数据在前，选题在后。但实际情况是，当重要事件发生时，新闻传媒尤其是官方媒体往往是选题先行，尽管有时候没有合适的数据作为支撑，也得迎难而上，出现附会数据来完成报道。

（二）新闻性选题与知识性选题的失衡

通过对国内数据可视化产品的梳理发现，这些产品的选题过于琐碎，知识性内容过多，新闻性选题过少，削弱了媒体的新闻传播的主功能。这里的新闻性主要指时政类新闻、公共议题和民生议题等与社会发展、受众利益息息相关的领域。新闻传播领域的数据可视化主要传播的是新闻信息，突出信息的新闻价值要素。比如财新网的《周永康的人与财》《青岛中石化管道爆炸事故》《“红色通缉令”众生相》等之所以反响强烈，就是因为涉及时政热点，与选题本身的新闻价值有关。但不容否认的是，新闻传播也是一种知识生产和传播，虽然新闻报道中也会有纯粹的知识普及，但是新闻报道本身毕竟是要依赖新闻事件的。在一个社会的知识系统中，媒介知识的生产和传播扮演着重要角色。[①] 数据新闻可视化不一定都是新闻故事，呈现一些新闻背景资料同样有价值。比如一些生活话题性内容，在某种程度上拓宽了媒体的选题范围。数据可视化作为创新性的新闻传播方式，必然与传统的新闻生产有所不同，从数据中挖掘新闻点，以可视化的方式呈现新闻价值是其独特之处。因此，在突出选题的新闻性，准确、客观地报道新闻事实的同时，也可以从数据中挖掘出知识性信息，体现新闻传播的文化价值。在这个实践过程中如何做好两者间的平衡，不是简单的数量分配，而是要综合考虑媒体属性、传播环境和客观事实所蕴含的价值，这也是对传播者理论水平和业务能力的考验。

（三）向受众公开数据来源有待加强

媒体的公信力来源于思想的高度、正确的导向、品牌特色、职业素养等，而新闻产品的质量更是构成媒体权威性、美誉度的关键。在传统新闻生产中，主流媒体基本上是通过宣称自己报道的真实、准确、客观和全面来展示和树立自己的信息传播和舆论引领上的权威地位的。即使在报道中公布消息来源，受众也很难去查证。如今，随着信息公开政策的普及，在数据可视化产品中交代数据来源、公布原始数据的链接，为受众自行检验信息源的可信度，判断数据所蕴含的新闻价值提供了便利，这种媒体运行的开放性在大数据时代更具可行性和有效性。但是，我们还要认识到，在数据可视化产品上标注数据来源并不能说明数据是否真实、准确。附加链接和数据来源，只能说明报道所依赖的数据不是自己编造的。数据的可靠

---

① 刘宏．“东方之星”号客船翻沉事件报道中的知识传播［N］．光明日报，2015－06－10（2）．

性与是否公布数据来源、数据链接并不是正相关的关系。为了使所标注、交代的数据来源真正发挥作用，帮助受众更好地判断数据可视化的价值，还需要进一步说明数据采集的方法、时间和空间、数据的适用范围等。当然，公布这些信息的前提是不涉及泄密、侵权和违背职业伦理。但在实际工作中，为了追求可视化效果的完美，时常会以破坏版面美观为由，而放弃交代数据来源和数据获取方式等。其实媒体应该反思，当媒体在向政府部门提出要向媒体开放数据的同时，媒体也应该向公众开放数据。在新闻从业者的数据素养中，仅仅具有数据意识（对数据的敏感性）和数据处理能力（获取、解读和呈现数据的能力）还不够，还需要具有一定的数据开放理念，并将这种理念体现在数据可视化产品的生产中。

四、构建数据可视化的业务规范

业务规范（service specification）是针对业务活动过程中那些大量存在、反复出现，又能摸索出科学处理方法的事务所制定的作业处理规定。① 在新闻业发展过程中建立和完善起来的业务规范，从理念和实践两个方面对媒体和从业者形成了一系列的约束。数据可视化作为新颖的新闻生产方式，从信息源的采集、素材的分析到产品的发布都与传统新闻生产有着较大的不同，因此，在遵循新闻行业的一般业务规范之外，数据可视化实践还需要确立适用于自身运行规律的专业标准，以便对数据可视化的产品质量、生产效率等做出科学的评价。另外，为我国数据新闻可视化生产构建科学的业务规范，有着较高的现实意义和应用价值。首先，可以为新闻界的采集、分析、呈现数据等行为提供规范性总结；其次，为判断数据可视化作品质量的优劣提供评估的指标；最后，以这些规范为规则，有助于避免因

① 此处关于“业务规范”的定义，来自百度百科（https://baike.baidu.com/item/%E4%B8%9A%E5%8A%A1%E8%A7%84%E8%8C%83/10991591）。

业务失范而造成对数据信息的误传、误读，从而提高数据可视化产品的传播效率。经过对中外数据可视化产品及其生产实践的考察，构建数据可视化的业务规范需要重视以下三个方面：

（一）关于数据采集

媒体获取数据的渠道很多，包括从政府部门、企业组织，尤其是一些专业的大数据公司等处通过多种方式来得到所需要的数据。有时候，媒体也可以采用众包的方式收集数据，也可以为突出特色、制作独家的报道而自行采集数据。数据来源的多元化有助于数据采集工作的展开。总之，数据的可获取性影响着数据可视化生产的顺利展开，而这一环节的实施情况，直接影响着下一步的数据分析和呈现。

（二）关于数据处理

数据可视化不是数字可视化，更不是文字可视化。对数据的使用不能仅仅局限于简单的“呈现”和对数据表面属性的“描述”，而是应该对数据集进行分析、挖掘。数据可视化生产的独特之处在于抽丝剥茧式的调查、挖掘，采用较复杂的数据处理技术，挖掘出数据背后隐含的关系、趋势，才能凸显数据可视化的现实意义和专业价值。

（三）关于数据呈现

呈现环节在数据可视化生产中有着举足轻重的地位，在准确体现新闻价值的前提下，鼓励新闻从业者积极应用新技术，在把握好适度原则的前提下大胆创新。可视化的目的是更有效地传播新闻信息，在平衡视觉效果与新闻传播的基础上，选择恰当的可视化形式。

五、数据可视化的产品评价指标体系

对数据可视化产品的评价离不开对报道选题、数据来源、数据处理程度、可视化设计与呈现、后期数据维护等方面的考量，考察这些指标，有助于发现实际产品与预设标准之间的差距，有助于保障数据可视化产品的专业品质。

（一）报道选题要体现数据可视化的特质

报道选题体现的是新闻从业者对新闻事物的认识、研判与创造性思维。数据可视化在新闻传播领域的存在价值，就在于从大体量数据中挖掘出鲜为人知的东西。从某种意义上看，向公众提供服务性内容、普及知识不是数据可视化在新闻传播领域的主要功能。通过深入调查，实现监测环境、预测未来才是其存在的价值。过多的常识性、服务性选题则会消解其特质（在海量信息中挖掘出深刻的问题）的发挥。因此，数据可视化的选题决策要能够充分体现出其特殊性。

（二）数据源的交代、描述与审核

采集数据是数据可视化生产的第一步，高质量的数据源不仅是高质量可视化产品的保障，也是判断作品可信度的主要依据。在交代信息源（数据源）的时候，不能泛泛而谈，应将获取数据的渠道、采集的方法，甚至数据库链接等公布给受众以便查询，给予受众继续分析数据的机会。交代数据源不仅说明所报道的事实、揭示的关系是言之有据，而且帮助受众根据数据源来判断新闻的价值和实用性。在描述数据源时要清晰、明确，不能含糊不清甚至不加描述。2017 年获得小型新闻编辑室奖的作品《犯罪环境》就是明确标注数据来源的典范。制作团队收集了 40 年的美国暴力犯罪数据，通过统计分析证明了美国城市暴力事件已经接近历史低点，反驳了特朗普关于美国犯罪的反面乌托邦言论。作品引用了美国主要城市协会（Major Cities Chiefs Association）发布的 2016 年暴力犯罪调查中的数据，不仅在作品中标明出处，并且使用超链接完整呈现数据调查报告，使受众能够进一步了解事件的真相。另外，新闻媒体既能揭示真相，也能制造出不可阻遏的谎言，信息源（数据源）在其中发挥着重要作用。因此，媒体需要对数据源尽审查核实的义务，还要尽可能地争取使用多个数据源进行互证。否则，错误的数据必将得出错误的结论。

（三）通过深入挖掘数据获取新闻点

数据可视化呈现出来的新闻点是通过对大体量数据的分析、挖掘之后发现的，仅仅把获取的数据予以罗列，把数据可视化简单地理解为数字的可视化，或者将数据处理简单化（如仅做总量计算、百分比计算和均值计算等），这些都说明报道者对数据可视化的本质缺乏认识，对数据资源开发不够。根据报道选题、数据类型来选择数据分析方法，才能体现数据可视化的特质。目前，数据分析方法包括统计、关联、对比、换算、量化、溯源、发散、综评等。[①] 描述性、探索性的统计分析以及大数据挖掘才应该是数据可视化的常规做法，而不是在传统新闻生产中加入一些统计分析。2017 年的数据调查新闻奖颁给了加拿大《环球邮报》的《无据可依》（Unfounded）。制作团队耗费了 20 个月的时间发现：在加拿大有五分之一的性侵案件会被警方视为“无据可依”而驳回，实际上，这个数字与官方统计数据差距很大。该团队获取、梳理了全加拿大 873 家警察机构的海量数据，制作团队把这些数据从多个维度进行了点状分布排列，对数据进行了深度挖掘，这样做既可以为读者提供全加拿大数据总览，也可以提供用于个性化查找的分地区的详细数据。为了增加报道的“温度”，该团队采访了 54 起性侵指控中的 36 人，使人们深刻了解被性侵者的痛苦与无助，进而揭示加拿大国内备受关注的社会治安和司法公正等问题。

（四）实现视觉美感与信息传达的平衡

数据体量的大小、数据处理的复杂程度都直接影响数据可视化的设计与制作。目前，数据可视化类型包括信息图表、三维仿真图、时间轴、数据地图以及交互图表和 3D 视频等。以何种方式呈现数据，关系到对受众注意力的吸纳效果。对新闻信息产品而言，并不是越复杂、越酷炫，传播效果就越好，美观只是选择的一个标准，功能和实用比好看更重要，要时刻

---

① 段晓敏．大数据时代传统纸媒“数据新闻”的实践与价值［J］．新闻世界，2014（11）：16.

考虑在营造视觉冲击力和传播新闻信息之间做好平衡。

（五）在数据可视化生产与发布中体现传受互动

传受互动是增加传播效果的有效方式之一。如果仅仅在可视化生产中加入点击、拖拽等操作，那么这种交互设计则显得过于简单。但是，如果能够促使受众参与评论、转发分享，则显著扩大了数据新闻产品的传播范围。媒体应该为受众开放数据，并提供挖掘数据的工具和呈现可视化产品的平台，不仅仅动员受众参与数据的采集、分析，还鼓励受众将自制的可视化作品上传至指定的共享平台，利用各类社交媒体进行可视化产品的再传播，延展产品的扩散范围，这样的传受互动才更具大数据时代的特色。

（六）时刻更新数据以延展可视化产品的价值

开放、共享是移动互联网时代的传播特色。为了保持新闻产品的生命力，一些媒体对其核心数据及新闻故事进行不间断的更新、维护。2015 年 12 月，《华盛顿邮报》刊发了《数读枪击事件》（The Math of Mass Shootings）的数据可视化产品。进入 2016 年之后，美国又发生了多起造成伤亡的枪击事件，《华盛顿邮报》持续关注，在 7 月 27 日对《数读枪击事件》进行了数据更新。数据新闻产品的价值实现不是一次性的，要注意吸纳新数据，对核心数据不断更新、维护，才能延展数据可视化产品的传播价值。

数据可视化是一种全新的新闻生产方式，也是伴随着新闻实践发展出来的一种新的思维方式。数据可视化是建立在数据挖掘基础上的一种快捷表达方式，从根本上看，它是对新闻信息的数据化和再结构化。在数据可视化过程中，技术自始至终都在发挥着重要作用，制定规范的生产标准和产品评价指标体系，有助于提升数据可视化产品的品质和专业生产的整体水平，在媒介融合的背景下，推动新闻传媒的深度变革。

第七章　数据新闻可视化的中外比较

中西方在数据新闻可视化的实践上，在数据来源、呈现方式和传播渠道等方面存在着较大的不同，这种差异性不仅源于数据新闻可视化诞生的土壤——政治、经济、文化、技术等宏观社会环境因素的不同，也受到传媒发展程度、传媒体制机制等微观层面的影响。

第一节　我国媒体的数据可视化及存在的问题

从2013年（大数据元年）至今，数据新闻可视化在中西方传媒领域的实践上已经取得了较大的建树，尤其是欧美的知名媒体，作为数据可视化的先行者，无论是成绩还是经验，都为尚处于探索阶段的我国传媒提供了学习的范本。因此，通过比较，发现差距、发现问题，才有助于缩短差距、迎头赶上。

一、我国数据可视化的媒体运行机制

科学有效的运行机制，关乎新闻产品的生产效率和产品的质量。在我国传媒领域，四大门户网站、财新网和新华网可以称为数据可视化的引领者，这几家媒体有着各自不同的运行方式，并为国内众多媒体所仿效。

（一）无独立机构，在新闻编辑部门内运行

综合性门户网站的数据可视化生产基本上都隶属于新闻中心，初创时期的作品主要由一两位文字编辑和图片编辑合作完成，近两年个别网站开

始设置程序员、交互设计师和数据分析师的岗位，队伍也趋于稳定，但在机构设置、专业分工上较为简单，由于数据可视化是一种较新的产品形态，因此仍存在技术支持和数据分析上的障碍，重视的网站其人员设置有五六个人，少的也就两个人左右。

（二）有独立机构，与其他部门密切合作来运行

财新网成立的财新数据可视化实验室则相对成熟，采用的是嵌入和独立相结合的模式。该实验室实际上是个虚拟部门，7 名成员（包括编辑、程序员和设计师）分布于编辑部门、技术部门和设计部门。实验室多个项目并行，每个项目按需抽调人手组成项目组。[①] 数据可视化实验室与财新传媒的其他编辑部门定期讨论近期的热点话题，从中选取适合做数据新闻的题材。编辑部提供的选题需要实验室从数据量呈现形式、可行性等角度进行评估；而实验室提供的选题则需要编辑部从新闻价值和媒体的定位来进行衡量。在两个部门达成共识的基础上最终确定选题。一般情况下，由数据可视化实验室主导制作团队，根据选题需要从其他部门抽调合适的人手加入项目组。项目组的负责人由数据可视化实验室的成员担任，主要负责项目实施中的协调和整个产品的设计。在因某个项目而组合到一起的团队中，来自不同部门的成员优势互补，团结协作，打破了部门之间的壁垒。

（三）组建独立的可视化生产部门

新华网的数据新闻部是比较固定的专门负责生产数据可视化产品的部门。它拥有一支近 20 名核心成员的创新型团队，团队由数据记者、数据编辑、可视化设计师、前端工程师等组成。部门主任和策划编辑负责确定选题，尤其是新闻性、政治性较强的选题，并将文字素材转换为适合直接呈现的短句等；数据分析师和设计师更多的是搞数据处理、可视化和平面设

---

① 黄志敏．程序员获新闻奖，你怎么看？——解读财新网可视化数据新闻［J］．中国记者，2015（1）：88－90.

计；前端工程师写代码和制作网页，实现交互功能。在对某一个项目或者话题进行开发时，负责该新闻的团队首先对选题进行讨论与分析，紧接着就是数据的抓取、收集和整理过程。在这个过程中，团队人员不间断地进行线上和线下的讨论和交流，由于个人对于数据的挖掘和理解不同，这种讨论有助于发挥每一个人的技术或者学科优势，最大限度地提高沟通效率，避免内耗。

尽管国内外的数据可视化组织结构各有特点，但共同点在于数据可视化团队是一支具有复合型专业结构、体现媒介融合特征的新闻编辑队伍。他们不仅是新闻报道者，也是新产品的研发者和推广人员。

二、我国媒体的数据可视化实践

基于数据可视化产品的生产流程和呈现方式考虑，网络媒体是最合适的传播平台。从发稿的稳定性（连续、频率）、产品的专业水平（数据来源、数据处理、呈现方式等）和代表作（获奖情况）等因素衡量，财新网的《数字说》、新华网的《数据新闻》和网易的《数读》走在了国内数据新闻可视化实践的前列。

（一）财新网的《数字说》

作为财经类专业网站，《数字说》栏目在内容上覆盖了时政、房地产、股市、国际和灾难、环境等近十个热门话题，并且呈现形式多样化。尤其在2015年前后，该栏目的数据可视化作品连续在各类业内赛事上获奖（如表7-1所示）。

表7-1　财新网数据可视化代表作品

作品题目	数据来源	呈现方式	作品特点	获奖情况
周永康的人与财	六万字深度调查报道《周永康的红与黑》	交互可视化	清晰梳理了复杂的人物关系和财务关系	国际新闻设计协会（SND）多媒体设计奖

续前表

作品题目	数据来源	呈现方式	作品特点	获奖情况
星空彩绘诺贝尔	通过脚本抓取历年诺贝尔获奖者及作品	交互可视化	以时间线为导向，三种视觉通道	入围英国“信息之美”奖
青岛中石化管道爆炸事故	现场拍摄的照片、视频	交互式数据地图	传达信息更清晰，现场感强	亚洲出版业协会（SOPA）卓越新闻奖
“红色通缉令”众生相	过往重点报道，整理抓取的数据	交互式数据地图	流线指向，信息传达简洁、明确	
“三公消费”龙虎榜	人工采集官方网站公布的数据	交互可视化	体现数据的开放性	入围英国“信息之美”奖

从选题内容上看，基于财经专业的定位，财经类可视化产品占比最大，具体类别包含银行、股市、房地产等。社会类可视化产品则包含民生、灾难两个类别，民生话题较集中于食品安全、社会保障等。由于财新网关注的重点是我国的经济建设和社会发展，故《数字说》的报道视野以国内领域为主，国际新闻为辅。

从数据来源上看，财新网可视化产品的数据源不仅广泛，而且都做了明确的标注。数据源主要集中于科研院所和政府机构，如上海财经大学、中国房地产数据研究院、国家统计局、海关总署、国家旅游局等。个别情况下，该栏目的工作人员也从社交媒体或本媒体的资源库中采集数据。

从呈现方式上看，《数字说》采用了传统的信息图表，以及时间轴、数据地图、交互式图表等四种形式，由于存在制作成本的问题，这四种形式的使用数量呈递减趋势。但是，也可以看出，在某些重大报道中，为了追求可视化效果，该栏目较注重强化受众的阅读体验。

（二）新华网的《数据新闻》

2012年11月，新华网的数据新闻项目启动。2014年6月，栏目进行了第一次改版。2015年，新华网的《简政放权——持续改革再发力》和《习近平的大外交》两件作品荣获第二十五届中国新闻奖一等奖，该栏目也获得了“中国新闻名专栏”的称号。2015年12月，栏目进行了第二次改版升级。2017年，该栏目的《“征程”——红军长征全景交互地图》荣获第二十七届中国新闻奖一等奖。

新华网的《数据新闻》在栏目设置上，没有按照常规的热门话题、专业行业领域来划分，而是依照产品特点把栏目细分为《讲习所》《第一时间》《数据观》《涨知识》《数问民生》《新极客》等。新华网《数据新闻》栏目注重从用户需求出发，结合数据新闻自身的特征，既响应政策热点，注重时事类数据新闻的挖掘，也贴近群众、贴近生活，注重服务类、知识类、教育类数据图的开发。该栏目贯穿了从数据抓取到数据分析、提纯，再到数据可视化呈现的全流程，形成高效业务链。[①]

从选题内容上看，新华网《数据新闻》中的国内新闻远远超过国际新闻，选题范围广泛，但时政、经济和民生依然是报道量最多的三类选题，说明数据新闻可视化是传统新闻报道在内容上的延展，呈现方式上的创新与突破。《数据新闻》栏目对中国传统文化的可视化报道是其一大特色，以视频、动画、H5的方式推出了许多有趣味、有知识含量的文化选题，包括传统节日、习俗节气、养生、民间谚语等。

从数据来源上看，《数据新闻》的数据来源主要包括政府部门、企业、科研院所、国内外主流媒体。尤其需要强调的是新华网自己的数据中心，它是新华网各类新闻信息资源存储和加工的平台，是数据加工、数据挖掘

---

① 马铁群．当新闻先生遇上数据小姐：新华网数据新闻探索［J］．中国传媒科技，2014（12）：13-14.

的工具，可以满足内容管理系统应用的需求。该中心包含 6 个模块：数据采集、数据挖掘、数据服务、数据输出、数据管理、系统管理。① 数据新闻的可视化生产有了数据中心做后盾，不仅保障了数据资源的丰富性，而且也提升了数据挖掘的专业性和层次性，为生产出高质量的可视化作品打下了良好的基础。

从呈现方式上看，《数据新闻》栏目的可视化方式较为丰富，除了传统的信息图表、交互式图表之外，还有视频（含无人机拍摄的视频）、H5 和 3D 动画。视频传播有更好的体验感和视觉刺激，在重大突发性事件中，新华网的无人机团队发挥了很好的作用。H5 具有平台兼容性优势，而且可以在上面设计一些小游戏、小互动，《数据新闻》栏目中的手机交互类别中的产品大多采用 H5，因而有效提升了受众的阅读体验。

为了纪念红军长征胜利 80 周年，各大媒体都在拼特色、拼亮点，掌握传播主动权，加强舆论引导。新华网通过对长征历史背景和整个历程的梳理，以及对往年长征相关报道的研究分析，以全景交互地图的融媒体形态进行差异化表达，创新推出《“征程”——红军长征全景交互地图》（如图 7 -1 所示），让网民在网上身临其境地重走长征路，重温长征艰难，弘扬长征精神。该作品具有页面设计感强、融媒形态丰富，模块设计清晰、极具互动参与感，技术创新突出、增强沉浸体验感和多终端适配、多终端优化等特点。②

新华网的数据可视化实践折射出了我国主流媒体的可视化创新的趋势，反映出数据可视化在传媒界正在步入务实、专业的阶段。该栏目通过自身的不断进步，为我国可视化实践的深化和回归理性树立了典范。

---

① 万小军，杨建武．新华网数据中心的设计与实现［J］．计算机应用，2003（5）：74 - 75.

② 赵光霞，宋心蕊．网上重走长征路之“征程”：红军长征全景交互地图［EB/OL］．(2017 - 05 - 19)［2017 - 12 - 27］．http：//media. people. com. cn/n1/2017/0519/c412037 - 29287497. html.

图 7-1 新华网数据可视化作品《“征程”——红军长征全景交互地图》

(三) 网易的《数读》

《数读》栏目的宗旨是“用数据说话，提供轻量化的阅读体验”。与其他门户网站以图形为独立的呈现方式不同，《数读》是在可视化信息图之外，又辅以一定量的文字说明，在追求呈现事实的生动形象的同时，也注重信息传达的精准。

从选题内容上看，由于网易是一家综合性门户网站，故《数读》的选题范围涵盖国际、经济、政治、民生、社会、环境等。不同于专业网站，网易更关注普通网民的社会生活，社会和民生是其两大主题。从选题所涉及的地域看，国际新闻的比重较大，尤其是国际视野下的中国话题。2017年10月14日，《数读》在国际新闻类别中刊发了一篇数据可视化产品《全球危机面前的人们如何自处》(如图 7-2 所示)，阐述了在高度全球化背景下，各国人民是如何看待风险的。可视化作品显示，发展中国家的民众更认同自己是世界公民，潜在地倾向于通过国际合作来化解全球危机，其中包括中国(76%的认同率)。

图 7－2　网易《数读》作品《全球危机面前的人们如何自处》

从数据来源上看，《数读》的数据源以科研院所为主，也兼顾政府部门和企事业单位的公开数据，有时还采用国际组织和国外主流媒体的数据，如 BBC、CNN、《纽约时报》等。《数读》较少自主收集数据，包括利用社交媒体所产生的数据，数据库建设乏力。但是，《数读》为了体现数据量的丰富性，经常采用多个数据源，同时，每篇报道都标明数据来源，方便受众查验和求证。

从呈现方式上看，《数读》以传统信息图表、时间轴、数据地图为主，另外还有泡泡图、社会网络关系图、词频图等，具有交互功能的可视化产品极少。与新浪、腾讯等的可视化栏目有较强的“图解”样式不同，《数读》的可视化产品着重突出了“数据”在其中的作用。其产品风格清新典雅，注意留白。但是，互动是互联网的一大特性，加强可视化产品的交互性，提升受众的阅读体验将成为《数读》努力的方向。

三、我国数据可视化实践中存在的问题

随着数字基础设施建设的不断完善和国家大数据战略的逐步实施，数据资源的整合、开放和共享的步伐进一步加快，我国新闻传媒的数据可视化也得到了长足发展，但是与同领域的欧美媒体相比，我们在数据可视化的以下几个方面尚有提高的空间。

（一）缺乏数据挖掘深度和问题意识

通过梳理国内媒体数据可视化产品的数据来源，笔者发现我国的数据可视化产品多是利用其他机构已经收集好的、现成的数据，这类数据的可用性较强、获取成本较低，无形之中就简化了数据的收集和分析环节，虽然在一定程度上缩短了整个产品的生产时间，提高了新闻产品的时效性，但是，新闻从业者不了解数据是如何被收集和整理的，也就很难对数据有较为深层的解读，在描述、呈现数据时很难找到合适的新闻叙事方式。另外，一些可视化作品的数据挖掘过于肤浅，呈现效果虽然一目了然，所呈现的信息或意义容易被受众一次性了解，但却减少了阅读时间和回看的可能性。这是因为缺乏数据挖掘的可视化产品仅是对既有信息的梳理，而不是生产出了新信息。数据挖掘需要有问题意识，仅仅孤立地看待数据很难发现问题，需要进行纵向横向的对比，而不是仅仅停留在展示数据的层面

上，要勇于发现问题并做进一步的追问，这样的数据可视化才能在选题上有突破，在话题上有热度。数据可视化的价值和意义并不只是用丰富多彩的图形将显在的数据呈现出来，而是对核心信息的挖掘与分析。事实上，数据的收集和分析犹如发现新闻的过程，对原始数据的收集、梳理和分析有助于发现数据背后的普遍规律及其隐藏的新闻故事。因此，树立原始数据的采集意识，培养专业、精准的数据解读能力，提升数据的挖掘和分析水平，发现大数据背后的传播价值，是提升数据可视化水平的关键。

（二）可视化呈现方式简单化、同质化

一些媒体把数据可视化理解为数字可视化，把收集到的统计数据以常见的统计图表的方式加以呈现，然后添加较多的装饰性图形或色彩。在缺乏数据的情况下，把新闻事件的过程图示化、图解化，这与大体量数据挖掘的可视化是截然不同的。因此，基于这种肤浅、简单的新闻理念而生产出来的数据可视化作品充其量是基础级别的信息图表，而信息图表有时很难展现数据的深层意义，更别说清晰呈现出不同维度数据之间的复杂关系了。

同质化也是国内一些网络媒体可视化作品的痼疾，虽然在视觉元素的使用上略有区别，但版式设计、图表类型的选择以及重点信息的强调手法等均有相似之处。一些媒体在凸显可视化的直观性时，错误地把数值进行了简单罗列，而没有把数据之间的复杂关系、数据所蕴含的价值或意义通过可视化的形式展现出来，更没有在可视化作品中表现出媒体的独到解读和特色设计。

（三）传受互动弱，影响阅读体验

在我国综合门户网站的数据可视化栏目中，传受互动方式主要有三种：一是阅读作品时需要受众执行一些简单的操作，如点击某个链接按钮，拖拽某个时间滑块等；二是在数据可视化作品（往往是数据图表）的下方设置评论平台，受众可以在此处浏览其他人的点评，也可发布自己的观点、见解，并可与其他评论者进行讨论；三是设置分享按钮，受众可以把自己感兴趣的可视化作品一键转发到微信、微博、QQ空间、人人网等社交媒体平台。这种设置评论界面、设置分享按钮、跟帖的互动方式与国内其他类型新闻产品的交互设计相似，创新性不强，难以提升受众的阅读体验。把数据可视化中的互动简单化理解，认为互动仅仅是在新闻作品中增加一些受众参与的机会和操作，是我国传媒数据可视化设计和生产中的通病。实际上，与受众的交流互动不仅体现在数据的可视化上，而且贯穿于数据可视化生产的前期环节，如数据的收集、挖掘阶段。动员受众的力量来参与数据的收集和挖掘，只是停留在理论层面上，较少付诸新闻实践，这就很难从深层次来实现数据可视化的交互生产。只有那些融合了互动理念、交互技术的可视化产品，才有助于打破传统的新闻叙事方式，受众可以根据兴趣或需要，选择性地关注新闻，实现信息对话和受众的参与性，引导受众寻求对新闻的延伸阅读。

（四）可视化设计过于追求酷炫效果

数据可视化是方法、路径，不是目的，其目标是优化信息传递效率。一些媒体为了可视化而可视化，可视化产品的设计、制作过于酷炫，遮蔽了数据信息的重要价值和意义，导致可视化产品的实用性不强，也误导了受众的注意力和思考方向。要让数据自己来选择可视化手法，这非常重要，所用的可视化形式一定要和呈现的数据内容相契合，而不能风马牛不相及。在此之前，我们还需要考虑的一个问题是，这些数据有没有必要做可视化产品。[①] 因为，可视化只是媒体用来展示、表达与呈现信息含义的方法，并非唯一的表达方式。数据可视化的终极目的是传播有价值的事实和结论，过于美化的信息会削弱和掩盖新闻的重要性和价值。[②] 尽管酷炫有助于刺激

① 西蒙·罗杰斯．数据新闻大趋势：释放可视化报道的力量［M］．岳跃，译．北京：中国人民大学出版社，2015：275.

② 西蒙·罗杰斯．数据新闻大趋势：释放可视化报道的力量［M］．岳跃，译．北京：中国人民大学出版社，2015：289.

受众的视觉，但是，不论动效如何，它只是载体，不能为了追求酷炫效果而舍弃或简化数据的挖掘与分析。

（五）缺乏对受众阅读行为的细分

大数据对新闻传播业的一个益处就是通过数据分析把握受众的阅读行为，进而推动媒体生产出个性化的产品。但现实是我国数据可视化产品的生产缺乏对受众阅读行为的细分。可视化产品的受众也存在“外行看热闹，内行看门道”的情形。“内行看门道”的前提是可视化产品中的某些东西要能打动“内行”，使其能够系统地提取所需要的信息，并聚精会神地阅读每一个细节，这类受众对可视化产品的要求是结构严谨、条理清晰、多数据、少装饰性的图形。而“外行”是那些容易被视觉化图形元素吸引的受众，他们倾向于关注漂亮的图形，尽管有些图形并不能传递信息。非专业的“外行”易于接受简单明了、生动直观、明示结论的可视化图表；而“内行”则更倾向于交互性的、提供原始备份数据以及专业分析过程的可视化产品。因此，数据可视化生产离不开受众意识。

进入21世纪以来，新闻传播活动一个比较明显的变化是视觉效果被日益强调了。随着传播技术的发展、传播理念和受众地位的转变，数据可视化成为制作、传播新闻信息的有效途径之一。当前，数据可视化逐渐为适应移动互联网而做出相应调整。在尊重用户、遵循大数据规律的前提下，相信数据可视化将出现新的发展态势。

第二节　欧美数据新闻可视化及其经验

追根寻源，数据新闻可视化源自欧美的新闻事业，考察它们目前的数据可视化的实践特点，有助于我们了解国际前沿动态，并展望数据新闻可视化的未来发展趋势，进而顺应时代潮流，发展我国的新闻传播事业。

一、国外媒体的数据可视化运行方式

数据新闻可视化的发展推进了媒体机构的改革，国外媒体称之为“推倒新闻编辑室的那面墙”。欧美媒体根据自身情况，在数据可视化生产的组织安排及编辑室设置方面表现出多样化的特点。

（一）松散的柔性组织

这种组织结构不建立专门的、独立的生产组织。这些工作人员平时分属于不同部门，当选题确定后，就以数据新闻项目的方式把大家汇聚在一起。比如，《卫报》的数据新闻团队目前主要由五人组成，其中西蒙·罗杰斯创立了《卫报》的数据新闻项目，编辑《数据博客》和《数据商店》等栏目，约翰·伯恩-默多克既是记者也是数据研究者，他们两人在数据新闻界相当活跃。其他成员并非全职的数据新闻记者，同时还隶属于《卫报》的不同部门，从事其他新闻采编工作。[①] 这种结构有助于内部资源的合理利用和优化配置，不足之处是工作人员的归属感不强，存在沟通不畅、协作不合拍的问题。

（二）把数据新闻团队嵌入新闻编辑部

这种团队成员以数据技术人员为主，他们在和其他新闻采编人员的合作中发现数据新闻项目。大家同在一个编辑部门也有利于相互的沟通交流与专业合作，使新闻敏感和数据处理技能更好地结合。2014 年 3 月《纽约时报》在《创新报告》中提出改革传统媒体机构：要脱离过去采编部分独立于其他部门，只关注内容生产的单一模式，加强与技术、设计、产品、市场部门的合作，记者、编辑也要参与到内容推广的流程当中。以用户的需求为媒体内容生产和机构改革的动力之一。简言之，就是要把各部门进

---

① 章戈浩．作为开放新闻的数据新闻：英国《卫报》的数据新闻实践［J］．新闻记者，2013，9（9）．

行融合，让数据团队入驻新闻编辑部。[①]

（三）组建独立的数据可视化部门

英国 BBC 的数据新闻团队和美国国家公共广播电台的新闻应用团队采用的就是这种模式。独立的工作组织使团队更稳定、更具凝聚力，同时也证明了媒体对数据新闻的重视。《纽约时报》2014 年组建的数据可视化栏目《The Upshot》在团队上也是独立模式。这种模式具有两个明显的优势：一是从数据挖掘、建模分析、可视化呈现到文章写作实行独立运营，增加选题主导权；二是专业团队分工协作增强了对报道主题的驾驭能力。[②]

《卫报》和《纽约时报》的运行模式相对较为成熟和有效，给我们提供了可资借鉴的地方，因此，要使工作团队呈现高效、精干的特点，比拼的不是采访力量和团队规模，而更看重具有新闻敏感的人、具有数据挖掘和分析能力的人以及数据可视化呈现的人相互协作。[③] 合理的专业结构、顺畅的沟通机制都是造就数据新闻组织机构的基础。

二、欧美媒体的数据可视化实践

数据可视化报道发端于欧美国家的知名媒体，正是这些媒体对新闻创新的不断追求，推动着新闻生产理念和专业水平的持续进步。因此，探究这些媒体的数据可视化发展之路，对我国新闻业务的改进有着一定的借鉴意义。

（一）《纽约时报》的《The Upshot》

《The Upshot》是《纽约时报》2014 年 4 月上线的一项由数据驱动的新

---

① 喻国明，李彪，杨雅，李慧娟．新闻传播的大数据时代［M］．北京：中国人民大学出版社，2014：73－74.

② 孟笛．开放理念下的新闻叙事革新：以《纽约时报》数据新闻为例［J］．新闻界，2016(3)：62.

③ 王斌．大数据与新闻理念创新：以全球首届“数据新闻奖”为例［J］．编辑之友，2013(6)：17.

闻解读类栏目。创办之初，作为该栏目编辑的戴维·莱恩哈特（David Leonhardt)在其脸书上的文章中称，该栏目将会充当读者在阅读新闻时的导航工具，通过更加直白的语言风格，用更直接的方式来帮助读者更好地梳理信息，同时引入丰富的图表和互动功能增加阅读乐趣。作为项目核心的数据将不会大量出现在栏目中，而只是作为帮助报道的工具使用。[①]

《The Upshot》推出至今已有不少值得圈点的佳作，如《租房还是买房?》（Is It Better to Rent or Buy?）就是该栏目推出的一款在线租房买房计算器应用，受众输入居住年限、抵押贷款利率、维护费以及首付等数值，就可以判断租房划算还是买房划算。[②] 除了应用政府开放的数据、调研机构发布的统计数据和高校数据库外，它非常注重并擅长使用社交媒体的用户所生产的数据。该栏目创造的《棒球民族地图》《NBA 北美粉丝地图》就是通过抓取脸书上用户对这些体育项目的支持数据，并利用与用户地理位置相关联的数据而制作出来的。这种数据可视化的生产方式有助于受众根据自身地理位置对新闻作品进行"个人化"解读，将宏观数据与个体生活联系起来，受众通过社交媒体转发，在完成新闻"社交化"传播的同时，个人化数据被传统媒体引流，实现了再度"社会化"，进一步扩大了新闻作品的"应用性"。[③]

2017 年 12 月，根据美国参众两院联合会议委员会发布的相关税收法案，约有四分之三的美国人将在 2018 年减税。《The Upshot》针对此法案刊发了一篇数据可视化报道《纳税计算器——你的纳税将会上升还是下

---

① 那些作不死的美国媒体［EB/OL］.（2014－03－19）［2017－12－27］.https://www.douban.com/note/337254389/.

② BOSTOCK M，CARTER S，TSE A. Is it better to rent or buy？［EB/OL］.（2014－05－21）［2017－03－22］.https://www.nytimes.com/interactive/2014/upshot/buy-rent-calculator.html?_r=0&abt=0002&abg=0.

③ 孟笛．开放理念下的新闻叙事革新：以《纽约时报》数据新闻为例［J］．新闻界，2016（3）：63.

降?》(如图 7－3 所示)。这个计算器以联合会议委员会谈判的法案为基础，参考了美国国家税务局自 2012 年以来实际申报的 150 000 多份税务记录，以及没有申报纳税申报表的家庭数据。交互图表的左侧有一系列的选项，包括赚多少钱、如何纳税、家里有无 17 岁以下儿童，以及纳税额是否达到最低标准等，根据受众的不同选择，系统将会自动算出个人在 2018 年减税的金额。这个计算器不仅显示出个人的减税金额，还能呈现出和本人减税金额相同的其他人或者其他家庭的情况。

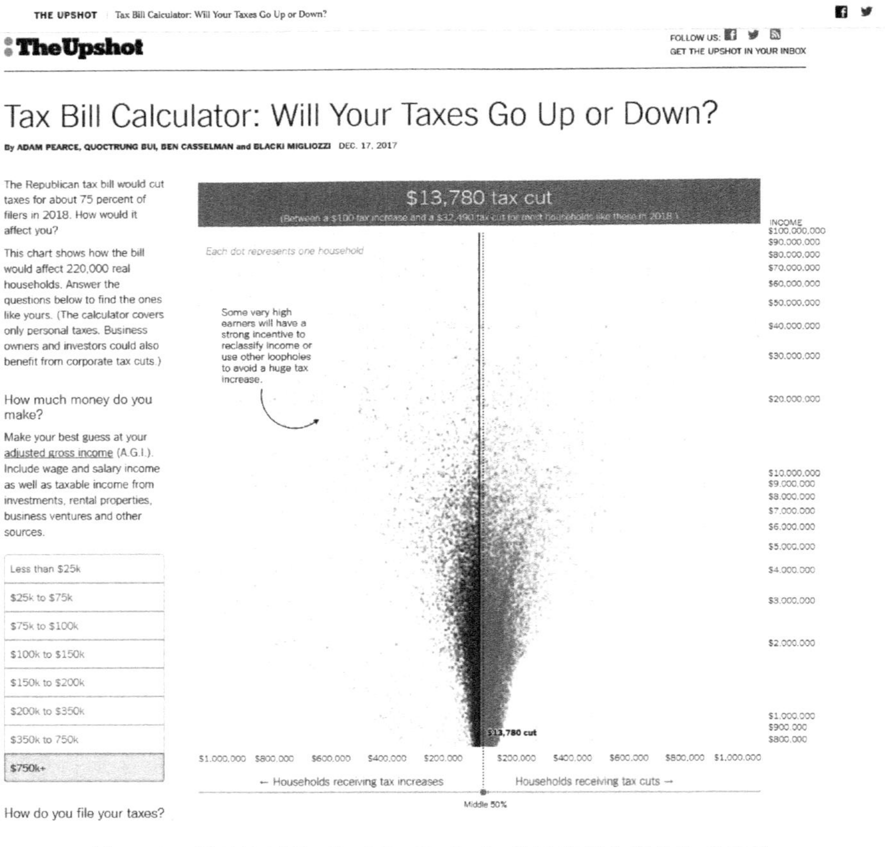

图 7－3 《纽约时报》的《The Upshot》作品突出个性化和功能性

纵观该栏目的数据可视化产品，笔者发现其具有以下特点：一是个性化，即个体读者能够通过互动，与一个数据新闻报道或产品产生共鸣；二是功能性，实现美感、实用、新闻价值的和谐统一有较大难度，《纽约时报》突出产品的功能性，使该栏目的可视化设计偏简洁，方便读者和用户上手操作；三是常规化，组建数据可视化团队已成为许多机构的重点发展方向。[①]《纽约时报》突破了以“大数据”和“可视化”为卖点的做法，强调和凸显多媒体语言在吸引受众、感染受众中的作用，进一步阐明了可视化仅是新闻叙事的手段之一，其重点在于如何更精彩地讲述数据背后的故事。

（二）ProPublica 的数据可视化

ProPublica 是美国一家独立的非营利新闻调查网站，为公众利益进行调查报道。2010 年，该网站记者谢丽·芬克（Sheri Fink）和《纽约时报杂志》合作，获得普利策调查报道奖，使 ProPublica 成为首家获得普利策奖的网络媒体。

2011 年，ProPublica 的两位记者使用数据技术，刊发系列专题报道《华尔街金融机器》（The Wall Street Money Machine），披露了华尔街的那些可能导致经济灾难的金融操作行为，获得了普利策国内报道奖。2017 年，ProPublica 和《纽约每日新闻》揭露了警方滥用法律迫使数百人（其中大多是少数族裔）放弃其房屋的黑幕，获得了普利策公共服务奖。

ProPublica 的创始人兼执行主席保罗·史泰格（Paul Steiger）认为，要想在大数据时代做出高质量的深度报道离不开数据的驱动。目前，该团队拥有 9 名数据新闻记者，他们不但持之以恒地从数据中挖掘出更多的故事，而且还建立了可供检索的数据库。

交互是数据可视化设计的关键，不仅为受众指明获取信息的路径，更

---

① 马金鑫．从《纽约时报》、彭博社看数据新闻的运用及发展［J］．中国记者，2015（1）：93－94.

是连接新闻故事与个人的桥梁，这种设计理念贯穿于 ProPublica 的数据可视化实践之中。在数据可视化报道中，ProPublica 为受众建立了一个理解报道内容的特定框架。在这个框架里设计了“远景”和“近景”的功能。“远景”是通过数据来解读内容，从较高层面和宏观视野阐释问题。“近景”聚焦于报道的个性化服务，帮助受众查看自身所在的城市、学区的情况，搜索自己的医生，寻找适合自己的健康计划等，只有如此才能使受众清楚报道对他们意味着什么，以及关注这篇报道的原因。[①] ProPublica 围绕医疗保险曾经制作过系列报道《美元文档》(Dollars for Docs)，该报道在 2016 年年底的时候还进行了更新（如图 7－4 所示）。通过这个报道，受众可以搜索到自己的医生从医药公司拿到多少回扣，获得一个“资金清单”；它还可以帮助受众了解自己的医疗服务人员在行业中的专业水平如何。

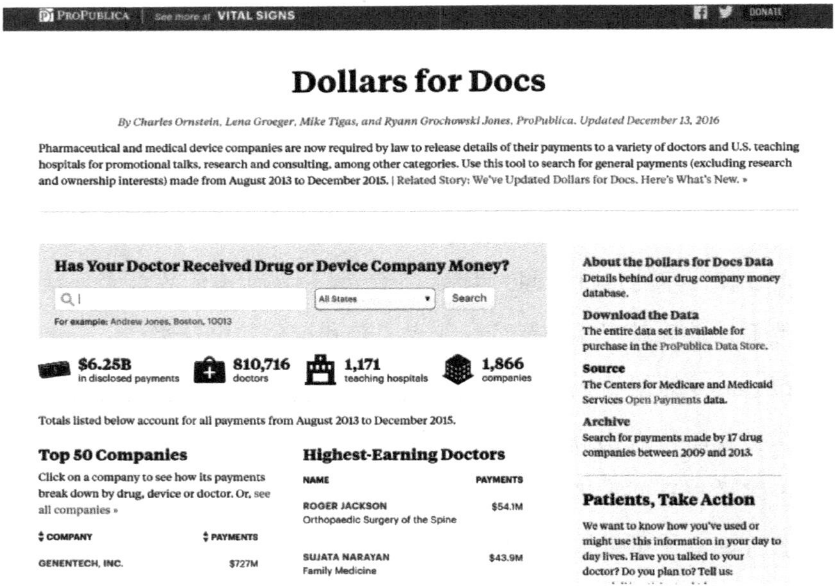

图 7－4　ProPublica 在可视化报道《美元文档》中凸显个性化

---

① QIU Y. What I learned from my fellowship at ProPublica [EB/OL]．(2015－01－21) [2017－12－28]．https：//www. propublica. org/nerds/what-i-learned-from-my-fellowship-at-propublica.

2014 年，ProPublica 创造了一个在线的数据商店（如图 7－5 所示），该平台是一种分享数据集的新方式，所获收益有助于支撑数据生产的延续。ProPublica 的数据商店不仅提供基于信息自由（FOI）的免费数据集，还提供收费数据集。对新闻记者收取 200 美元，研究人员收取 2 000 美元。为个别项目提供的"溢价"数据一般都是 ProPublica 自己收集整理的，并且都是经过清理的数据集，里面包含了丰富的信息，可以为记者、研究人员节省几个月的工作时间。[①]

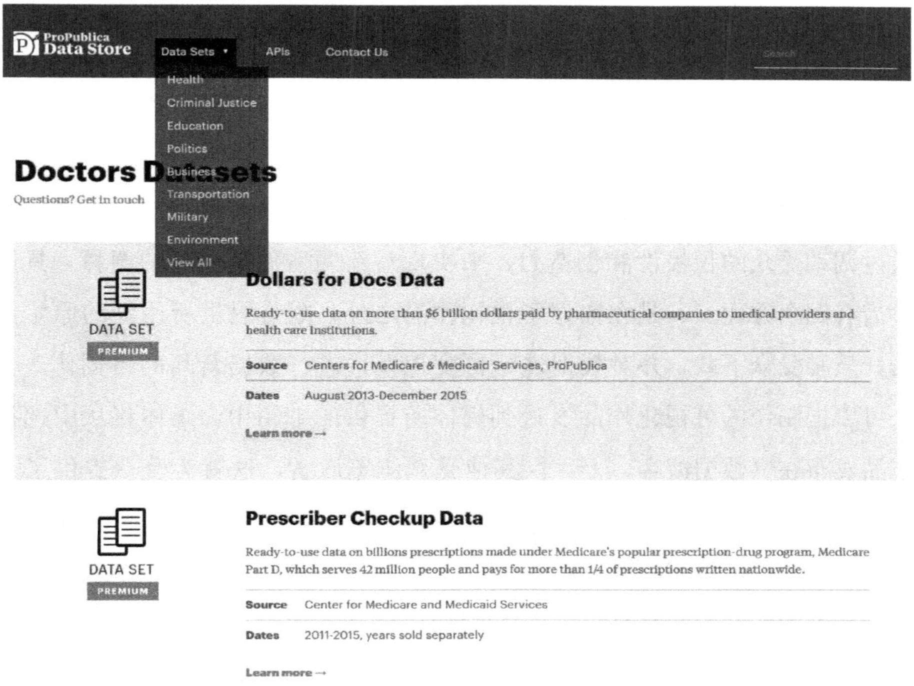

图 7－5　ProPublica 创建数据商店，售卖数据集

数据新闻离不开数据库和数据集，数据团队在每次报道时都要花费时

① BARTLETT R. ProPublica opens data store with free and 'premium' data [EB/OL]. (2014－02－27) [2017－05－26]. https://www.journalism.co.uk/news/propublica-opens-data-store-with-free-and-premium-data/s2/a555970/.

间和精力去整理数据，随着报道的结束，使用过的数据集是否可以二次利用，如何实现资源的再次开发进而获取数据背后的收益是值得深思的问题。ProPublica 的实践给予我们启示，媒体可以充分处理好使用过的数据集，将其分类整理，建库保存，实时更新。数据集的价值开发实质上也是新闻产品链中下游产品的一种延伸，既可以为该媒体以后的同类报道提供数据支撑，也可以作为独立的产品实现其价值，为其他报道的运行提供资金支持。

(三)《卫报》的《数据博客》

英国《卫报》的《数据博客》(Datablog) 于 2009 年 1 月上线，其作品在网站和报纸上均有刊发。其早期作品如《伦敦骚乱中的谣言》、《伊拉克战争死亡地图》和《阿拉伯之春》等作为数据可视化中的经典，成为实践数据新闻可视化的先驱。

在数据新闻可视化实践中，《数据博客》选择了一条比较开放的路径，通过调动受众的积极性和创造力，来实现对新闻事件更彻底的阐释。具体举措有四个方面。一是在数据可视化作品之外，附带提供所用到的原始数据，鼓励受众下载，并对数据进行再度挖掘，进行数据新闻的再创作。受众可以把制作的可视化作品发送到媒体所提供的邮箱中，媒体将从中选择作品发布在《数据博客》上，供其他受众浏览欣赏，这就为受众提供了一个展示自己的平台。二是《卫报》还在自己的网站上发布数据可视化的软件、介绍制作数据可视化作品的方法、成功经验等等，帮助受众掌握数据可视化方面的知识与技能。三是当面临大体量数据时，灵活地采用众包新闻的方式让受众参与数据的采集和分析，鼓励受众与数据可视化团队一起进行数据的挖掘与解读。四是设置的讨论平台不仅是为受众点评作品、受众之间交流服务的，在《卫报》的《数据博客》评论平台上，受众除了发表自己的看法，还可以与编辑进行交流。《卫报》的这些传受互动设计，既可加强受众对数据新闻本身的关注，又可增加受众的参与感，提升他们分享数据可视化作品的积极性。

《卫报》总编辑艾伦·拉斯布里杰（Alan Rusbridger）强调，数据不仅是信息时代的新产物，也是数字工业、金融业和商业革命的核心。就其精髓而言，它更像是真相与事实的集大成者。[①] 在《数据博客》从事多年编辑工作的西蒙·罗杰斯则有独到的见解，他认为，无论何种类型的新闻，只有叙事清晰、简单易懂，才能达到最大最优的传播效果。我们真正要做的是新闻，数据是报道的关键要素，但不是决定性因素。[②] 笔者通过分析《数据博客》中的一些优秀的可视化作品发现，在选择可视化手法上，让数据自己来选择，追求可视化的形式与所呈现的数据内容的契合性，已经成为《数据博客》的铁律。

2016 年，《数据博客》曾经做过一期人体器官捐献的数据可视化报道（如图 7－6 所示）。记者通过分析英国国家医疗服务体系（NHS）的数据发现，在 2016 年的器官捐献周，登记在册的捐赠人数接近 2 250 万，比前一年增加了 6.6%。但是，约八分之一的人表示不愿意捐献特定的身体部位，尤其是眼角膜，这就导致英国在眼角膜移植上出现 30%的空缺。整篇报道总共四幅图，第一幅是折线图，反映了从 2007 年至 2015 年间器官捐献者的数量及其走势。第二幅是信息图，形象地描述了主要器官的不愿意捐献的人数比例，其中不愿捐献眼角膜的比重为 89%。第三幅和第四幅图是条形图，从年龄和性别的维度呈现出年轻人更乐于捐献器官，尤其是年轻的女性。《数据博客》以数据内容为内在逻辑，对数据进行了纵向和横向的挖掘分析，体现出大数据小话题的报道特色。

在大数据时代，社会化媒体对新闻生产影响深远，其产生的大量数据成为新闻生产的重要信息来源。美联社记者乔纳森·史瑞（Jonathan Stray）

---

① 西蒙·罗杰斯．数据新闻大趋势：释放可视化报道的力量［M］．岳跃，译．北京：中国人民大学出版社，2015 ：13.

② 西蒙·罗杰斯．数据新闻大趋势：释放可视化报道的力量［M］．岳跃，译．北京：中国人民大学出版社，2015：12.

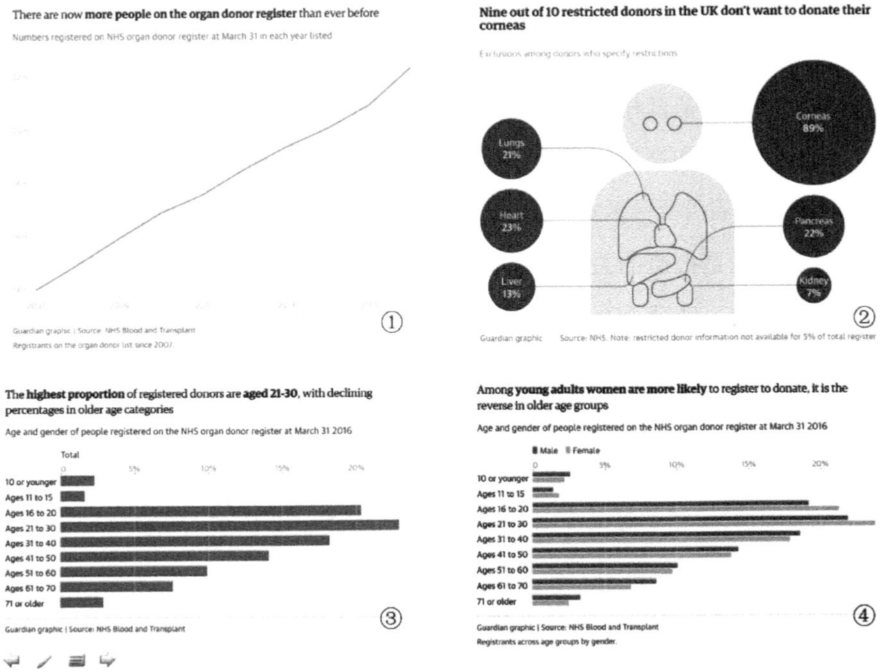

图 7－6 《卫报》的《数据博客》关于器官捐献的可视化报道

认为，构成新闻业的方方面面的工作既可在编辑部内部完成，也可在编辑部外部完成，可以是专业人士，也可以是业余人士，甚至民众自己也可以通过生成和分析数据的方式来提高对于政治事务的参与。[①] “众包”有助于打破传统的新闻生产模式，降低新闻生产的成本，推动新闻生产的外部化。比如英国《卫报》曾经做过一篇关于政府财政支出情况的可视化报道《我的钱都去了哪里》。为了尽快分析大体量的数据，《卫报》创办了“我的钱都去哪儿了网”（where does my money go. org），有两万多名读者参与了一百多万份关于议员花费单据的核查工作，数据整理完后，《卫报》将众包合作的调查结果用可视化工具加以处理，公之于众。针对大多数公众所看不

① 瞿旭晟．数据入侵：“538”博客的实践与启示［J］．新闻记者，2013（6）：41.

懂的财务报表，《卫报》发动懂行的受众参与到对这些财务数据的分析工作中来，并将分析的结果用可视化的方式予以呈现，使枯燥的财务数据变得生动、易懂，大大方便了普通老百姓对政府开支的理解。

欧美主流媒体在开放式的新闻传播理念、专业细致的数据分析以及与社交平台的融通等方面有许多值得圈点的地方。因此，对外媒数据可视化实践的思考与探索，将为构建中国特色的数据新闻可视化生产模式提供学习的范本。

三、欧美数据可视化实践中的经验

近几年，数据可视化作为新颖的新闻传播方式，在中外传媒领域都有了较大的发展，与《纽约时报》《卫报》等佼佼者相比，我国媒体在数据来源、报道选题、呈现方式等方面存在差距，探究产生差距的根源，对于构建本土化的数据可视化发展路径具有重要的现实意义。

（一）中外数据可视化实践中的差异

在数据可视化实践上，我国与欧美形成差距的原因是多方面的，既有新闻生产理念上的不同，也有新闻人才、生产技术等内部因素和数据源开放程度等外部环境的影响，也正是这些因素导致了在选题、数据源、呈现方式等方面的差异。

第一，在报道选题上，政治、经济、社会等议题始终是欧美数据可视化所关注的重点领域。政治选题越来越关注对政府机关、公职人员、司法机构权力的监督。经济选题越来越关注收入差距与不平等、贫困、就业等问题，更加注重分析国民收入与经济发展是否协调，而不仅仅是国家宏观经济的发展。社会选题对特殊群体的关注越来越多。我国数据可视化更多的是关注当下的热点新闻，或者和老百姓工作、生活关系密切的话题。这些新闻或话题涵盖了时政、财经、民生、科普、娱乐等领域，易于满足受众的欲知期望，拉近和受众的距离。国外数据新闻的选题主要集中于调查性报道。揭示数据背后的社会问题、调查影响深远的新闻事件，才是数据新闻的核心功能和用武之地，而不是普及常识。与国外类似的数据新闻产品相比，我国的报道选题在横向信息的拓展和纵向信息的挖掘上显得力度不足，给人言犹未尽的感觉。

第二，在我国多数数据可视化产品的数据来源中，来自社交媒体和搜索引擎的数据所占比例较少。我国微信、QQ所拥有的用户并不比脸书和推特的用户少，每天所产生的数据量也不比它们少，并且在地域上更集中，信息密度更大。但是，这些鲜活的巨量数据却很少应用于我国的数据可视化实践上。多年的开放数据运动为欧美的数据可视化发展创造了良性的外部环境，使得新闻媒体能够从政府部门获取各项详细数据。此外，还有类似“维基解密”或“棱镜门”这样的泄密事件所带来的庞大数据。多样化的数据获取渠道、巨大的数据体量使得欧美数据可视化在选题上范围更广，在内容的挖掘上也更具深度。具体到我国的媒介生态，受限于采访权和政府开放数据的程度，用于数据挖掘的量很难达到足够大，进而影响了国内数据可视化实践的广度、深度和原创性。

第三，梳理、分析我国主要媒体的数据可视化产品发现，除获得数据新闻奖的几篇作品采用了交互方式之外，绝大多数都是静态图表。呈现方式局限于静态化和平面化，使得可视化的设计理念难以有创新性，并且影响了数据所承载的传播价值、社会意义，使图形在表现上缺乏内在逻辑性，难以实现受众对深层含义的探究。相比较而言，欧美的数据可视化作品表现出多样化的特点，不仅有静态的信息图表、数据地图，也有时间轴和交互程度不同的可视化方式用于呈现那些关系相对复杂、背景较为宏观的数据。梳理国外一些经典的和获得数据新闻奖的作品，它们几乎都采用了可交互的数据新闻报道方式。这些具有交互功能的可视化产品，不仅有助于受众快速发现自己感兴趣的信息，而且可以提供定制化的信息服务，帮助受众参与到信息的呈现过程之中。

第四，在我国，数据可视化的实践者以网络媒体为主。欧美则与我国形成鲜明对比。英国的《卫报》、BBC和美国的《纽约时报》《华盛顿邮报》等都是数据新闻的领跑者，在传统纸媒式微的情况下，这些大报把数据可视化作为走出困境的策略。尽管类似ProPublica的新闻调查网站也在进行着数据可视化生产，但总的来说，仍是传统媒体在引领欧美潮流。相对而言，我国数据可视化的传播渠道则更多一些，可利用不同传播媒介的特性，传播不同的数据可视化作品：有传统报纸和电视，如央视、若干地方报纸和电视台；有门户网站如新浪、腾讯等；有搜索引擎百度，还有客户端如澎湃新闻等。在传播渠道上，我国数据可视化的传播媒体更加多元化，媒体类型的覆盖面更广。

（二）欧美媒体值得借鉴的地方

结合欧美主流媒体应用大数据的理念与实践，探索其数据可视化的特色和经验，发现值得学习借鉴的地方，有助于我国数据新闻可视化的快速发展。

第一，通过数据挖掘加强选题与受众的关联性。一则新闻事件之所以采用数据可视化的方式来传播，除了通过数据挖掘能够发现其蕴含的价值外，还在于可视化呈现更能清晰地表述信息和更易于被受众所理解。除了视觉的牵引力之外，从内容层面看，选题所具有的重要性、趣味性、知识性等也是不容忽视的因素。尤其是新闻事件所包含的冲突性因素，常常表现为利益双方的对立，阶层之间的冲突等，正是冲突使得事实核查和数据挖掘成为必要，数据可视化以数据说话、以各式图形呈现事实的优势才得以发挥。另外，关联性是引发受众关注的关键，关联性不仅体现在地理上、心理上，以及情感上的接近，更体现在一些现实的利益上。如果说从数据中发掘出大众化话题，仅仅反映了媒体的一般水平，那么帮助受众找到与个人相关的、有用的东西，实现可视化产品的个性化，增强受众的黏性，则体现出新闻媒体的独树一帜、与众不同。

第二，通过呈现的交互性和沉浸化提升用户体验。用户体验在数据可视化产品的收受中，可以概括为受众阅读时的顺畅感和便捷性。具有良好的用户体验不仅能够吸引受众阅读新闻产品，而且能够使受众深度地参与新闻的再传播活动。传播技术（客观条件）和精心设计（主观条件），是营造用户体验的主要构件，这两个条件日渐成熟，并应用于数据可视化的实践中，达到较好的效果。一是通过交互设计来提升受众的阅读兴趣和参与积极性；二是把虚拟演播厅和数据可视化结合起来，实现新闻报道的“可视”、“可听”和“可感”，为受众创造沉浸式体验，帮助他们对新闻事件有更加清晰、准确的了解。比如，英国广播公司（BBC）在报道2016年美国总统大选时，使用多幅具有交互功能的数据地图来详细介绍特朗普和希拉里的得票情况，点击地图中的任何一个州，还可显示候选人在该州的选票情况。此外，针对参议院、众议院和州长的投票情况，BBC也制作了交互地图（如图7－7所示）。BBC在大选的解说节目中则采用了维斯（Vizrt）公司的三维虚拟演播室系统，以美国国会大厦为背景，结合主持人脚下的美国地图和三维数据展示，通过主持人的言行引导，使受众最大限度地享受数据可视化带来的直观体验（如图7－8所示）。

第三，借助趣味性提高数据讲故事的吸引力。从本质上看，数据的可视化就是把新闻故事可视化了。“讲故事”是终极目标，“可视化”是讲故事的手段和途径。为了使故事讲得生动、有趣，可视化也不能板着面孔，而是要通俗有趣，使受众“乐读”和“悦读”。如在2016年美国大选时的外媒报道中，《卫报》在初选阶段采用了动漫方法，受众点击选举地图后，站在升降车上的动漫小人儿（代表某位候选人）就会从页面的左边或右边移动到地图旁边，同时出现该候选人的代表性语言（如图7－9所示）。《赫芬顿邮报》更是别出心裁，把庞大的数据做成GIF动图，将参加初选的各候选人以赛马的方式来呈现，边跑边“撒花儿”，撒的“花儿”就是在各州获得的选票（如图7－10所示）。

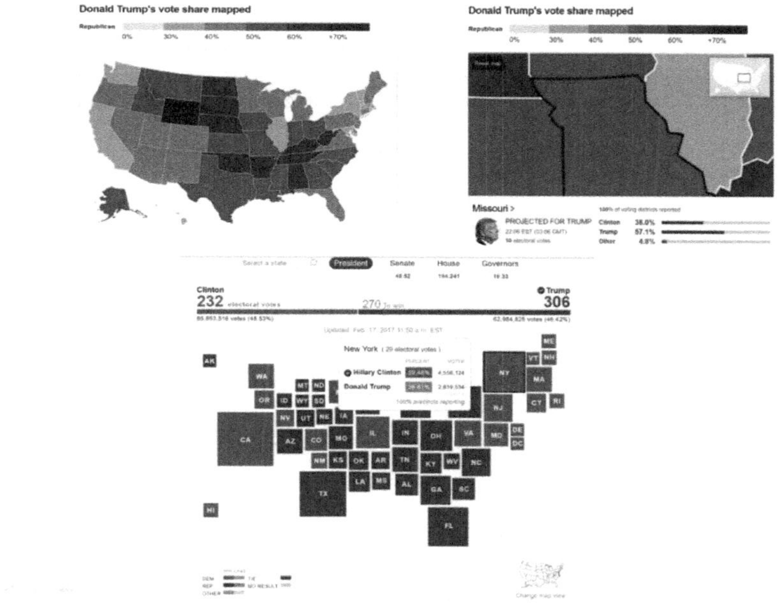

图 7－7　BBC 在报道 2016 年美国大选时使用的交互数据地图

图 7－8　BBC 在报道 2016 年美国大选时使用的虚拟演播厅

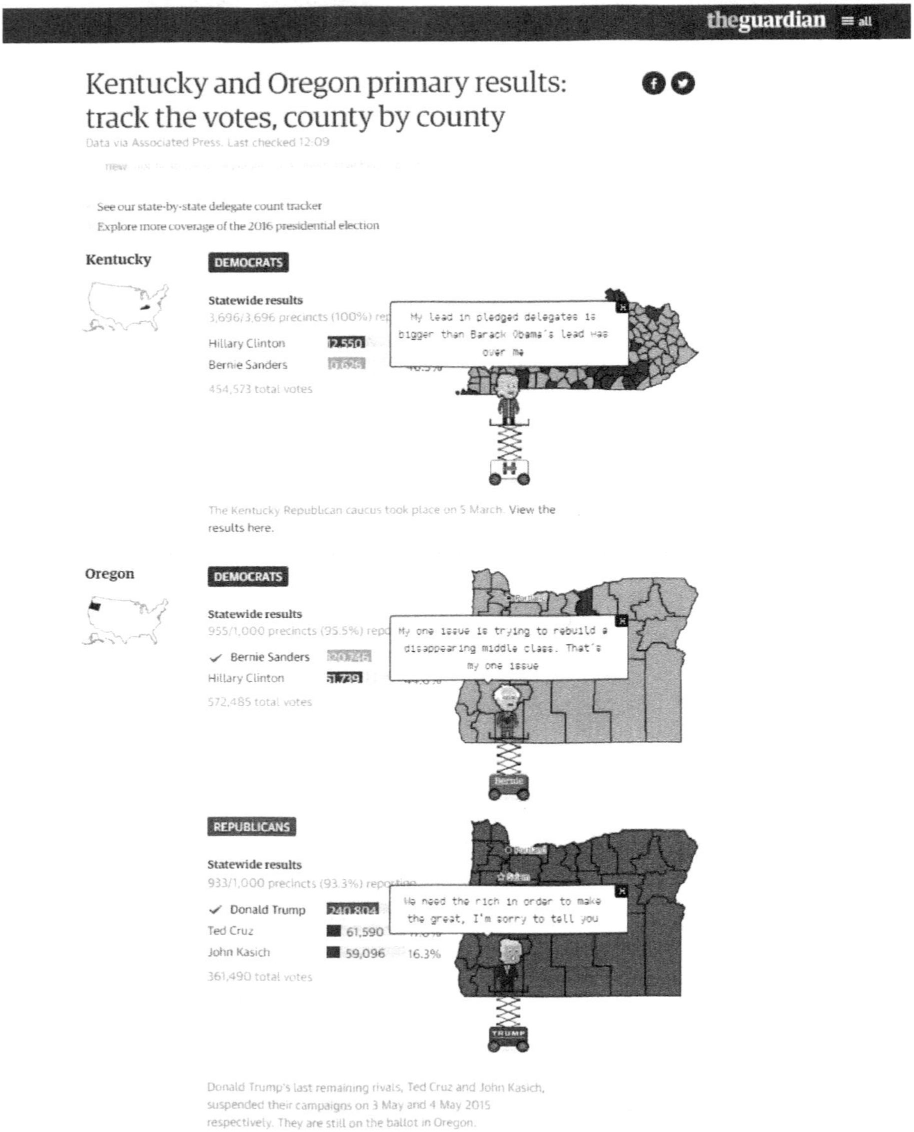

图 7-9 《卫报》对 2016 年美国大选的报道

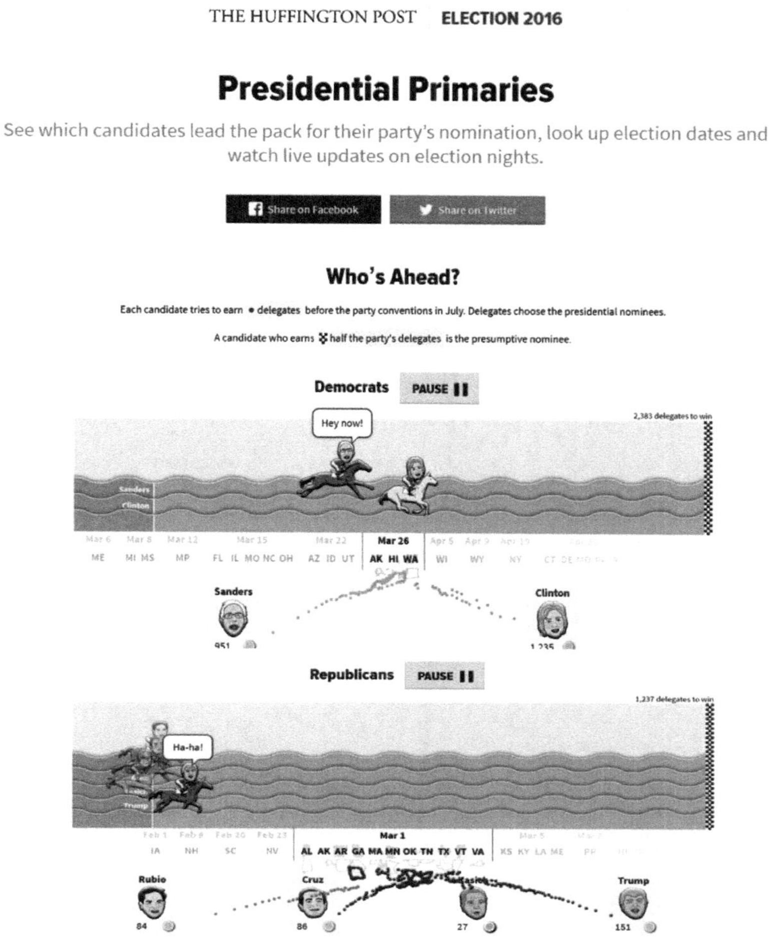

图 7－10　《赫芬顿邮报》对 2016 年美国大选的报道

第四，通过与社交媒体合作拓展产品的传播渠道。加强与社交媒体的合作是主流专业媒体应对互联网冲击的有效策略。对数据可视化而言，与社交媒体合作，不仅是从社交网站上收集大量的用户数据，完善数据采集系统；更重要的是将可视化产品分享到社交媒体上。最常用的方法是在数据可视化产品旁边添加分享标签，受众看到满意的可视化产品，可以一键分享到若干家社交平台上。这种再传播活动有助于拓展可视化产品的传播渠道，提升品牌影响力。

与走在数据新闻可视化前列的欧美媒体相比，我国媒体还处于数据可视化的初级阶段。处于当前大数据和数字化浪潮之中，在学他人之所长的同时，立足国情，把前瞻性与可行性有机结合起来，在实践中不断探索，使数据可视化更好地服务于我国不断变革的新闻传播事业，是广大新闻工作者的初衷和期望。

第八章　数据新闻可视化的本土化建设

数据新闻可视化在欧美国家的产生与发展得益于相应的政治文化背景和特有的媒介传统。实事求是和因地制宜是推动数据新闻可视化在我国发展的必要前提，特有的传媒生态使得我国的数据可视化实践呈现出一些特殊性，因此，探索一条本土化的数据新闻发展之路更具现实意义。

第一节　数据可视化的发展环境

尽管数据可视化的兴起与大数据时代的到来有着必然联系，但是，任何事物的发生、发展除了有其内在机制的推动之外，也时刻受到一些外在因素的影响。数据新闻可视化无论作为一种新兴媒介，还是作为传播新闻信息的一种新样式，它都存在于一定的社会环境中，其生存发展也受到各种宏观生态因素，即政治、经济、文化等的影响，以及各媒体的相互制约和相互影响。

一、政治环境：从信息公开到数据开放

没有数据，就没有数据可视化；缺乏足够的数据，也就没有能够揭示真相、发现规律、觉察趋势的数据可视化产品。

政府信息公开是为了保障知情权，开放的是信息层。虽然一些政府网站上也发布了一些数据，但却无法拿去使用，更谈不上分析、增值或开发利用。① 随着互联网时代的互联、互通理念的普及，一些原本只存放在政府

---

① 安迎春．互联网态势下对开放政府数据的思考［J］．中国报业，2016（4）：10.

后台的数据，不仅政府自己可以用，也要让全社会来开发利用。信息公开的核心词是告知（inform），数据开放则突出的是利用（use）。① 开放的数据应该是完整的、原始的、第一手的，关键是可以免费获取，因为从产权上来说这些数据是属于社会的公共资源。现实社会中的数据开放并非绝对性的开放，从完全封闭到完全开放中间是有过渡的，即有些数据是有限度的开放，是需要有关部门授权的。数据犹如信息加工的原材料，政府把数据开放了，就为各种社会组织和机构进一步地挖掘、利用、开发数据，创造出商业价值和社会价值提供了机会。

2009 年 1 月，美国总统奥巴马签署了《开放透明政府备忘录》，要求建立更加开放透明、参与合作的政府。同年，数据门户网站 Data. gov 上线，美国行政管理和预算局向白宫提交的《开放政府令》获批准。2010 年年初，英国政府的数据开放网站 Data. gov. uk 创建。2011 年 9 月 20 日，巴西、印度尼西亚、墨西哥、挪威、菲律宾、南非、英国和美国八个国家联合签署《开放数据声明》，成立“开放政府合作伙伴”（Open Government Partnership）组织。该组织现有成员国 70 个，包括世界许多发达国家和发展中国家。2013 年 6 月，在北爱尔兰召开的 G8 峰会上，美、英、法、德、意、加、日、俄八国领导人签署了《开放数据宪章》，承诺在 2013 年年底之前制定开放数据行动方案，并最迟在 2015 年年底向公众开放可机读的政府数据。

开放数据是一种服务公众的行为，服务对象的广泛性，使得开放数据存在一定的风险，一旦数据出现质量问题，必将导致错误的结论，就要承担相应的社会责任。因此，政府开放数据不仅需要条件，更需要智慧和勇气。首先，要知道数据在哪里，不同部门有着各自的数据资源，要准确找

---

① 郑磊 . 开放数据的价值与进展［EB/OL］.（2016 - 03 - 09）［2018 - 01 - 12］. http: // www. cbdio. com/BigData/2016 - 03/09/content _ 4680492. htm.

到这些数据；其次，要明确数据能不能开放，涉及国家或公共安全的、个人隐私的数据就不能开放，需要经过技术清洗和“脱敏”之后才能开放；最后，要拥有维持数据开放所需要的各类硬件设施和相应的软件，如体制机制、流程管理、人员编制等。

目前，我国虽然还没有具体的法律推动实施政府开放数据，但是在2012年党的十八大报告中提到了建设透明、高效的服务型政府的要求。2015年9月，我国颁布了《促进大数据发展行动纲要》，明确提出要加快推进政府开放数据共享，促进数据的利用创新。我国政府在数据开放上也做出了努力，国家统计局建立了类似美英政府那样的国家数据开放网站——国家数据（data. stats. gov. cn），如图8－1所示。

图8－1　国家统计局建立的国家数据公开网站

当然，开放数据并不意味着受众可以主动获取与其工作生活相关的数据，并正确地理解数据。分析数据、解读数据及开放数据集才是新闻媒体所期待的。一些欧美媒体在发布数据可视化产品的同时，也向受众开放数据以吸引受众的参与，这一点值得我们借鉴。国外一些政府和机构组织围绕“科学数据”的交流与共享，根据其产生、发布、管理与利用等环节，制定了相应的政策和措施，支撑各个环节的政策与举措则集中体现在数据开放资助、数据质量管理、数据合法保护、数据保存和数据共享利用五大方面。[①] 虽然说是针对“科学数据”的，但是，国外的这些政策和举措具有普适性，不仅在行政措施、法律法规上，也在资金及数据维护等方面给予我们启发。我们可以结合实际情况，制定并实施符合国情的数据开放、获取、共享政策、方法与机制。另外，从长远来看，大数据的发展离不开信息数字化建设。因为，未来所有的传播符号，如文字、声音、图形、视频等都可以用计算机语言进行编码、储存和传送，因此，不同传媒的边界将被抹去。[②] 目前我国已经展开的信息数字化建设，不仅有助于拓宽数据源的范围，也从技术层面加快了信息转换和数据处理的速度，进一步促进了数据开放与共享，为数据新闻可视化的发展打下了良好的基础。

具有价值的数据大部分集中在政府、大型企业以及互联网巨头手中，分散的数据无法实现信息的既有价值，只有予以开放，其价值才能得以最大限度的实现。从海量、繁杂的数据中发现新闻并分析其意义，对普通人而言是一项难度较大的工作，但是，新闻媒体有能力从政府开放的数据中挖掘出新闻。可以说，开放数据与数据新闻可视化的发展相辅相成，开放数据为数据可视化提供了数据来源，而媒体的数据可视化作品也有助于政府进一步开放数据。

二、技术环境：从云计算、开源运动到传媒社交化、智能化

数据正变得越来越重要，这并不是因为数据的量大，而是我们拥有了

① 刘细文，熊瑞．国外科学数据开放获取政策特点分析［J］．情报理论与实践，2009（9）：5.

② 石长顺．融合新闻学导论［M］．北京：北京大学出版社，2013：252.

工具和能力去分析数据，找出模式、结构并揭示趋势。[①] 数据新闻可视化生产体现了大数据技术对新闻生产流程的改造，使新闻的生产效率、呈现形式都发生了较大的变化。技术的进步也让数据的量和可用性得到了极大的改善，这反过来给了人们新的可视化素材（以及新的工作和研究领域）。没有数据，就没有可视化。[②]

云计算（cloud computing）是大数据发挥其价值的关键所在，没有云计算技术的成熟，就不能说大数据时代真正到来。在数据新闻生产中，数据的获取与分析同样离不开云计算。云计算是一种基于因特网的超级计算模式，这种模式提供可用的、便捷的、按需的网络访问，进入可配置的计算资源共享池（包括网络，服务器，存储，应用软件，服务）。[③] 云计算的好处主要是提供最可靠、最安全的数据存储中心；它对用户端的设备要求非常低，使用起来很方便，可以轻松实现不同设备间的数据与应用共享。[④]

开源（open source）就是开放源代码。其意义就在于开放源代码、信息共享和自由使用。它的理念是“追求自由、分享”。获得源代码的人可自由地将此源代码散布，在散布时，必须随附完整源代码或是可让人方便地事后取得源代码。[⑤] 开源软件的高质量、低成本、适应性强促进了开源市场的成熟，这就为数据新闻的可视化生产奠定了技术基础。新闻从业者所搜索到的网络数据一般是CSV、PDF的形式，利用Scrapy可以快速从网络当

---

① MCCANDLESS D. What is data journalism at the Guardian? [EB/OL]. (2013-04-04) [2017-07-12]. http://www.guardian.co.uk/news/datablog/video/2013/apr/04/what-is-data-journalism-video.

② 邱南森. 数据之美：一本书学会可视化设计 [M]. 北京：中国人民大学出版社，2014：45-46.

③ 此处关于“云计算”的定义，来自百度百科（http://baike.baidu.com/link?url=pQ7A5OPe0WRC7fY9Md7FF1XlFe7_OrMpp2GGBELfGc-WkBHAZLsB7MdezvumNb5jHxKRgELoW3dZcDDEEQe14QxzacJghaxnBtLfZKrUDvK9UdA3G37QFkcM5vQMuctm）。

④ 此处关于“云计算有哪些好处”的论述，来自豆瓣小组（https://www.douban.com/group/topic/63763574/）。

⑤ 此处关于“开源”的定义，来自互动百科（http://www.baike.com/wiki/%E5%BC%80%E6%BA%90）。

中提取结构化数据；DocHive可以帮助我们从PDF文档中提取数据；OpenRefine可以自动对数据内容实现数据排序、自动查找重复条目并完成数据记录；而在可视化阶段有更多的开源软件可供选择。① 最重要的是，购买专有软件需要投入较多的资金和人力，在数据可视化产品赢利模式不明朗的情况下，使用免费易得的开源软件，能够有效降低生产成本。

伴随衰退与新生，传媒变革的步伐从未停止，人们围绕着新媒体展开了各种探索与尝试。移动互联网、社交媒体的兴起进一步增加了传媒变局的复杂性，传受之间的关系、新闻信息的生产和分发都发生了前所未有的变化。每次重大技术变革都会带来相关领域的重构。在移动传播格局中，信息产品高度同质化，用户体验的好坏成为决定胜负的关键因素。只要体验做得好，就会被转发，在短时间内成为众所周知的现象级产品。

随着传播技术、受众消费信息行为的改变，做产品成为当下新闻生产的趋势。在2017年庆祝香港回归祖国20周年的报道中，各大媒体纷纷以微视频、直播作为常规武器，并利用航拍、MV、H5等方式为受众呈现视觉盛宴。其间，新华社、央视等主流媒体也推出了一系列的数据可视化产品来报道香港回归祖国20周年。可以看出，这些新闻作品从设计、制作到分发，贯穿着产品理念，在生产中不仅考虑内容的品质，更考虑用户的服务、定位和开发等因素。

2017年7月中国互联网络信息中心（CNNIC）发布的《中国互联网络发展状况统计报告》显示，我国网民规模达7.51亿，其中手机网民规模7.24亿，占比96.3%，手机网络新闻的用户达5.9亿，使用率达到82.4%。因此，围绕移动用户布局产品，选择合适的渠道分发合适的内容，向用户提供有料、有用、有趣的内容，在专业选择的基础上智能推送，实

① 数据新闻报道必备的六款开源工具［EB/OL］.（2014-08-11）［2017-12-26］. http：//tech.it168.com/a2014/0808/1654/000001654601.shtml.

现受众参与和社交性的扩散，对传统媒体的转型而言意义重大。为此，一些传媒在用户服务、产品分发等方面采取了新的布局。一是更加重视消息提醒和内容推送。一些传媒在不同的时间段采用不同的方式推送不同的内容。二是满足用户分享信息的需求。增强受众的体验感、参与性，促使受众易于和乐于分享所获取的信息，此举有助于实现新闻信息的二次或多次传播。如今社交媒体和移动阅读已经融入我们的社会生活，并改变着人际交流和信息交换方式。在此形势下，新闻传媒可以借助数据可视化来实现内容生产的个性化、传播渠道的多样化，以适应移动互联网时代的发展，生产出更具竞争力的新闻产品。

三、行业环境：新闻媒体提升专业水准的契机

近几年，依托移动互联网的社会化媒体迅猛崛起，专业媒体对新闻信息的传播垄断正逐渐被消解，专业媒体所生产的新闻信息也逐渐淹没在互联网生成的海量数据之中。简言之，公民新闻和社会化媒体的风行，分散和弱化了专业媒体在新闻信息传播中的引领作用，使得新闻信息的内容生产特权被打破，这在一定程度上拉低了新闻行业的专业水平。互联网作为技术救赎赋予我们一个传播工具箱，任何人用最小的成本就可以成为记者……我们消除了公共表达障碍，突破了大众传媒的发展瓶颈。结果，媒介专业化技能被大规模业余化了。[①]

在“人人都有麦克风”、众声喧哗的社会化媒体盛行的时代，互联网思维和大数据技术催生出来的数据新闻可视化，为专业媒体带来了新的发展模式，同时也振奋了新闻专业主义的理念。相对社会化媒体而言，专业媒体更具备获取来自政府部门、商业机构数据的资格和能力，也更容易实现

① 周红丰，吴晓平．重思新闻业危机：文化的力量——杰弗里·亚历山大教授的文化社会学反思［J］．新闻记者，2015（3）：6.

与数据专业组织的合作，这就赋予了专业媒体挖掘数据、发布新闻、引导舆论的主导权。对个人而言，即使掌握了一定的数据技术，也很难完成对大体量数据的收集和分析。因此，大数据技术在一定程度上消解了公民新闻、社会化媒体对专业媒体的冲击。未来媒体应该变得更加专业化，尤其是在它们想要立足和发展的领域。在新闻业的新时代里，每个媒体不会在所有方面都做得同样出色。新闻专业化的时代早已开始，不再拥有垄断地位的媒体必须通过提供知识来争取自己的权威地位。如今，新技术形成的信息网络已经大大提高了我们的能力，在搜索和分享事实和可靠消息的过程中，能够找到更多专家、观点、数据和新闻报道。①

开放数据正被世界上的许多国家所接受，并成为公民行使其表达自由和获取信息自由权利的重要工具。但是，绝大多数的公民都不具备阐释数据的知识和技能。政府在多大程度上开放数据，完全依赖于作为政府和公众之间桥梁的媒介，能否创造性地为广泛的公众提供信息。② 大数据技术助推下的新闻业赋予了记者一种新的角色，让我们成为一座桥梁或是一本指南，一头连接着掌握数据的权贵，一头连接着渴求数据的公众。前者根本不会解释数据，而后者需要帮助才能得到数据。③

大数据技术是信息技术的综合，包括了数据的采集、存储、计算、分析和呈现这 5 个技术环节。大数据技术有助于在碎片化信息中提炼、整合出更为深刻的内容，帮助我们更为全面、清晰地认识社会运行规律。政府开放数据的推广、开源软件的畅行、大数据技术的普及，为新闻内容的专业化生产提供了契机，大数据的抓取、数据挖掘与分析以及数据可视化在提

---

① 比尔·科瓦奇，汤姆·罗森斯蒂尔．真相：信息超载时代如何知道该相信什么［M］．陆佳怡，孙志刚，译．北京：中国人民大学出版社，2014：191.

② JANSSEN K，DARBISHIRE H. Using open data：is it really empowering?［EB/OL］．(2012-06-02)［2017-12-10］. https：//www. w3. org/2012/06/pmod/pmod2012 _ submission _ 39. pdf.

③ 西蒙·罗杰斯．数据新闻大趋势：释放可视化报道的力量［M］．岳跃，译．北京：中国人民大学出版社，2015：35.

升新闻生产专业门槛的同时，增强了新闻媒体的信心，使其变得强大起来。

四、法律环境：隐私侵权与产权保护

大数据作为一种重要的资源，在为我们的工作、生活带来便利的同时，也会因采集、使用和存储不当，危及国家安全或个人隐私，因此，将数据新闻的生产实践纳入法制轨道，促使其良性发展，有着深远的意义。

（一）可视化实践中的法律问题

数据新闻可视化实践中的法律问题主要集中于数据采集可能涉及公共安全、商业秘密、知识产权、公民的个人隐私等，因此，数据的采集行为必须遵守法律的规定。[①]

第一，媒体需要具备采集原始数据的合法性。首先，采集的主体要取得相关数据采集的资格。媒体是新闻信息的发布机构，为了生产新闻信息，获取某些领域、行业的一般性信息（对外公开不会影响其名誉或利益）无可厚非，但如果所要获取的数据有一定的特殊性，如涉密或涉及隐私、安全等，因数据公开可能给数据提供者带来负面影响，媒体将不得不考虑自身的社会属性和机构性质，衡量选题的适宜性。其次，采集的行为要符合法律的规定和要求。新闻媒体应该明确告诉数据提供者自己的身份、数据收集的目的和用途，收集时不得采用欺诈、非法访问或其他非正常手段，并且对所收集的数据不得任意修改或歪曲，未经同意，不得改变数据的用途，不得擅自将数据公开或告知第三方。

第二，媒体在从其他机构获取、使用数据时需要有法律的保证。随着大数据产业的日益发展，数据的转让、购买成为普遍现象。媒体在以有偿、无偿的方式获取数据时，要明确数据提供者是否是依法获取数据，而不是

---

① 此处关于“媒体获取数据的法律规范”的论述参考借鉴了邵俊武教授刊发在《法治社会》2016年第2期的《法律视野下的大数据问题研究》一文。

以不正当手段获得的、存在一定隐患的数据。同时还要了解数据提供方对数据的所有权情况，是否合法拥有并可以合法出让。为了避免因数据转让产生纠纷，媒体在数据交易中要签订数据转让合同，对数据的数量、使用范围、使用时间、使用方式等做明确、具体的约定。

第三，媒体获取公共数据需要法定授权。公共事务涉及国计民生而成为新闻报道的重要选题。尽管社会公共领域所产生的数据在权属上具有公共性，但是，在我国现行制度下，拥有公共事务管理权的是各级行政部门，这些部门自然也被赋予了获取公共数据的专属权利。其他的社会组织机构只有获得法定授权方可采集公共数据。

（二）可视化生产中的侵权与对策

如今，大量社交媒体如脸书、推特以及国内的今日头条等都是利用大数据技术运行的，通过对用户的个人数据进行持续分析，以提升新闻信息推送的精准性和个性化的效率。人们在私人活动中产生的数据可以直接体现个人在做出选择时的偏好，有着较高的市场价值，自然也就被许多电商、数据挖掘公司所关注。但是，不可否认这样的事实——我们日益变得透明了，原本看似属于个人的私人空间也难免被他人“窥视”和“侵入”。

在新的传播技术和传播样式中求得隐私权与知情权的平衡，成为数据新闻生产不可回避的课题。大数据技术可以挖掘出数据背后的关联性，可以将个人的零散信息汇集成整体，实现对目标人群或个人行为、意愿的掌控。但是，我们在利用大数据为人们提供生活便利的同时，也存在着个人隐私随时暴露在“第三只眼”之下的危险，因为，有些数据被收集、被挖掘，个人却并不知道其用途。因此，“没有坏数据，只有对数据的不合理使用”① 这句话不无道理。数据可视化生产的前提就是尽可能地收集数据、挖

---

① 王芮．纽约时报：大数据时代的隐私问题［EB/OL］．（2013－03－25）［2017－11－09］．http：//tech.qq.com/a/20130325/000084.htm.

掘数据，为了“投受众之所好”还要分析受众阅读偏好的数据，以及在传受互动中分享受众的个人数据，这都可能导致为了深挖数据而侵犯公众的隐私。为此，我们不仅要从立法层面加强对公众隐私的保护，还要从行业层面规范对个人数据的采集与使用，从技术层面消除侵犯隐私权的隐患。

在互联网时代，受众在海量信息中寻找所需要的内容，不得不耗费一定的时间、精力。而数据新闻可视化生产会产生一系列的衍生产品，如使用过的数据集、构建的数据库、开发的数据应用等。这些产品及服务，不仅是某次数据可视化报道的产品，为受众获取信息提供了便利，更是媒体在大数据时代的核心资产，因此，其所代表的经济利益以及背后的基本权利理应得到保护。同时，法律作为人们行为的规范，在平衡新闻传媒与社会其他利益关系的同时，也赋予新闻传媒以良心、责任等价值追求。

第二节　我国传媒数据新闻可视化的发展策略

数据新闻可视化自兴起以来，在国内外诸多传媒实践中得到快速发展，在数据的采集、处理、呈现和发布等方面，随着传播技术的进步和传媒生态环境的影响，显现出一些与传统新闻传播模式不同的发展策略。

一、把数据新闻可视化纳入媒介融合的总体战略规划

随着传播科技的发展和媒介环境的变迁，“媒介融合”已经成为国内外新闻传播业发展的现实和趋势，并得到了广泛的认可。

由于存在传播范式落后、盈利模式单一、技术支撑不足等问题，加上互联网的功能替代优势，传统媒体被边缘化已经成为不争的现实。习近平总书记在中央全面深化改革领导小组第四次会议上指出，推动传统媒体和新兴媒体在内容、渠道、平台、经营、管理等方面的深度融合，着力打造一批形态多样、手段先进、具有竞争力的新型主流媒体，建成几家拥有强

大实力和传播力、公信力、影响力的新型媒体集团，形成立体多样、融合发展的现代传播体系。① 可以说，准确把握媒体发展方向与趋势已经成为我国传媒领域具有重要战略意义的新课题。

目前，许多传统媒体的融合战略把重点放在了网络平台的搭建和传播形态的转变上，而没有拓展收入渠道、创新盈利模式。在大数据时代，传统媒体拥有的新闻信息资源已经转化为新闻数据资产。数据是生产资料，算法是生产力，由资源向资产的转变，仅一字之差，却是一个闭环的价值链，是一个完整的生态系统。大数据产业生态系统，就是从新闻资讯数据的生产、采集、加工、汇总、展现、挖掘、推送等方面形成一个闭环的价值链，即通过对每个环节的多种技术处理，提供有价值的应用和服务。媒体生态系统的核心不在于掌握庞大的数据信息，而在于对这些富有意义的数据进行专业化处理，即强调对数据的加工能力，从而使数据产生价值，开辟媒体源源不断的“现金流”。②

大数据技术在新闻传播领域的应用增加了媒介融合的多样化和复杂性。媒介融合侧重于多媒体形态的结合，是多种传播符号在新闻报道中的交叉运用。数据可视化作为新兴传播样式，则更注重数据在新闻生产中的驱动作用，更倾向于量化方法的运用，二者存在着相互交织的关系。数据可视化的生产与发布往往应用多种传播符号与多媒体平台，具有融合报道的特征。随着大数据的重要性在社会生活中日益凸显，跨媒体传播有时需要通过数据分析来发现选题，并为报道提供有力证据。融合报道与数据可视化交相辉映，从人才专业结构、产品运营机制到传播平台构建等，它们共同推进了媒介融合的发展。当下，跨媒体、跨平台传播已经成为主流传播模

① 习近平．着力打造一批具有竞争力的新型主流媒体［EB/OL］．（2014－08－18）［2017－09－09］．http：//cpc.people.com.cn/n/2014/0818/c64094－25489714.html.

② 李述永．当前媒体融合发展的实践与思考［J］．中国记者，2016（5）：20.

式，传统媒体与新兴媒体、专业媒体与社交媒体日益融合，形成立体化的传播矩阵，数据可视化在成为媒体变革推动力的同时，也加快了自身的发展。

二、借助传感技术，拓宽数据来源

近几年，一些新闻从业者开始尝试用传感器来获取数据信息，并据此撰写新闻报道。这是因为传感器在获取数据信息上“有助于让我们调查无法看到、听到或触摸的事物，这些工具为我们提供了新的感官”[①]。目前，传感器主要应用于调查性数据新闻。从实践看，传感器与新闻生产主要有三种结合方式：一是利用市面上已有的、成熟的商业设备，设计出适合自己的传感系统；二是从已有的传感资源中获得所需数据；三是设计原型传感系统来生产数据。[②]

美国《太阳哨兵报》的记者萨莉·克丝汀和约翰·梅因斯（Sally Kestin & John Maines）通过收费公路的电子付费系统（Sunpass），获得了110万行、超过250兆的数据资料。通过分析数据，证实了佛罗里达州多个城市的警察存在严重的超速开车行为，该报凭借《超速警察》赢得了2013年普利策公共服务报道奖。美国的新闻聚合网站BuzzFeed News的数据新闻作品《天空中的密探》（Spies in the Skies）获得了2016年全球数据新闻奖（DJA）最佳数据可视化奖，该报道旨在向受众展示一个政府监视下的美国。[③] 每个工作日，联邦政府都会安排数十架飞机在城市上空盘旋侦察。这些飞机配备了高分辨率的视频摄像机，通过与“增强现实”软件配合，即可将街道和企业乃至个

---

① WASHECK A. Tow report：as sensor journalism rises，guidelines needed [EB/OL] .（2014 - 06 - 25）[2017 - 08 - 12] . http：//mediashift. org/2014/06/forging-a-path-for-sensor-journalism/.

② PITT F. Sensors and journalism [EB/OL] .（2014 - 12 - 03）[2015 - 07 - 24] . http：//towcenter. org/research/sensors-and-journalism/.

③ ALDHOUS P，SEIFE C. Spies in the skies [EB/OL] .（2016 - 04 - 07）[2017 - 12 - 11] . https：//www. buzzfeed. com/peteraldhous/spies-in-the-skies? utm _ term=. xnZJNXmYd＃. oxgyQZmAv.

人住宅业主的信息添加到视频图像中。BuzzFeed News 通过分析，从航班追踪网站 Flightradar24 上得到的 200 架联邦飞机的传感数据，不仅用地图展示了变化的时间序列，同时展现了累积的飞行路线及随时间变化的航班动态，由此形成一幅关于美国政府监视行为的行动规模和范围的图景（如图 8－2 所示）。

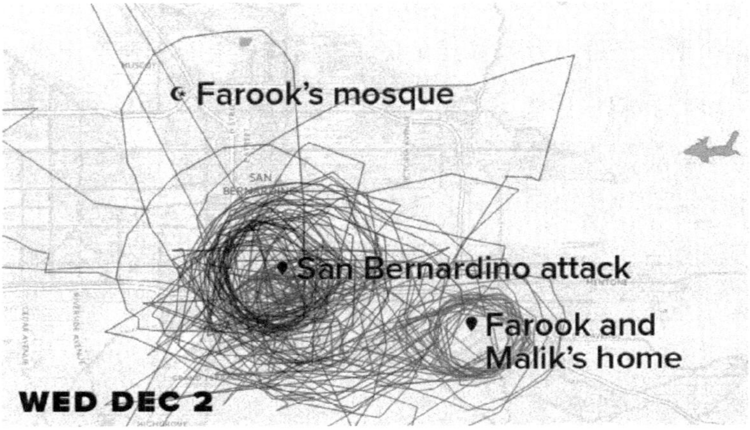

图 8－2 美国新闻聚合网站 BuzzFeed News 的数据可视化作品

用于采集数据的传感器，有助于人们突破自身的局限性，从更多领域、更多维度来获得信息。此外，传感数据可以轻易地被计算机软件直接读取、分析，并进行视觉化展示。通过传感系统获取的图像不仅仅是传统意义上的抓取场景、佐证事实，而且其成像还可以以像素为单位进行分析；通过麦克风收集的音波也可以作为分析某个新闻事件的音频数据。传感器的使用表明，具有科技天赋的记者可以使用卫星和无人机，而那些不精通技术的记者则可以在较短的时间内学会使用负担得起的传感器设备，它们都可以提供科学有效的数据，揭示社会问题。[①]

---

① MESICH A. How sensor reporting helps journalists find data where none exist［EB/OL］.（2014－06－02）［2015－10－12］. http：//ijnet. org/en/blog/how-sensor-reporting-helps-journalists-find-data-where-none-exist.

三、加强呈现方式的互动化，增强阅读体验

交互是一个社会学概念，指各种因素之间的相互影响、相互促进，互为因果的作用和关系。托夫勒在《第三次浪潮》中预言，20 世纪 90 年代之后，社会将进入体验经济时代，更多地强调受众的参与性和体验过程。在信息社会的大背景下，互动已经成为新闻传播的一个发展方向。将互动引入数据新闻可视化生产，目前不仅具备了技术条件，还在于它有助于增强用户的体验感，激发用户的使用兴趣，真正实现用户“赋权”，即用户能够选择是否消费媒体提供的内容，而且可以决定何时、何地去消费这些内容。更重要的是，用户在互动过程中获得了完全基于自身需求的信息，实现了信息传递的个性化。

笔者通过梳理、分析发现国内多家媒体的数据可视化产品，尽管信息含量丰富，构图上主次分明、逻辑清晰，但在呈现方式上以静态化和平面化为主，限制了可视化的创新性，影响了数据所承载的传播价值、社会意义，使图形在表现上缺乏内在逻辑性，难以实现受众对深层含义的探究。反观国外的数据可视化产品，其不仅使用静态的信息图表，也采用交互程度不同的数据地图、时间轴等来呈现那些关系相对复杂、背景较为宏观的数据。目前，突出产品的交互性已经成为国内外数据新闻可视化生产的必备要素，因为具有交互功能的可视化产品，不仅有助于受众快速发现自己感兴趣的信息，而且可以提供定制化的信息服务，激发受众参与到信息的呈现过程之中。

为了警醒世人和深刻体会战争的危害，美国公共国际广播电台在 2016 年制作了一款数据新闻应用《如果叙利亚内战发生在你的国家会怎样?》。①

① What if the Syrian civil war happened in your country? [EB/OL]. (2016-03-16) [2017-12-11]. https://www.pri.org/stories/2016-03-16/what-if-syrian-civil-war-happened-your-country.

制作者以叙利亚战争为参照，将与战争相关联的人口规模，包括总死亡人数、每年死亡人数与常规交通事故死亡人数进行对比，并把缺乏安全用水人数、需要健康救助人数、流离失所人数、饥饿人数、难民人数等数据化。按照建立好的数据模型，用户可以选择自己所在的国家，便可以查看如果同等规模的内战发生在自己的国家，将会带来怎样的危害（如图 8－3 所示）。该应用一经发布，其互动设计所产生的较好的体验，立即成为吸引广大受众的亮点。

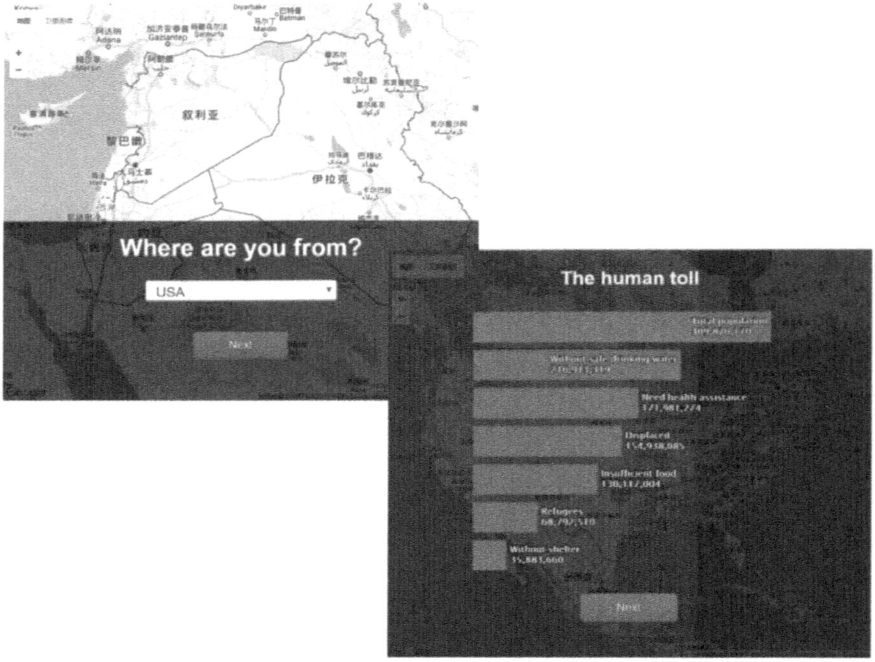

图 8－3　美国公共国际广播电台制作的数据新闻应用凸显交互设计特点

在移动互联网和媒体社交化的传播格局下，媒体做新闻不仅是做给人“看”的，还要能给人“用”。技术把传统的受众变成了用户（一种新型受众），并改变了他们的媒体行为。用户成为新闻内容的消费者和生产者的“合体”，这是传统媒体时代所没有的情况。在移动传播格局中，信息产品高度同质化，用户体验的好坏成为决定胜负的关键因素。只要体验做得好，就会被转发，在短时间内成为众所周知的现象级产品，而产品的交互程度和层次，直接影响了用户的阅读体验。

四、产品分发社交化，扩大传播范围

随着移动互联网的发展，社交媒体逐渐成为人们获取信息、交流沟通的重要平台。路透社、美联社、《纽约时报》等国外知名媒体纷纷在脸书和推特等社交媒体上建立账号，我国的新华社、中央电视台和《人民日报》等也在微博、微信公众号上进行了发布数据可视化产品的尝试，使得社交媒体成为数据可视化产品的重要传播渠道之一。

社交是用户使用互联网的目的之一，人们通过信息的相互传递来达到个人的社会化，实现社会地位的获取或更新。传统媒体式微的一个原因就是没有满足受众普遍存在的“交往”需求，没有充分认识到社交属性对于媒体的重要性。当下，传统媒体纷纷接入移动社交媒体端口，增强受众的体验感、参与性，促使受众易于和乐于分享所获取的信息，这样有助于实现新闻信息的二次或多次传播。中外传媒利用社交平台来提升数据新闻可视化产品阅读率的目标是一致的，只是存在策略上的差别。如《纽约时报》是在不同的时间节点、多次发布以自制为主的数据可视化产品，而我国传媒则偏重于相互转发或发布非原创作品，并且发布的次数和频率较多，相比于国外媒体的做法，国内媒体能够更有效地增加发布量、扩大传播范围。通过社交平台可以实现再传播，但是，受众接纳该产品的前提是报道题材要符合受众的信息需求，所承载的信息量要足够大，呈现样式要新颖，视觉冲击力要足够强。另外，数据可视化产品所附加的评论是否与受众心理认知具有相容性，以及受众是否具有成为再传播者的动机，也是影响可视化产品再传播的要素。

为了持续开发数据新闻再传播的时间和渠道，需要在加强研判社交媒体用户心理需求的基础上，通过大数据分析找出各类用户对不同内容题材、不同呈现形态的数据可视化产品的偏好，并以此来指导选题决策、设计制作和分发渠道等。

五、构建多元化的数据新闻可视化的产品链

成本问题是每一个营利组织都无法回避的事项。任何新闻报道的运行也都离不开资金、技术设备等保障系统，尤其是重大报道还需要相应的广告收入，用于支持那些需要耗费巨资的采访活动以及后期制作的成本投入。数据新闻可视化产品的制作和传播作为新兴的新闻信息传播方式，同样也要考虑盈利模式问题。

数据新闻可视化的优势在于交互、呈现和分享，这些优势确实能够吸引住一部分受众，并让他们更久地停留在新闻报道上。但通过收视率、网络流量的方式来为媒体创造价值，并没有从本质上改变传统的盈利模式。从国内外的实际情况看，数据可视化生产依然处于高投入低产出的阶段。在现有的传媒生态环境中，数据可视化产品同样具有双重属性，为了持续生产必须实现商业价值，然而，仅仅依靠做内容还不足以吸纳足够的资金来平衡媒体在采集数据、分析数据、可视化数据等环节的支出，通过提升流量来变现，其效果也是微乎其微。

目前，欧美媒体在探索中摸索出了一些值得我们学习和借鉴的盈利途径。首先是售卖数据集。数据可视化生产离不开数据库和数据集，媒体可以把使用过的数据库或数据集作为新闻产品链上的下游产品，将其分类整理，建库保存，实时更新，将其置于数据商店中售卖。其次是提供数据分析服务。数据作为媒体的一种资源和资产，其重要性日益凸显。数据分析靠的是技术人才和硬件建设，职业化运行的新闻媒体具有优秀的专业人才进行数据的分析和挖掘，为其他行业领域提供跨界的数据服务打下了基础。最后是开发数据新闻应用。数据新闻应用主要通过小而简的游戏或者

应用，激发用户在线参与。[①] 它在给媒体带来整体流量的同时，有力提升可视化产品的个体服务功能和实用价值，也就能够为媒体创造聚少成多的利润。

商业的未来不是免费，而是为每一个消费者提供个性化的产品与服务。在这个免费信息满天飞的时代，只有提供“私人定制”的信息产品，才能够给用户节省大量的时间和心智成本，用户才会心甘情愿地对其收到的定制化信息服务付费。用数据与受众联系的最好方式是为他们创造一些容易理解的，并且和他们有高度关联性和切入点的数据故事，可视化是讲述数据故事的首选，这类数据新闻可视化产品可以实现基于流量的盈利。在大数据时代，新闻媒体可以把自己改造成为数据中心（Data Hubs），通过分析庞杂的数据集，并依据自己的独到见解来构建新闻故事。数据中心将“卖产品”转换为“卖服务”，通过为企业、公共安全和社会服务供应商、地产商和购房者等提供有价值的数据定制服务，创造了依靠流量盈利之外的可能性。[②]

技术发展与传媒业变革不断推进着新闻业务的发展，数据新闻可视化就是近年来一个被探索的新领域。与国外知名媒体相比，我国的数据新闻可视化实践确实存在一定的差距。但是，不可否认，近几年我国新闻媒体的发展依然可以用“快速”和“高效”来概括。主流媒体的重视、互联网巨头的加入，提升了我国数据新闻可视化生产的层次和面貌。从某种意义上说，大数据驱动的不只是新闻报道，也驱动了媒体的生产转型。

---

① 申玲玲．数据新闻生产的难点与创新研究［J］．江淮论坛，2015（4）：106.

② AITAMURTO T，SIRKKUNEN E，LEHTONEN P. Trends in data journalism［EB/OL］.（2011-08-09）［2016-10-22］. http：//virtual. vtt. fi/virtual/nextmedia/Deliverables-2011/D3. 2. 1. 2. B _ Hyperlocal _ Trends _ In%20Data _ Journalism. pdf.

第三节　我国数据新闻可视化的人才培养

新闻传媒业的发展变化意味着新闻从业者的知识和技能必须做相应调整，作为培养新闻传播人才的新闻院校也必须与时俱进，优化新闻传播专业技能教学。因此，探索适合我国新闻教育和传媒业实践特点的数据新闻可视化人才培养模式，将赋予新闻教育改革新的内涵。

一、数据新闻可视化从业者的素养

传播渠道无论是传统媒体还是网络媒体、移动终端，具备一定的新闻素养、数据素养和艺术素养是做好数据新闻可视化工作的必要条件。

（一）新闻素养

新闻素养在这里主要指的是对新闻信息的判断、分析能力。尽管数据可视化产品更多的是由不同专业的人通过协作来完成的，但是，本书围绕的数据可视化是新闻传媒领域的生产行为，使可视化产品包含一定的新闻属性是顺理成章的事情。因此，对于数据新闻可视化的从业者而言，首先他是一名新闻从业者，准确判断传播客体的新闻价值、知识价值，是其所有素养中的关键与根本。这种判断不仅基于新闻事实自身的各种要素，而且还要考虑到传播对象以及媒体自身的属性和功能。笔者曾经访谈过一位新华社图表编辑室的编辑，他在硕士毕业入职新华社之后先到地方分社干了一年记者，然后才回到图表室。这种基层工作经历实际上就是在帮助新闻的可视化工作者丰富新闻现场的实地采访经验，使其对新闻操作理念、新闻基本要素、新闻采访过程有个全面的认知。另外，通过大量阅读新闻稿件，清楚稿件的中心思想与报道思路，对新闻发生的地点、地形、地貌等环境特征，新闻当事人的外在表现，事件进程做到清晰明了，进而提高对新闻事件的理解能力等，都是数据新闻可视化从业者应有的素养。严格说，作为数据新闻可视化从业者，要能按照重要性原则，对本媒体即将刊发的新闻进行排序，能对重要事件的新闻点做出罗列和陈述，能对近几年甚或更早的主要新闻事件有认知上的积累，对新闻发生的主要区域以及领域有宏观的认识。

（二）数据素养

现在讲故事有时也靠数据，要想把故事讲得精彩、可信，讲故事的人必须具有数据素养。国内学者孟祥保、李爱国给“数据素养”下的定义是：“具有‘数据’意识，具备数据基本知识与技能，能够利用数据资源发现问题、分析问题与解决问题。”[①] 数据素养在实践中主要体现在两个方面：数据意识和数据处理能力。数据意识（data awareness）类似于新闻敏感，是新闻工作者对数据的一种直觉，是对数据的批判、反思意识，是新闻从业者在生活、工作中表现出来的关注和发现相关数据的意识和兴趣，是发现数据价值的本能反应。新闻从业者对数据持有两种截然相反的态度，要么深信不疑，要么不以为然，深信者以为数据就是科学依据，排斥者认为数据就是数字，过于抽象枯燥。我们应该正确看待数据，像对待其他信源一样，对数据保持谨慎的态度和清醒的头脑。数据处理能力包括获取数据、解读数据和呈现数据的能力。获取数据（data collection）不仅要考虑关联性、代表性和价值，也要考虑数据的广度与深度。另外，还要重视与数据源建立良好的供给与需求合作，主动与一些数据供应商、专业数据公司建立合作关系。解读数据（data analysis）是对数据的解读和整理。数据正变得越来越重要，这并不是因为数据量的巨大，而是我们拥有了工具和能力去分析数据、发现模式并揭示趋势。[②] 但是，如果缺少洞察，那么再好的数

① 孟祥保，李爱国．国外高校图书馆科学数据素养教育研究［J］．大学图书馆学报，2014（3）：11－16．

② 方洁，颜冬．全球视野下的“数据新闻”：理念与实践［J］．国际新闻界，2013（6）：76．

据处理工具也无助于新闻质量的提升。呈现数据（data visualization）是指将大型数据集中的数据以图形图像形式来表示，并利用数据分析和开发工具发现其中未知信息的处理过程。

（三）艺术素养

从专业背景来看，国内媒体（新华社、各类报社、各门户网站）的可视化编辑主要来自美术、设计专业和计算机专业，而来自新闻传播专业的则占少数。之所以出现这种专业结构，说明一定的艺术素养、视觉化的形象思维在可视化设计和制作中占据着重要位置。特别是创意构思的想象能力，即将新闻事件所涉及的场景、人物、过程等明了之后，在脑海中想象新闻发生过程的连续画面，根据新闻的重点，文字描写的角度和新闻客体所处的空间位置，确定某个特定的画面的艺术素养尤为重要。此外，还要能够娴熟地掌握视觉心理和设计原理。具体说，数据新闻可视化从业者的艺术素养主要体现在两个方面。第一，具有一定的见识。不仅在平时注意收集数据可视化的中外精品，还要在头脑中对这些作品进行任意的拆分组合，并形成自己的风格。第二，较好的视觉思维。把现实中复杂的新闻要素、难以呈现画面的抽象事物以相应的形象符号表现出来，并通过构图、色彩、线条、字体字号等审美技巧，表现新闻要素的主次，展示重点。可视化作为新闻信息的呈现方式，讲究色彩搭配、统一均衡，只有将技术与艺术完美结合，才能体现出信息图表的魅力。

总之，作为大数据时代的新闻从业者，首先，为使所收集的数据信息更精准，除了会使用搜索引擎的高级检索功能外，还要会查找中外文数据库、政府和非政府数据库，并且要知道如何通过网络论坛、网络调查来获取数据。其次，整合数据不是简单堆砌，挖掘的前提是清理，去除干扰信息，统一数据格式。为了从数据中挖掘出具有新闻价值的事实，必须掌握一定的统计和数据分析方法，因为解读数据的方法是否合理，关系到结论的科学性。最后，许多统计软件、绘图软件、交互软件都可以实现数据的可视化和交互性。在互联网上呈现数据图表，需要掌握基本的编程技术，以实现动态、交互等视觉效果，这就需要新闻从业者熟悉每个软件的特性，以便根据选题的内容、数据的类型来选择呈现方式，绝不能为追求画面的酷炫而可视化。

二、数据素养的培养路径

2012年哥伦比亚大学的托尔数字新闻中心（Tow Center）发布了一份关于后工业化时代，新闻工作者所应该具备的技能的报告，提出了九项技能。[①] 其中包括：熟悉数据和统计知识；了解用户分析工具，更好地理解受众；熟悉基本编码知识等。未来几年，社交媒体使用、数据分析、编程设计等实操能力将可能成为新闻从业者的标配。如何培养新闻从业者和新闻院系学生的数据素养，成为新闻传播业界和学界的共同关注点。

（一）新闻从业者的自我完善

随着数据新闻的快速发展，新闻传媒因为缺乏专业人才的储备，在涉及数据、设计、编程等方面显得捉襟见肘。同时，新闻院校的人才培养从教学方案的设计、确定到实施、完成，有一个相当长的周期，无法在短时间内解决业界人才的迫切需求。现实情况是大多数记者和专业教师数据科学技能较低，高技能的人才非常少。专业新闻院校缺乏教授计算新闻学所需的算法和高级课程的人才，也没有多少专业教师能够站在职业需要的角度去教学生需要学习的知识。[②]为此，自学成了新闻从业者提升自身数据素养的主要途径。通过学习相关书籍，比较重要的如《数据新闻手册》，还有一些基础性编码、网页设计等方面的书籍，来获得专业知识和相关技能。

---

① Post-industrial journalism：adapting to the present [EB/OL]．(2012-11-27) [2016-12-17]．http：//towcenter. org/wp-content/uploads/2012/11/TOWCenter-Post _ Industrial _ Journalism. pdf.

② 刘银娣．欧美数据新闻人才培养路径探析 [J]．中国出版，2016 (1)：49-50.

此外，利用网络资源也不失为便捷的渠道，例如“慕课”（MOOC）网站提供了比较全面的与数据挖掘、数据呈现相关的技术课程。一些勤奋好学的新闻从业者还经常性地登录国内外的知名媒体，研究它们的数据新闻作品，分析这些数据产品的制作情况，寻找差距，进而从中获益。

（二）社会组织提供的网络教学资源

以新闻传播为主导的社会组织发现了传媒界对数据开发的极大需求，它们积极应对，试图为有志于数据新闻报道的新闻工作者提供一个高效的学习平台。美国奈特基金会在数据新闻兴起之初就着手筹备网络公开课程，来满足有志于数据新闻报道而未受过专业训练的新闻从业者的需求。[①] 2014 年 5 月，欧洲新闻中心（ EJC ）上线了系列数据新闻公开课（Doing Journalism with Data），教授记者如何使用数据来提高报道水平。该课程由 5 个模块组成：媒体的数据新闻、寻找数据支持报道、用数据分析法寻找新闻、处理杂乱数据、可视化报道方式。课程由视频讲座、辅导、作业、阅读和讨论组成。授课教师皆为资深业内人士，如《卫报》前编辑西蒙·罗杰斯和普利策奖获得者史蒂夫·多伊格（Steve Doig）等。课程的顾问团队成员包括来自《纽约时报》、ProPublica、推特等多个机构的编辑记者。截至 2015 年初，约有 3 万人注册了该课程。[②] 开设网络教育也是高校的长项，2013 年，美国的得克萨斯大学开设了培养数据新闻技能的网络课程，吸引了大量用户。

（三）各种数据新闻训练营和研讨会

密苏里新闻学院有两个久负盛名的组织——美国计算机辅助报道协会（The National Institute of Computer Assisted Reporting，简称 NICAR）和

---

① Knight center for journalism in the America，knight center's innovative MOOC，“data-driven journalism：the basics，” comes to an end［EB/OL］.（2013－09－16）［2017－02－22］. https：//knightcenter. utexas. edu/00－14421-knightcenter%E2%80%99s-innovative-mooc-data-driven-journalism-basics-comes-end.

② Doing journalism with data：first steps，skills and tools［EB/OL］.（2015－03－31）［2016－12－22］. http：//www. datajournalismcourse. net/course. php.

美国调查记者编辑协会（Investigative Reporters and Editors，简称 IRE）。NICAR 每年都招募各类媒体的新闻工作者，为他们举办与计算机辅助报道、数据新闻等相关的训练营，尽管培训内容以新闻报道的专业技能为主，但其间也夹杂着相关职业伦理的研讨。近几年，IRE 也不时和 NICAR 合作，共同举办各类与数据新闻相关的训练营。2016 年 6 月，美国知名数据新闻团队 ProPublica 推出了为期 10 天的数据新闻互动工作坊，讲授在新闻报道中如何使用数据、设计和编程，旨在让更多的记者获得生产数据新闻的技能，并促进新闻编辑室的多样性。ProPublica 的整个数据新闻团队，让数据新闻编辑、数据分析记者、新闻应用和可视化设计师及开发者作为主讲。在课程结束时，ProPublica 希望学员在三个方面有所收获。一是数据新闻调查和分析方法。包括进行数据研究和评估数据的可靠性；清理数据和分析数据集的有趣趋势；防范数据中的常见陷阱和不一致性；新闻报道中最常用的统计技术等。二是设计。包括为单个项目实施多重设计，并评估出最好的方案；学会如何使用颜色，排版和布局；掌握如何通过实际用户来测试设计效果并吸纳反馈信息；创建清晰和干净的可视化，帮助读者理解复杂的信息。三是编程。包括了解基本的编程概念；使用 HTML 、CSS 和 Javascript 创建自己的网站；学会使用 Ruby 或 Python 语言；知道自己如何继续学习。[①]

三、我国数据新闻可视化教学上存在的问题

数据新闻无论作为专业方向，还是一门课程，都是比较年轻的，处于不断建设和逐渐完善的阶段。传媒业在移动互联网的挤压下，积极寻找生产领域的发展路径。新闻院校作为生产力的培育基地，也在顺势而变，做

---

① ProPublica summer data institute［EB/OL］.（2016－06－10）［2016－12－22］. https：//projects. propublica. org/graphics/summer.

出相应调整，但是，因缺乏现成模板可以参考，多数院校都是简单地依据业界生产情况和自身的教学资源来设置课程内容，构建教学体系，这样也就难免出现一些问题。

（一）过于强调技术技能，忽视专业意识的培养

数据新闻可视化的生产说到底需要的是团队作业，不能苛求一个从业者能够包办所有的工作任务。在实际工作中，不同工种各司其职，且能够顺畅地沟通，挖掘出数据信息所蕴含的新闻价值、社会意义，并以可视化的方式恰如其分地呈现出来，这就意味着报道的顺利完成。但现实情况是某些院校在教学理念上把培养数据素养简单地理解为学习操作技能，在实际教学中过多地分配了编程训练时间，而相对削弱了分析数据的训练，压缩了从中提炼新闻点的训练时间，忽视了培养学生在线搜索数据的能力、以图表图形讲述新闻故事的能力。新闻院校培养的是新闻人才，不是“程序猿”，更不是“码农”。值得注意的是，尽管传播环境中的技术因素的影响日益深远而巨大，但传播新闻信息的总体方向没有改变，发现新闻线索、整合新闻信息、寻找新闻真相、呈现新闻事实主导着新闻专业的发展，而非全盘数据化。

（二）实操训练集中于当下软件，平台建设意识不足

梳理国内数据新闻可视化的教学实践，笔者发现，排除因理论讲授部分所占用的课时，大量时间被用于数据可视化软件及其操作练习，可以想象，学生要在不足一学期的时间内熟悉从 Python、Tableau Public 到 Google Fusion Tables、D3、ECharts、Tagxedo 等软件，好像只有绚丽的可视化作品才能体现教师和学生的成绩。教与学的关注点都集中于技术软件，但社会现实是，不同的受众获取新闻信息的平台存在着一定的差别。从总体看，受众，尤其是年轻受众，获取信息的渠道已经从传统媒体向移动互联网转移，特别是当前的社交媒体平台，更是有着后来居上的趋势。新的传播平台在不断涌现，它们有着一个共同特征，即个性化精准传播，它们都在致力于满足受众获取新闻信息和各种资讯的个性化需求。同时，细分数据新闻产品也不难发现，除了在新闻报道中嵌入一些可视化数据图表外，相当数量的数据新闻产品侧重于知识性、资讯类的信息传播。鉴于当前的技术发展，掌握平台特点，从受众个性化的角度来思考数据新闻的生产，从平台建设的角度来考虑数据可视化生产，对于有针对性的教学有着特殊意义。

（三）缺乏相应的媒体实践机会

目前，我国的数据新闻可视化教学多以专业选修课的方式开展，囿于教学方案的调整、修改的周期性，只有较少的新闻院校将数据新闻可视化作为专业方向来开展教学活动。多位教师各展所长，共同承担课程的情况属于少数，多数情况是一位教师承担全部教学任务。涉及技术部分，授课教师或者动用私人关系，请业界技术人员来“客串”，或者自学某些软件带领学生上机练习。我国新闻教育长期以来注重的是在传统媒体上的实习训练，对新兴的数据新闻可视化还缺乏认识，在教学环节、实习平台建设上力度不足。再加上许多新闻院校既没有相应的学生媒体平台，也缺乏日常教学与社会媒体的实践对接机制，难以与教学同步，导致学生在实践上颇为匮乏。课堂上的操作练习与业界实际工作状态无法相比，这种脱节状况的直接后果是，媒体需要的新闻人才，高校供应不上；高校大量培养的，媒体却不需要了。

数据，尤其是大数据，对于缺乏专业知识的公众而言几乎没有实际意义。因此，数据新闻可视化的作用就是从数据中发现“故事”，寻找出对公众有意义、有价值的新闻。从运作程序看，数据新闻可视化整合了从统计到新闻、从编程到设计等多个专业，毫无疑问，这将对新闻教育提出更高的要求，特别是对课程体系建设和教学模式改革提出了新的挑战。

四、改进我国数据新闻可视化教学的策略

用数据讲故事不失为变革新闻传播方式的一个新思路，特别是在主流

新闻媒体的专业性、权威性受到挑战的情况下，深层次解读、预测性报道和直观性呈现正在逐渐被视为主流媒体安身立命的“法宝”，因此，在高校新闻教育中改进和拓展人才培养模式，意义重大而深远。

（一）整合学校相关专业的教学资源

随着移动互联网时代的到来，传统媒体的数字化转型，传媒之间的介质差异正逐步被打破，媒介融合的发展趋势日益明显，传统的新闻人才培养模式越来越显得不能适应传媒业发展的需要。近几年我国新闻院校随着业界的变化，也进行了一定程度的改革，但从总体看，过细的专业划分，削弱了学科的相融性与开放度。数据新闻可视化具有鲜明的媒介融合特征，它同样需要的是跨学科的复合型人才，而仅凭新闻院校一己之力难以完成复合型人才的培养。媒体融合时代表面上看需要的是人才的技术适应性，实际上更需要的是人才的内容适应性，需要的是在某个领域、某个学科有较深造诣的专才。这样的专才仅仅靠新闻传播学院的教育资源难以培养，也无法靠一般性的通识教育来完成。[①] 这就需要突破传统的办学模式，在跨学科联合培养方面进行探索。新闻传播学院可以考虑和统计、视觉设计、信息管理等学院合作办学，在学校层面整合资源，加强学院之间、专业之间的沟通融合，创新课程体系。

（二）借鉴国外的课程设置，注重实训与教学互通互融

课程设置是高等教育体系的核心，设置什么样的课程决定了培养什么样的人才。高尚的新闻职业精神和卓越的新闻业务能力，毫无疑问地成为各国新闻人才的培养目标。在新闻业高度发达的美国，素有“记者摇篮”之称的密苏里新闻学院在课程设置上，体现出了细分化和层次化的特征。密苏里新闻学院不仅设置了常规的采写编评摄等新闻业务课程，而且有专

---

① 蔡雯．新闻传播教育的使命与创新：基于中国人民大学新闻学院教改实践的思考［J］．青年记者，2016（1月上）：61.

业领域的实务课程等；不仅有入门级别的，还有中级、高级的，层层递进；与数据可视化相关的课程，不仅有“信息图表”“信息图表应用”，还有“新闻地图制作”。就连“数据新闻”这样的核心课程，在本科阶段为“数据新闻基础”，但在研究生阶段则升级为“高级数据新闻”，讲授内容也延展到 Python 语言、API 接口、Django 网络应用，以及 MySQL 数据库的应用等。除了为数据新闻可视化教学设置系统化、层次化的课程体系之外，搭建实训平台同样重要。密苏里新闻学院将《密苏里人报》（创建于 1908 年，目前已经发展为“五脏俱全”的融媒体）作为数据可视化的实践平台。《密苏里人报》在数据可视化阶段，主要锻炼学生解决三个问题：首先是如何选择的问题，考虑的是哪些数据以可视化的方式呈现更易于受众理解；其次是如何呈现的问题，考虑的是在设计制作可视化产品时，采用何种可视化类型易于受众解读内容；最后是如何美化的问题，即采用哪些辅助图形元素更易于表现内容，增强视觉效果。对我国新闻院校而言，结合师资的具体情况，在不同教学阶段应各有所侧重，本科阶段可以侧重软件实操，研究生阶段则侧重原理和设计。如果条件允许，可以把校园媒体作为数据新闻可视化的实践平台，也可以与一些擅长数据可视化制作的专业媒体建立合作关系，将其作为实习基地，把学生送出去，也可以把业界专家请进来，实现教学与实训的良性互动。

（三）大力开发自主学习的网络共享平台

教学方式单一，网络共享资源缺乏，限制了数据素养的培养与推广。近年来，“慕课”（MOOC）等在线开放课程和知识共享平台迅速兴起，在拓展教学空间的同时也扩大了优质教育资源的受益面，为普通人自主学习提供了便利。在此趋势下，中国大学 MOOC（爱课程网）上线，这是教育部“十二五”期间启动实施的以大学生为主要服务对象，同时面向社会公众免费开放的高等教育课程资源共享平台。遗憾的是，至今没有上线与数据新闻可视化相关的课程。目前，国内与数据新闻可视化关系密切的网络学习平台仅有数据新闻中文网（djchina. org），这是由一群热爱新闻又热爱数据的志愿者创办的，是以数据新闻为主题的中文信息平台，面向国内的新闻从业者、新闻传播教育者以及对传媒感兴趣的设计师、程序员。该网站定期分析海内外优秀的数据新闻作品，报道数据新闻业界会议，翻译获得授权的学习课程及资料，组织线下的讲座培训等。美国著名的传媒教育机构波因特学院开设的在线讲座中就有讲制作可视化的“用 Silk. co 制作数据新闻”和“适用于移动端可视化的数字工具教程”，也有像“谷歌研究工具：检索、趋势、建立相关性和公共数据的探索器”这样主要讲检索数据方法的课程。[①] 除以上这些平台外，不少科研机构与高校也都提供与数据新闻相关的课程或资源，这些教学科研机构利用互联网交流的便利性与传播符号的多媒体性，整合各种优秀资源，大大提升了数据新闻人的自主性学习概率，激发了新闻从业者的创新能力和意识。当前我国数据新闻可视化的教育模式主要还是依靠传统的课堂教学，自主学习数据新闻的方式还不够丰富多彩。充分利用网络资源共享平台，有助于为媒体从业者和新闻学子提供更自由的学习空间和更丰富的课程内容。

无论媒介形态、报道方式如何变化，必要的职业精神和专业素养，是从事新闻职业的基本条件，而这也是新闻教育的核心。任何课程建设、培养模式的改进，无不围绕着这个核心展开。数据可视化是一种传播新闻信息的方式，并不是新闻传播的本质与核心。培养服务大众的职业理想，坚守新闻真实、客观、公正的职业精神，具备为实现这些理想所必备的职业素养，依然是培养新闻人才的根本。

---

① 周炜乐．全球数据新闻在线课程精选［EB/OL］．(2016－03－10)［2016－10－12］．http：//cn. gijn. org/2016/03/10/.

参考书目

中文著作：

毕书清．新时期的媒体融合与数字传播[M]．南京：江苏凤凰科学技术出版社，2015.

蔡雯，许向东，方洁．新闻编辑学[M]．3版．北京：中国人民大学出版社，2014.

陈振平．报纸设计新概念[M]．福州：福建人民出版社，2004.

陈国权．报业转型新战略[M]．北京：新华出版社，2014.

陈积银，曹树林．数据新闻入门教程[M]．西安：西安交通大学出版社，2016.

陈为，沈则潜，陶煜波，等．数据可视化[M]．北京：电子工业出版社，2013.

陈绚．大众传播法规案例教程[M]．北京：中国人民大学出版社，2009.

方洁．数据新闻概论[M]．北京：中国人民大学出版社，2015.

许向东．数据新闻：新闻报道新模式[M]．北京：中国人民大学出版社，2017.

甘险峰．新闻图片与报纸编辑[M]．福州：福建人民出版社，2008.

高钢．传播边界的消失：互联网开启文明再造时代[M]．北京：中央广播电视大学出版社，2016.

郭晓科．大数据[M]. 北京：清华大学出版社，2013.

黄楚新．新媒体：融合与发展[M]. 北京：人民日报出版社，2016.

胡婷婷．媒介素养教育研究[M]. 北京：电子工业出版社，2016.

李本乾．大数据时代的传播创新[M]. 上海：上海交通大学出版社，2016.

李建新，郭立群．当代密苏里新闻传播教育的实证研究[M]. 北京：中国书籍出版社，2015.

李德伟，顾煜，王海平，徐立编．大数据改变世界[M]. 北京：电子工业出版社，2013.

刘晓璐．经典报纸版式设计[M]. 广州：广东人民出版社，2008.

刘义昆，董朝．数据新闻设计[M]. 桂林：广西师范大学出版社，2015.

刘英华．数据新闻实战[M]. 北京：电子工业出版社，2016.

闵大洪．数字传媒概要[M]. 上海：复旦大学出版社，2003.

南方传媒学院．南方传媒研究第四十四辑：新闻可视化[M]. 广州：南方日报出版社，2013.

南方传媒学院．南方传媒研究第四十四辑：融合路径[M]. 广州：南方日报出版社，2013.

南方传媒学院．南方传媒研究第四十四辑：数据新闻[M]. 广州：南方日报出版社，2014.

南方传媒学院．南方传媒研究第四十四辑：突破与蜕变[M]. 广州：南方日报出版社，2015.

任悦．视觉传播概论[M]. 北京：中国人民大学出版社，2008.

孙皓琼．图形对话——什么是信息设计[M]. 北京：清华大学出版社，2011.

单亿春．下一个出口：纸媒的革命之路[M]．北京：新华出版社，2015.

万丽萍．大数据时代媒介集团的发展研究——基于对汤森路透的考察[M]．北京：中国社会科学出版社，2016.

童兵，陈绚．新闻传播学大辞典[M]．北京：中国大百科全书出版社，2014.

田秋生，肖桂来．数字化浪潮中的报纸新闻生产[M]．广州：暨南大学出版社，2016.

唐绪军，黄楚新，王丹．中国媒体融合发展现状（2014—2015）[M]．北京：中国社会科学出版社，2015.

涂子沛．大数据：正在到来的数据革命[M]．桂林：广西师范大学出版社，2012.

涂子沛．数据之巅：大数据革命，历史、现实与未来[M]．北京：中信出版社，2014.

伍刚．传统媒体和新兴媒体融合发展的愿景与路径[M]．北京：社会科学文献出版社，2014.

王波．计算机辅助新闻学概论[M]．北京：新华出版社，2000.

王忠．大数据时代个人数据隐私规制[M]．北京：社会科学文献出版社，2014.

许正林．媒体融合时代的新闻传播教育[M]．上海：上海交通大学出版社，2015.

许期卓．美国报纸视觉设计[M]．北京：中国人民大学出版社，2008.

许向东．信息图表编辑[M]．北京：中国人民大学出版社，2015.

肖明，丁迈．精确新闻学[M]．北京：中国广播电视出版社，2002.

肖勇，张尤亮，图雅．信息设计[M]．武汉：湖北美术出版社，2010.

新华社新闻研究所．传媒发展与未来规划[M]．北京：新华出版社，2007.

余志鸿．传播符号学[M]．上海：上海交通大学出版社，2007.

姚鹤鸣．传播美学导论[M]．北京：北京广播学院出版社，2001.

喻国明，李彪，杨雅，等．新闻传播的大数据时代[M]．北京：中国人民大学出版社，2014.

喻国明．媒介革命：互联网逻辑下传媒业发展的关键与进路[M]．北京：人民日报出版社，2015.

张咏华．媒介分析：传播技术神话的解读[M]．上海：复旦大学出版社，2002.

张向春．新闻仿真图[M]．北京：清华大学出版社，2008.

张桂萍．转型与升级：传统媒体的互联网＋[M]．广州：南方日报出版社，2015.

章永宏，黄琳．重建客观：中国大陆精确新闻报道研究[M]．北京：中国书籍出版社，2013.

周志平．媒体融合背景下数字内容产业创新发展研究[M]．杭州：浙江工商大学出版社，2015.

曾秀芹，张楠．新闻传播统计学基础[M]．厦门：厦门大学出版社，2015.

译著：

菲利普·迈耶．精确新闻报道：记者应掌握的社会科学研究方法[M]．肖明，译．北京：中国人民大学出版社，2015.

西蒙·罗杰斯．数据新闻大趋势：释放可视化报道的力量[M]．岳跃，译．北京：中国人民大学出版社，2015.

维克托·迈尔-舍恩伯格，库克耶．大数据时代：生活、工作与思维的大变革[M]. 周涛，译．杭州：浙江人民出版社，2013.

戴维·赫佐格．数据素养：数据使用者指南[M]. 沈浩，李运，译．北京：中国人民大学出版社，2018.

维克托·迈尔-舍恩伯格．删除：大数据取舍之道[M]. 袁杰，译．杭州：浙江人民出版社，2013.

罗杰·菲德勒．媒介形态变化：认识新媒介[M]. 明安香，译．北京：华夏出版社，2000.

尼古拉. 尼葛洛庞帝．数字化生存[M]. 胡泳，范海燕，译．海口：海南出版社，1996.

戴维·希尔曼．数字媒体：技术与应用[M]. 熊澄宇，崔晶炜，李经，译．北京：清华大学出版社，2002.

托马斯·鲍德温．大汇流：整合媒介信息与传播[M]. 龙耘，官希明，译．北京：华夏出版社，2000.

约翰·帕夫利克．新媒体技术：文化和商业前景[M]. 周勇，张平锋，景刚，译．北京：清华大学出版社，2005.

CAIRO A. 不只是美：信息图表设计原理与经典案例[M]. 罗辉，李丽华，译．北京：人民邮电出版社，2015.

LANKOW J，RITCHIE J，CROOKS R. 信息图表的力量[M]. 张燕翔，杨春勇，杨凯，等译．北京：人民邮电出版社，2016.

邱南森．数据之美：一本书学会可视化设计[M]. 张伸，译．北京：中国人民大学出版社，2014.

邱南森．鲜活的数据：数据可视化指南[M]. 向怡宁，译．北京：人民邮电出版社，2012.

KRUM R. 可视化沟通：用信息图表设计让数据说话[M]. 唐沁，周优游，张璐露，译．北京：电子工业出版社，2014.

鲁道夫・阿恩海姆．视觉思维[M]. 滕守尧，译．成都：四川人民出版社，1998.

鲁道夫・阿恩海姆．艺术与视知觉[M]. 滕守尧，朱疆源，译．成都：四川人民出版社，1998.

布雷恩・S・布鲁克斯，平森，西索斯．编辑的艺术（第 8 版）[M]. 李静滢，刘英凯，译．北京：中国人民大学出版社，2009.

保罗・M. 莱斯特．视觉传播：形象载动信息[M]. 霍文利，史雪云，王海茹，译．北京：北京广播学院出版社，2003.

查尔斯・科斯特尼克，戴维・D. 罗伯茨．视觉语言设计[M]. 周勇，译．北京：中国人民大学出版社，2005.

塞西莉亚・弗兰德，唐纳德・查林杰，凯瑟琳・C. 麦克亚当斯．美国当代媒体编辑操作教程[M]. 展江，霍黎敏，主译．广州：南方日报出版社，2008.

蒂莫西・萨马拉．设计元素：平面设计样式[M]. 齐际，何清新，译．南宁：广西美术出版社，2008.

蒂莫西・萨马拉．完成设计：从理论到实践[M]. 温迪，王启亮，译．南宁：广西美术出版社，2008.

多萝西・A. 鲍尔斯，黛安娜・L. 博登．现代媒体编辑技巧[M]. 李矗，等译．北京：新华出版社，1999.

梅尔文・门彻．新闻报道与写作[M]. 展江，主译．北京：华夏出版社，2003.

卡罗尔・里奇．新闻写作与报道训练教程[M]. 钟新，主译．北京：中国人民大学出版社，2004.

多萝西·A. 鲍尔斯，黛安娜·L. 博登．创造性的编辑[M]. 田野，宋珉，等译．北京：中国人民大学出版社，2008.

谢丽尔·吉布斯，汤姆·瓦霍沃．新闻采写教程：如何挖掘完整的故事[M]. 姚清江，刘肇熙，译．北京：新华出版社，2004.

SPENCE R. 信息可视化交互设计[M]. 陈雅茜，译．北京：机械工业出版社，2012.

托伊恩·A. 梵迪克．作为话语的新闻[M]. 曾庆香，译．北京：华夏出版社，2003.

外文著作：

GRAY J，CHAMBERS L，BOUNEGRU L. The data journalism handbook：how journalism can use data to improve the news [M] . Sebastopol，CA，USA：O' Reilly Media，2012.

MAIR J，KEEBLE P L. Data journalism：mapping the future [M] . Suffolk，UK：Abramis Academic Publishing，2013.

COHEN S. Numbers in the newsroom [M] . Columbia，MO：Investigative Reporters and Editors，2001.

LAFLEUR J，LEHREN A. Mapping for Stories：a computer-assisted reporting guide [M] . Columbia，MO：Investigative Reporters and Editors，2001.

CUILLIER D，DAVIS C N. The act of access：strategies for acquiring public records [M] . Washington，DC：CQ Press，2001.

LANKOW J，RITCHIE J，CROOKS R. Infographics：the power of visual storytelling [M] . Hoboken，New Jersey：John Wiley &Sons，2012.

PITT F. Sensors and journalism [EB/OL] . (2014-12-03) [2017-05-

15]．http：//towcenter. org/research/.

WONG D M. The wall street journal：guide to information graphics [M]．NY：W. W. Norton&Company，2010.

MEYER E K. Designing infographics [M]．Indianapolis，Indiana：Hayden Books，1997.

SMICIKLAS M. The power of infographics [M]．NY：Pearson Education，2012.

YAU N. Visualize this：the flowing data guide to design，visualization and statistics [M]．Hoboken，New Jersey：John Wiley &Sons，2011.

MASS B. The best of newspaper design [M]．Texas：Rockport Publisher，2013.

BYRNE D，COOK G. The best American infographics：2013 [M]．NY：Houghton Mifflin Harcourt，2013.

BROOKS B S. Journalism in the information age：a guide to computers for reporters and editors [M]．Needham Heights，MA：Allyn&Bacon A Viacom Company，1997.

后记

在新华社图表编辑室学习、调研几个月的基础上，2011 年秋季我开始为中国人民大学新闻学院大三的学生讲授专业选修课“信息图表”。这是一门将新闻报道和艺术设计相结合的课程，讲授内容涉及新闻的可视化、数据的可视化等。围绕着教学工作，我陆续撰写了一些相关文章，出版了教材《信息图表编辑》。这一阶段的教学与科研工作为我研究数据新闻和数据可视化打下了良好的基础，也埋下了伏笔。

2013 年夏季，我来到美国的密苏里新闻学院访学。访学期间，我跟着该院的迈克尔·M. 詹纳（Michael M. Jenner）和戴维·赫佐格（David Herzog）两位教授学习了“信息图表”和“计算机辅助报道”等课程。课余时间，通过多次调研该院的学生实习平台《密苏里人报》及其网站，我对信息图表和数据可视化在美国传媒界的应用以及密苏里新闻学院数据新闻的教学模式有了更为全面和深刻的认识。

2014 年结束访学后我回校继续任教，并讲授“信息图表”课程。为了跟进传媒环境和传播技术的发展变化，我对“信息图表”课程的讲授内容进行了调整，学生作业也从以纸媒为主要承载对象转变为以网媒和移动端为传播载体，实操环节的改进推动了理论讲授融入数据可视化的相关内容。伴随着教学工作的调整，数据新闻和数据可视化也成了我新的科研方向，并围绕该方向申请了一些科研项目来鞭策自己对这些领域进行更为深入的研究。

2017 年下半年，为构建融媒体时代的新闻传播课程体系，中国人民大学新闻学院致力于教学内容和方法的创新与改进。《数据新闻可视化》作为特色课程将得到重点扶持，此举有力地推进了本研究的展开，包括科研成果在教学领域的检验。

著作的撰写是一个枯燥乏味的过程，但在我看来，这不仅是一次深入学习和了解所关注的研究领域的机会，也是磨炼性情、自我修炼的机会，它使我的教学生涯更为丰富多彩。成稿本该是一件乐事，应该长出一口气，但是惴惴不安依然袭扰着内心，或许是对自己学术水平的不放心，或许是对著作价值的质疑。

感谢蔡雯教授的指导和点拨。在休假期间，她还抽出时间阅读书稿，并欣然为本书作序，提出中肯的意见和宝贵的修改建议，鼓励我再接再厉。

感谢中国人民大学出版社的翟江虹女士为此书的出版所做的努力，在此表示诚挚的谢意。

教材中引用的文献得益于一些专家学者的研究，在此表示由衷的敬意和感谢。

感谢研究生郭萌萌、潘俊鑫、王悦阳等同学，她们利用课余时间协助我核实文献来源，查找相关图片，翻译外文资料，在此表示感谢。

囿于学养短浅，本书难免存在一些不足和遗憾，还望各位专家学者指正。好在对数据新闻和数据可视化的研究绝无止境，今后，我将会继续努力，以更好的学术研究来弥补今日的缺憾。

许向东

于中国人民大学新闻学院

图书在版编目（CIP）数据

数据新闻可视化/许向东著．—北京：中国人民大学出版社，2018.5
ISBN 978-7-300-25681-8

Ⅰ.①数… Ⅱ.①许… Ⅲ.①数据处理-应用-新闻报道-研究 Ⅳ.①G212

中国版本图书馆 CIP 数据核字（2018）第 069291 号

新闻传播学文库
数据新闻可视化
许向东　著
Shuju Xinwen Keshihua

出版发行	中国人民大学出版社		
社　　址	北京中关村大街 31 号	**邮政编码**	100080
电　　话	010－62511242（总编室）		010－62511770（质管部）
	010－82501766（邮购部）		010－62514148（门市部）
	010－62515195（发行公司）		010－62515275（盗版举报）
网　　址	http://www.crup.com.cn		
经　　销	新华书店		
印　　刷	固安县铭成印刷有限公司		
开　　本	720 mm×1000 mm　1/16	**版　　次**	2018 年 5 月第 1 版
印　　张	18 插页 6	**印　　次**	2024 年 1 月第 5 次印刷
字　　数	241 000	**定　　价**	65.00 元